中国少数民族设计全集

The Design Collection of Chinese Ethnic Minorities

锡伯族

中国少数民族设计全集编纂委员会 编

山西人民出版社　人民美术出版社

图书在版编目（CIP）数据

中国少数民族设计全集.锡伯族/中国少数民族设计全集编纂委员会编；张耀引，任新宇著.—太原：山西人民出版社，2019.10

ISBN 978-7-203-11109-2

Ⅰ.①中… Ⅱ.①中… ②张… ③任… Ⅲ.①锡伯族–民族文化–研究–中国 Ⅳ.①K28

中国版本图书馆CIP数据核字（2019）第217514号

中国少数民族设计全集.锡伯族

编　　者：	中国少数民族设计全集编纂委员会
著　　者：	张耀引　任新宇
责任编辑：	武　静
复　　审：	李　颖
终　　审：	秦继华
装帧设计：	谢　成

出 版 者：	山西人民出版社　人民美术出版社
地　　址：	太原市建设南路21号
邮　　编：	030012
发行营销：	0351－4922220　4955996　4956039　4922127（传真）
天猫官网：	https://sxrmcbs.tmall.com　电话：0351－4922159
E—mail：	sxskcb@163.com　发行部
	sxskcb@126.com　总编室
网　　址：	www.sxskcb.com

经 销 者：	山西出版传媒集团·山西人民出版社
承 印 者：	山西出版传媒集团·山西新华印业有限公司
开　　本：	889mm×1194mm　1/16
印　　张：	16.75
字　　数：	200千字
印　　数：	1—1 000册
版　　次：	2019年10月　第1版
印　　次：	2019年10月　第1次印刷
书　　号：	ISBN 978-7-203-11109-2
定　　价：	240.00元

如有印装质量问题请与本社联系调换

中国少数民族设计全集编纂委员会

总 主 编（按年龄排序）
张夫也　王立端　戴晋明　廖　军　王　琥　李豫闽　过伟敏　顾　平
王　强　李　岗

执行主编　王　琥

编务统筹　张明山

中国少数民族设计全集编辑工作委员会

主　任　刘伟冬

编　委（排名不分先后）
王　琥　王　峰　王　强　王立端　王浩滢　白　波　过伟敏　许　星
许边疆　李　岗　李　丽　李豫闽　成光虎　肖　飞　余　强　汪传跃
罗　力　杨明朗　陈　述　陈见东　邱　珂　胡万明　顾　平　郑　静
郭立忠　姬　莹　张夫也　张泽国　张明山　张秋平　张耀引　梁盛平
樊　进　谢　玮　熊　伟　熊　微　熊建新　蔡克中　葛　芳　鞠　斐
魏　洁　廖　军　戴晋明

中国少数民族设计全集出版工作委员会

主　任　胡彦威　周　伟

执行主任　姚　军　欧京海

编务统筹　阎卫斌　周小龙

编　辑（排名不分先后）
王新斐　史美珍　冯　昭　冯灵芝　吉　昊　吕绘元　刘小玲　任秀芳
孙　琳　孙宇欣　李广洁　李建业　李　靖　员荣亮　张小芳　张志杰
张书剑　何赵云　陈俞江　吴春华　武　静　周小龙　柳承旭　郝文霞
赵　玉　赵晓丽　席　青　秦继华　高　雷　郭向南　阎卫斌　崔人杰
傅晓红　蔡咏卉　翟丽娟　樊　中　薛正存　魏　红　魏美荣

整体设计　谢　成

中国少数民族设计全集·锡伯族

本册著者　张耀引　任新宇

参与撰写　周晶莹　王　青　陆悠悠　赵　琴　余红志　陈杨威
　　　　　　师晔兰　李梦凡　陈　卓　陈　洋　卢　杨　侯　婷
　　　　　　王筱然　许凯恩　孙　浩　赵　琴　余红志　姚婷婷
　　　　　　宋泽坤　孙　涵　邹许美芸　盖　伟　罗　云　陈　丹
　　　　　　宋修政　张　扬　张　卫　李齐忠　庄文浩　解翩翩
　　　　　　张　玉　韩　鹏

求同存异　和合共荣

刘伟冬

中华民族，是一个由56个民族组成的大家庭。在漫长的文明发展史中，汉族和各少数民族都为中华文明的繁荣发展贡献了自己的聪明才智。纵观中华文明史，其实就是一部各族群之间"求同存异，和合共荣"的文化演进史。

从根子上讲，4000年前的"中国"，仅指北方中原地区，居住在这里的相传是上古时期黄帝部落和炎帝部落的后裔，故而自称"炎黄子孙"。其时的"中国"，不过是黄河中下游（西起陇山，东至泰山）区域。在千年发展与民族融合之后，尤其是晋末"衣冠南渡"，南迁的中原汉族与南方百越民族彻底融合，来自北方的鲜卑等民族融入汉族，使汉族前所未有地壮大发展，逐渐形成后来疆域辽阔、人口众多、物产繁盛、文化昌明的中华民族的主体族群。特别值得强调的是，自从作为一个民族整体之后，中华民族就从未中断过自己的民族发展史——这在世界历史上是硕果仅存、独一无二的。

中华民族具备兼容并蓄、虚心好学的民族天性。仅以设计学范畴的事例讲：在数千年文明发展历史中，中华民族在不断向外输出优秀的文明成果（如烧造之陶瓷砖瓦、营造之榫卯斗拱、织造之丝绸刺绣、锻造之"失蜡"分模等），影响全人类的日

常生活与生产方式的同时，也不断地吸纳域外各民族的优秀文明成果，如汉魏之印度佛教和西域音乐、隋唐之西亚服饰和家具、宋元之东洋印染和漆艺、明清之西洋机器与建筑……在中华民族内部，这样的文化交流更是从未停止过，而且是风生水起、枝繁叶茂，愈发流畅、深入，中华民族各族群之间"求同存异，和合共荣"的文化大演进，共同创造了中华民族极为灿烂辉煌的造物文明历史。仍以设计学范畴为例：原本是匈奴人发明的单足绳圈，被晋代的汉族人设计成铁质双镫；最早是鲜卑人原创的毡毯卷边，被晋代的汉族人改造成"高桥马鞍"，这宗中国式马具设计案例，被誉为"13世纪中国传入欧洲的最重要文化成果"（李约瑟语）。再如，西域（今新疆地区）是全世界最早的皮靴生产地，哈尼族为主的红河地区出现了全世界最早的梯田。再如，全世界最早的"干栏式建筑"和全世界最早的稻米人工育种、栽培，均起源于长江中下游的百越地区；全世界最早的竹藤编结器物起源于闽越地区……由中华民族共同创造、发明，后来又影响了全人类文明进程的优秀造物设计案例很多，不胜枚举。几千年中华民族的文明史，就是各种文化多元融合、共同发展的最好例证。不了解中华民族内部各族群的文明交流史，就无法真正理解中国文化史，也不能理解为什么中华民族总是能在逆境中成长强大。甚至可以说，能否完整地理解中华民族的文化史，是检验每一个当代中国知识分子（特别是文史哲专业的学者）文化立场的"试金石"。

随着改革开放的逐渐深入，各民族地区的经济与社会状态已发生了天翻地覆的变化。令人遗憾和担心的是，由于各地区政策执行力度不平衡，保护措施不得力，少数民族的文化特性正在逐步衰退，有些地区的少数民族文化特征甚至已经消失殆尽，仅仅

存在于徒具形式，充满口号、标语的民族文化村旅游景点中。有学者预言，再不加快整理抢救工作，中国的少数民族可能在物质形态和文化内涵的特征上，若干年后将不复存在。

从少数民族地区反映古代中国社会某些面貌的文化遗存看，这些少数民族之所以一直与汉族地区差距巨大，存在多方面的原因，其中历代汉族统治者对少数民族的歧视政策是主要原因。此外这些地区本身就处于偏僻荒地，不是沙漠就是山区，自然条件远不及汉族聚集地区，社会发展水平滞后。20世纪50年代，有相当比例的少数民族在当时仍处于原始农耕社会或奴隶制社会，不要说通电、通水、通汽车，不少人一辈子连铁器长什么样都没见过。部分少数民族聚集地的各种自然条件也较差，缺肥少水，基本生活来源，一靠老天爷恩赐的"望天收"农作物；二靠家庭手工作坊制作些竹藤编结物和土织、土陶等土特产来换取粮食；三靠养猪、兔、羊和鸡、鸭、鹅等家禽来换取日用品，如灯油、农具、衣物和油盐酱醋等；四靠为土司、头人和大户们出卖劳力（社会底层奴隶身份），年老即被抛弃。中华人民共和国成立后，党和政府在这些地区实行社会主义改造，打倒以土司、巫师和头人为首的剥削阶级，将土地和生产资料一律收归集体所有，解放了全体少数民族民众，使他们历史上第一次有了自由劳作和生活的权利。

中华人民共和国成立之初，党和政府就高度关注民族事务问题，为如何保护、关心各少数民族制定了一系列方针、政策，也为当代中国社会处理民族问题、保护民族文化树立了光辉典范。中央人民政府政务院于20世纪50年代初发布了《关于民族事务的几项决定》，为新中国民族政策奠定了最初的思想基础，其主要内容是：一、各大行政区军政委员会（人民政府）须指导各有关

省、市、行署人民政府认真推行民族区域自治及民族民主联合政府的政策和制度，并随时向政务院报告推行经验，请示者须事前向政务院请示。二、各大行政区军政委员会（人民政府）须指导各有关省、市、行署人民政府认真并有计划地实行政务院在1950年颁发的《培养少数民族干部试行方案》，并将该项工作进行情况定期加以检查，每半年向政务院报告一次。中央民族学院及西北、西南、中南各军政委员会和新疆省人民政府的民族学院，必须依计划实行，并向政务院报告。三、政务院于1951年下半年适当时间将同时召开有关少数民族的卫生、教育及贸易三个专业会议，责成政务院文教委员会、中财委指导中央卫生部、教育部、贸易部开始筹备，并责成中央民族事务委员会协助进行。有关部门如农业部、文化部也须派人参加。四、责成中央人民政府各委、部、会、院、署、行注意建立有关民族事务的业务。五、在政务院文教委员会内设民族语言文字研究指导委员会，指导和组织少数民族语言文字的研究工作，帮助尚无文字的民族创立文字，帮助文字不完备的民族逐渐充实其文字。六、扩大中央民族事务委员会委员名额，责成中央民族事务委员会提出补充名单的建议，并于1951年下半年召开中央民族事务委员会扩大会议，检查与总结关于推行民族区域自治及民族民主联合政府的经验。

20世纪50年代，中央人民政府和政务院，曾多次组织"中央慰问团""土改工作队"和"普查工作队"等，花费大量人力和物力，深入各少数民族地区，进行了大量较为翔实的社会历史调查。50年代这轮由政府统筹、由中央民委组织行政领导和人类学、社会学专家学者以及民族同志组成工作队与考察队的少数民族大考察活动，1953年正式启动，1956年结束（个别地区延期至1958年才结束）。直接成果之一，就是为1956年国务院公布的55

个少数民族的正式定名和划分,提供了可靠的依据。

从当时考察的资料看,各少数民族的社会发展水平参差不齐,不少民族呈现类似汉族曾经历过的各种历史发展状况,为我们今天考察、了解并研究过去的历史以及各学术分支问题,提供了绝好的活体范本。比如以"设计发生学"研究为例,以山寨(村落)为主的初级社会组织形态,原始手工业在农耕环境中的地位,原始造物的手工技艺与设备、工具等,都是我们极感兴趣的研究对象。

在西北、西南和东北各少数民族聚集地区,有些古时流传下来的本民族手工造物技术,迄今仍保存良好。其吸收了汉族和其他兄弟民族的技术长处之后演变出来的各时段手工造物技术,则印证了各民族互相融合、取长补短的史实。更有些原始手工艺,特别具有艺术和历史研究价值。以维吾尔族人为例,本世纪初,笔者在新疆喀什城艾格孜艾日克老街看到几样手工艺绝活:其一是整条街的维吾尔族乐器店,除了热瓦普、曼陀林和冬不拉等少数维吾尔族知名乐器外,全是些笔者叫不上名来却似曾相识的弹拨乐器和拉弦乐器,于是从心里认可了"西域古乐成就了中国传统民乐"这句话所言不谬。其二是亲眼所见一个拖着鼻涕的不到10岁的维吾尔族小男孩,拿着电砂轮在铜壶上信手飞快地刻着精美细腻的图案,一不要底稿,二没有图纸,真是佩服得五体投地,也相信了"汉族人长于热铸,西域人长于冷锻"这个说法。其三是在喀什近郊著名的大巴扎"金器一条街"上看见近百家金店生意红火,家家门前毡毯上都围坐着一群金店伙计和顾客,正在热烈讨论、共同设计着花样繁多的未来金饰嫁妆,感受到了"中国传统样式的金银首饰工艺,最富有创意的设计和最先进的工艺制作,原来在维吾尔族人手里"这句大实话。还有,笔者

在云南景洪县城集市上，曾亲眼见过景颇族老乡用古老的"焖烧法"烧出的红彤彤的土陶——跟笔者一知半解的仰韶彩陶的烧制工艺几乎一模一样。还有，笔者在大西北甘陕宁各省亲眼所见的回族、保安族、裕固族和东乡族老乡巧手做出的那些花样繁多、样式复杂的面塑造型，真是个个精妙绝伦。这方面的事例实在太多了。

50年代的少数民族地区社会大普查，以及半个多世纪以来社会各界对其丰富而珍贵的考察、研究，意义深远，价值极为重大。这些地区客观上保存的较为完整的、与数千年前中国原始社会最初形态近似的许多社会特征，为我们研究社会的最初形态形成和当时的经济、文化、政治的基本状况以及"设计发生学"的相关课题，提供了珍贵的类型学"活化石"范本，价值非凡。改革开放以来，这些少数民族地区也获得了前所未有的巨大发展，人民生活日新月异；但与此同时，少数民族地区的民族性在不可避免地愈发衰减、退化，甚至消失。如果我们再不采取保护措施，若干年后，各少数民族的许多宝贵民族文化遗产将无法挽救地彻底消亡，这部分同属于全人类精神财富和中华民族集体智慧的宝藏，我们将再也看不到了。

在"设计发生学"问题上，我们一向秉持文化多元论的观点，认为人类文明是全世界人民共同创造的，各国家、地区、民族均做出过大小不一、形态各异的贡献；同理，中华民族的灿烂文明是中国的各族人民共同创造的，每个民族都对中华传统文化做出过贡献，也都应当得到尊敬和肯定。中国的各少数民族在中华文明漫长的演化过程中，都曾经以自己独特而充满智慧的文明成果，补充、完善甚至改良着中华文明。比如，古代西域的龟兹古国各民族创造或引自西亚的弹拨乐器和拉弦乐器以及音律、曲式，彻底改造了中国古代音乐，新创作出代表中国古乐精髓的江南丝竹；南疆的维吾尔族和北疆的哈萨克、塔塔尔、塔吉克等族首创了制革术，并引进古波斯革皮书籍装帧术和制靴术、制毡术、毛衣编结术；海南岛的黎族率先种植棉花并纺织棉布，传入内地后棉织业逐渐形成中国古代手工行业的"天下第一营生"……保护少数民族的民族文化特性，就是保护我们的历史遗产，就是传承我们的文明。我们应进一步发扬文化兼容的优良传统，把振兴中华的百年民族复兴梦，逐步落实为将大中华建设成为中国各民族共同拥有的美好家园。

由上千名来自全国各高等艺术院校的教授、研究生组成的55支团队参与编撰的《中国少数民族设计全集》（55卷），正是有识之士基于对各少数民族的民族文化特性正在快速衰减、消亡的严重现实问题的深切忧虑而进行的抢救、发掘、整理中国少数民族文化遗产的重要文化工程。经过两年精心筹划，六年努力写作，在国家出版基金管理部门的支持下，在山西人民出版社和人民美术出版社的策划和组织下，目前《中国少数民族设计全集》的书稿编撰工作已基本完成，即将付梓。在长达八年的漫长过程中，全国兄弟院校各团队涌现出的各种可歌可泣的事迹经常感动着笔者，并不时鞭策着全体作者克服千难万险，一路向前。有的分卷作者身患绝症仍不眠不休地忘我工作，有的分卷作者遭遇各种意外仍坚持工作。特别是，很多民族同志公而忘私、不计较个人得失，有人不惜将自己赚钱的企业关张歇业，全身心地投入各自所负责分卷的繁重编撰工作中；有人义无反顾地将自己珍藏多年的本民族实物、资料和研究成果无偿提供给相关分卷作者。大家万众一心，克服各种复杂得难以想象的困难，以确保这部凝聚了众人八年心血的巨著，能按计划如期完成。借此机会，笔者谨

代表本丛书编委会全体成员，向领导、编辑和作者们表示衷心的感谢！

作为一项文化创举，笔者深信《中国少数民族设计全集》必将在未来岁月的长期检验中，愈发显现其非凡的、独特的文化价值。

2017年夏季于南京

前言

锡伯族是一个具有悠久历史和灿烂文化的民族。

史载"锡伯"（锡伯语 Sibe）的汉字音译有须卜、犀比、鲜卑、悉比、失必、师比、室韦、失围、斜婆、西伯、实伯、史伯、洗白、西北、西英、席百、席伯、席北、锡伯等 20 余种。辛亥革命后，通用"锡伯"二字。

关于锡伯族起源及族属，目前尚无定论，主要有两种观点：其一，认为锡伯族与满族同源，《锡伯族源考略》中就讲道："锡伯部名原意即为满语之草，其族属当是女真人的一支。"《满洲源流考》中曾记载，1634 年 12 月，皇太极命梅勒章京奇兰等率官兵征伐黑龙江嫩江流域的锡伯族时曾下过诏谕："此地人民，语言与我国同，我与尔之先世本是同源。"清康熙年间杨宾在《柳边纪略》中也讲道："席百一作西北，又作席北。在船厂边外西南五百余里。土著自言与满洲同祖。而役属于蒙古之科尔沁。"其二，认为锡伯族是鲜卑后裔，此观点早期由清朝学者何秋涛明确提出："锡伯利路总裁，臣秋涛谨案：锡伯利路，本鲜卑旧壤，故有锡伯之名。考《汉书·匈奴传》云：黄金犀毗，颜师古注曰：犀毗带钩也，亦曰鲜卑，语有轻重耳。据此知，鲜卑音近锡伯。今黑龙江境有锡伯一种，亦作锡伯，亦作席北，既非索伦，亦非蒙古，即鲜卑遗民也。"此观点在多项文献记载及考古发现中得以呼应证实，许多当代学者如肖夫、肖兵、贺灵、佟克力等均赞同此观点，也陆续在他们的著作中加以阐述。这些都促进了鲜卑后裔说的认知与传播，影响了更多的锡伯族研究者及民众。

当然，无论锡伯族源于何，我们都不能否认，满族文化与锡伯族文化的密切关联及其对锡伯族文化的巨大影响。清代，满族在政治上的统治地位直接导致了锡伯族生存环境的变化以至文化的发展变迁。

一、历史迁徙

1. 南迁

康熙三十一年（1692），锡伯族被科尔沁蒙古献出后，被清政府安置于齐齐哈尔、伯都讷（今吉林省扶余县）和吉林乌拉（今吉林）等地。锡伯族南迁，指的便是由这些边陲之地迁往盛京（今沈阳）及京师（今北京）。这次南迁原因有两方面：一方面满族入关定都北京后，新都防务缺口巨大，政府不断由东北调遣满族官兵入京，致使盛京防务状况堪忧。而锡伯族为"打牲"民族，素以能骑善射、骁勇善战而著称。康熙三十八年（1699），为了整顿东北八旗，加强盛京地区的防务，清政府将驻防于齐齐哈尔、伯都讷和吉林乌拉三城的锡伯族迁至盛京，以替换原军中的"懦弱之辈"。另一方面，清政府认为对于锡伯族如此英勇的民族，应分而治之，锡伯族南迁既可以帮助政府巩固自己的统治，还可以加强对锡伯族的有效控制，一举两得。这次南迁共迁人口6万余人（其中有少量锡伯军民被迁入北京、山东等地）。这是锡伯族历史上第一次大规模迁徙，现辽宁省境内的锡伯族主体由此而来。

2. 西迁

锡伯族西迁是锡伯族历史上最重大的历史事件，它奠定了今天锡伯族的人口分布格局，对锡伯族的民族发展产生了深远影响。

乾隆二十九年（1764），为加强伊犁地区的防务，清政府由盛京所属各城的锡伯族官兵内，抽调官兵及家眷共计4295人分两批出发迁往新疆伊犁屯垦戍边。是年四月十九日，锡伯族军民赶车牧马，扶老携幼，离开自己生活了半个多世纪的家乡盛京，出彰武台边门，由克鲁伦路直赴乌里雅苏台。一路上锡伯族军民克服了常人无法想象的艰辛，于第二年的七月二十二日陆续到达新疆伊犁。除中途少量逃亡者外，沿途陆续出生子女共350余名。此外，由盛京起程时，有不少官兵的兄弟子女跟随而来，最终实际到达伊犁的锡伯族人数达5050人。

如今生活在新疆诸地的锡伯族人，就是这些西迁锡伯族军民的后裔。

这次西迁是锡伯族历史上最大规模的迁徙。它不仅仅是民族生活地域的迁徙，更是民族文化和民族精神的迁徙。艰苦的迁徙过程，使锡伯族人民的民族意识更加强化，也使得民族精神在新的环境中得以延续、发展和更新，最终形成锡伯族独具特色的民族文化。

二、生活方式变迁

16世纪末以前，锡伯族生息繁衍在大兴安岭、嫩江流域的绰尔河、洮儿河、雅鲁河以及松花江流域，那里有丰富的鱼类和野生动物资源。古老的锡伯族人主要以捕鱼、狩猎和采集为生，渔猎、采集是他们最主要的生活方式。当时，生产工具非常简陋，狩猎和捕鱼的主要工具是木棒、弓箭、长矛和原始的鱼叉、渔网等。弓箭很早就出现在锡伯族的生产生活中，它既是锡伯族人的生产工具，又是他们的自卫和攻击武器，在锡伯族人的生活中有着非常重要的意义。在其后几百年中逐渐形成了锡伯族核心的"弓箭文化"。

随着饲养牲畜的增多，畜牧业在锡伯族经济生活中渐渐发展起来。明末清初时，锡伯族的畜牧业已经比较发达。锡伯族早期的畜牧业生产是以饲养马、牛和羊为主。马除了乘骑外，还用来驾车。清初，锡伯马车在交通运输方面担任了重要角色。牛既可耕地又能用于交换，在生产和生活中也不可或缺。除马、牛和羊外，锡伯族

养猪的历史也很悠久，猪既可以为人们提供肉食，还是重要的祭祀用品。畜牧业生产在锡伯族的早期经济生活中占有相当重要的地位，锡伯族供奉的男性祖先神"海尔堪玛法"（也被称为"马神"）就是一位保佑牲畜繁衍兴旺的神灵，这也从侧面说明了畜牧业对锡伯族的重要性。

农耕经济在锡伯族发展得较早，最迟在明末清初便已开始。锡伯族早期分布在松嫩平原一带，那里自然条件好，土地肥沃、水草丰美，所以居住在此地的锡伯人除渔猎、畜牧外，也从事农耕生产。加之锡伯族很早就和农业经济比较发达的汉、满等民族毗邻而居，受其影响，较早地进入了农业生产阶段。锡伯族移驻京师和盛京等地以后，受其周围汉族等农业民族的影响更加广泛、深入，农业生产技术得到了较快的提高，农业生产发展更快。乾隆二十九年（1764），西迁到新疆伊犁驻防的锡伯族军民，利用从盛京带去的粮食和蔬菜种子，一到驻地即开始耕种之业，带动了伊犁各营农业生产的发展。他们兴修水利、垦荒造田，为守卫和开发建设祖国的西北边疆做出了巨大的贡献。

在锡伯族的传统观念中，商业为末业。因此，传统锡伯族人中商人较少。同时，由于自给自足的自然经济模式使基本生活资料在家庭内部就能解决，加之锡伯族长期以戍边安民为主要任务，所以商业活动在锡伯族内不是很发达。

综上所述，锡伯族早期以渔猎生活方式为主，渔猎器具设计随之产生、发展。后随着畜牧业和农业的发展，渔猎逐渐退居次要位置，但从未完全退出锡伯族人的生活。渔猎活动对锡伯族的民族性格和民族心理都产生了重要的影响，时至今日，渔猎活动虽不再是锡伯族经济生活的主导，但是锡伯族人仍然将渔猎作为一项重要的娱乐活动保持着，其影响也在继续。

三、民族文化与传统设计

从大兴安岭到盛京,再到西北边疆,经历了多次迁徙,最终形成了近三百年来锡伯族的主体分布格局:聚集在东北、西北两地,而又广泛地分散在全国各地,呈现"大杂居、小聚居"的局面。目前,东北地区的锡伯族主要生活在辽宁、黑龙江两省。吉林省和内蒙古也有分布。东北的锡伯族受周边的满族、汉族等其他民族的影响较大,在生活和生产方式上与周边的民族已经渐趋一致,但民族的精神和信仰仍未消失。西北的锡伯族则主要聚居于新疆维吾尔自治区察布查尔锡伯自治县,更多地保留了自己民族独特的文化与习俗。

1. 传统建筑及家具

"建筑是一种自然功能。它像动物和植物一样,从大地中生长。"建筑是文化与生命水乳交融的结晶,她蕴含着不同民族长期积淀而成的文化特质。家具作为建筑内部的设施,与人们日常起居密切相关,与建筑一起构成了民族居住文化的重要部分。

锡伯族特有的历史、地域文化和生活方式造就了锡伯族独特的建筑形制、布局特点、细部构造及门窗装饰特点等,体现在东北、西北两地民居及宗教建筑上。东北辽宁地区锡伯族民居在演变过程中,逐渐形成了适合东北寒冷地区气候的建筑形态和空间布局。民居在整体外形上采用硬山式人字形大屋顶、落地烟囱形式等,民居以灰色系为主。随着经济的发展,锡伯族人民的生活条件日益改善,芦苇屋顶逐渐被砖瓦屋顶替代。新疆察布查尔县较之东北更好地保留了锡伯族传统的生活习惯和居住方式,也吸收了新疆其他少数民族的文化特点。由于伊犁地区少雨,屋顶在坡度上与辽宁地区的传统民居相比小了许多。屋脊采用类似卷棚的形式,屋架则采用硕大的抬梁式木结构,屋顶的梁与脊瓜柱之间采用锡伯文中"屋"字形象的特殊角背构件。檐部的构造颇为讲究,在木檐椽子层和芦苇把

层之间铺木板作为面层，遮挡草泥，美化外观。檐口设置木飞椽。建筑一般都设置檐廊，有内廊、内外廊结合、不设廊等形式。门窗造法和装饰也极具特色。一般民居的门窗设计更注重功能特性，如采光、通风、保暖等，宗教建筑中的门窗则更注重象征意味和装饰性，图形设计体现出民族独特审美意识。室内家具设施与建筑一起体现出锡伯族民族文化及生活习惯，如具有浓厚民族特色的大炕"安巴纳罕"及各式炕上家具等。

2. 服饰文化

锡伯族在与兄弟民族的共处交融中，其服饰文化兼收并蓄，在不断丰富变化中向前发展，成为锡伯族文化的重要组成部分。总体来看，传统锡伯族服饰体现出了与蒙、满、汉族服饰文化的互动融合。尤其与满族的服饰有许多共同之处。锡伯族男子服饰体现出明显的狩猎民族的特色：喜欢穿左右开衩的大襟右衽长袍或对襟短衫；头戴可折边礼帽，下穿长裤（常扎裤脚）；腰系宽腰带，腰带形式多样，现代一些礼仪服装中的腰带设计则更加强调装饰性；脚穿圆口黑布鞋，冬天穿棉鞋或皮鞋。男子服饰颜色大多以青、蓝、棕、黑等深色为主。传统的女子服饰样式较多，传统旗袍、短衣长裙、绣花鞋等都较为常见，各类头饰设计也丰富多彩。坎肩是锡伯族男女老少都喜欢的服饰之一，样式多变，既保暖又便于劳作。总体来看，传统锡伯族服饰突出功能性，方便运动、劳作；注重装饰性，无论男女，服装的重点部位，如前襟、袖口、袍边等都绣有精美纹饰；同时穿着方式灵活多样，长袍、短衣、坎肩等可根据需要变化穿搭。

3. 传统饮食及生活器具

少数民族饮食文化是中华饮食文化的重要组成部分。伴随锡伯族的两次大迁徙，锡伯族饮食文化也随着地理和文化环境的变化而发生着变化。

明末清初，锡伯族逐渐改变以渔猎为主的生产形式，进入以农耕为主的经济模式，开始种植稻谷、小麦等，饮食结构由食肉为主转变为以粮食为主。迁居盛京后逐渐形成了一系列的特色饮食。鞑子饭、发面饼（发拉哈额分）、花花菜等都是锡伯族人最爱的日常食物。后伴随着锡伯族大西迁，锡伯族与多民族多元文化碰撞交流，饮食结构也有所改变。新疆地区与东北地区传统的饮食习惯也产生了较大差异，体现出明显的新疆其他少数民族饮食文化的特征。

生活用具种类多样，伴随着锡伯族人的起居生活及出行，其设计往往也最广泛、最真实地反映出普通劳动人民的智慧，如饮食器具、承储器具、文化器具、出行器具及其他生活杂器等。锡伯族人在与其他各民族共同生活的过程中，生活习惯趋同，大多生活器具的设计呈现出较多共性，但也不乏具有民族特点及地域时代特点的器具，如极具装饰美的筷笼、镜架、饸饹床以及东北地区特有的悠车子、雪橇等，都反映出特定时期、特定生活方式下的独特设计思维。

4. 传统乐器

音乐是以声音为表现手段的一种艺术形式，伴随着人类的劳动而产生，用来传递信息、表达感情。音乐影响着民族性格及精神的养成。锡伯族在漫长的历史发展过程中，创造出了丰富的民族音乐形式，亦同样完善了其载体和工具——乐器。尤其是清代锡伯族由东北盛京迁至新疆伊犁察布查尔后，锡伯族乐器设计受当地众多民族文化影响而得以进一步发展、丰富。

锡伯族乐器大致可以分为弹拨乐器、拉奏乐器、吹奏乐器、打击乐器（体鸣乐器）等四个类型。弹拨乐器指用手指、拨子拨弦或用琴竹击弦而发音的乐器。锡伯族弹拨乐器的代表为东布尔，其形制设计单纯独特，一般认为是锡伯族人民与汉族及其他少数民族文化交融的产物。其琴头部位具有汉族三弦的典型特征，共鸣箱则表

现出哈萨克族阿肯东布拉的基本特点。绰尔屯是锡伯族传统拉奏乐器，起源于宋代出现的火不思类型的胡琴（胡兀尔、忽兀儿），经创新演变而成，多用于歌唱与舞蹈的伴奏，主要流行于新疆察布查尔锡伯自治县。吹奏乐器在各民族乐器种类中出现较早，锡伯族吹奏乐器代表为苇笛和墨克那，这两种乐器在其他民族中也有使用。从设计角度看，这两种乐器均体现出材料易得、结构简单、加工方便、操作简易等特点，很好地体现出民间乐器的大众化特点。体鸣乐器多以具有一定强度或弹性的物质材料本身为声源体，在无其他媒介振动体的自由状态下受激而发声。体鸣乐器的发声方式以碰奏、敲奏较为常见，也有刮奏、摇奏、拨奏等方式。锡伯族特色体鸣乐器主要有佛里库、梆子拉库等。

5. 传统手工艺与工具

锡伯族是一个具有浓厚民族审美、时时处处以具有深刻文化内涵的精美图案装饰生活的古老民族。

刺绣艺术是锡伯族传统民间手工艺术中的一大亮点。2010 年，新疆维吾尔自治区察布查尔锡伯自治县"锡伯族刺绣"入选第三批国家级非物质文化遗产名录传统美术项目类别，就是对其民族性、审美性及历史价值的高度肯定。对于传统锡伯族妇女而言，刺绣是其必须掌握且熟稔的技艺之一，刺绣水平的高低也成为衡量妇女品格和能力的重要标准。传统锡伯族家庭中，小到香囊、枕顶、鞋帽、服装，大到各类盖布、门帘，处处可见锡伯族妇女精湛的手工刺绣作品。从刺绣题材上看，锡伯族妇女们会根据使用对象和使用场合进行灵活选择和设计：长辈用的绣品多选择象征福寿的图案，如鹤、鹿、桃、福等图形；年轻人则多选择蝴蝶、牡丹等动植物纹样；若是婚礼等特殊场合使用的绣品，则常选择鸳鸯、石榴、莲花等寓意吉祥的图形。从刺绣色彩设计来看，传统锡伯族刺绣大多色彩饱满、艳丽，色彩层次丰富，立体感强，极具装饰性。从构图和细节造型上看，锡伯族刺绣作品疏密结合、主次分明、线条流畅，生动地展现了描绘对象及场景。

如果说刺绣是锡伯族传统女性文化的重要组成部分的话，射箭技艺及弓箭制造工艺则是锡伯族传统男性文化的核心。事实上，从原始的渔猎时期至清代西迁后的戍边生活，弓箭文化始终是锡伯族历史文化发展的重要内容，在一定程度上，它影响了锡伯民族的历史，构建了锡伯族发展的精神力量。早期锡伯族先民多使用纯木质弓体的单质弓。桦木单质弓较常见。随着制弓技艺提高，锡伯族人逐渐改进设计出复合弓体，即角弓。角弓为双曲反弹弓，克服了早期单质弓弓身长、弹力弱、易折损的缺点，这是弓箭设计上的重大改进。在材质选择上，角弓将角、竹、木、筋等不同材质组合使用，极大增强了弓的弹力和耐用性。其制作过程复杂且要求严格，所以传统角弓制作技艺也成为锡伯族重要的特色手工技艺。

6. 传统礼俗与宗教器具

在漫长的历史中，锡伯族创造了与自身的生产生活以及赖以生存的自然环境相适应的信仰文化，并不断发展、丰富。纵观锡伯族的发展史，可以看出其文化信仰具有多元性特征，祖先崇拜、萨满教、喇嘛教和对土地神、树木的崇拜并存。宗教器具作为一种特殊的载体和工具，成为锡伯族人与神灵之间沟通和交流的媒介，其设计也体现出浓郁的民族特色。

喜利妈妈，是锡伯族原始宗教信仰的留存，据说是保佑锡伯族子孙繁衍和家宅平安的神。"喜利"的锡伯语意为"藤蔓系""延续"，喜利妈妈在东北锡伯族中汉译为"子孙妈妈"，即女祖宗，主要是保佑子子孙孙代代不断繁衍生息，也包含保佑家宅平安和人丁兴旺之意。随着现代文明的发展，文字家谱取代了喜利妈妈的实际功用，

但喜利妈妈因其在锡伯族中独特的地位而保存下来，最终成为象征锡伯族民族兴旺的图腾标志。

锡伯族各类教仪活动也多配合有专用服装和器具，如锡伯族萨满用具主要包括萨满神帽、萨满激达（神矛）、神鼓（伊木琴）、神镜及腰铃等。在进行宗教活动时，萨满全副武装：头戴神帽，胸前佩戴神镜，腰上悬挂腰铃，手拿神鼓与激达。神帽、神镜和腰铃佩戴在身上，意即通过镜光及自身声响来照射和威慑妖魔，让其知难而退。

习俗是锡伯族民族文化的重要组成部分，是在自然环境、社会结构、政治制度及经济形态等多种因素的制约下孕育、发生并传承、发展的。长期以来，锡伯族民众在特定的自然及社会环境中，形成了既具有中华民族民俗共性，又具有地域特色和民族特色的婚俗、葬俗、节俗及其他礼仪禁忌习俗。

四、传承与发展

文化是发展的，是一个动态的过程。任何民族、任何区域的文化，从诞生起便处于不断的动态变化中，或发展创新，或衰弱消亡。人类学家认为，文化进程史中，没有绝对的停滞期，变化是不可阻挡的文化现象，不管我们是否愿意、能否感知到，变是永远不变的、永恒的现象。同样，锡伯族的传统文化也不是一时形成和一成不变的，也处于不断的发展变化中。

进入现代社会后，经济的全球化带来了不同文化间更广泛、更强烈、更频繁的交流、碰撞和整合，各民族文化也进入一个全新的时期，面临着继承、摒弃、创新等文化变迁的复杂境遇。在这样的形势下，对于少数民族而言，全面认识和慎重审视自身文化的优势和不足才是真正有效地保护、传承和发展民族文化的正确途径。费孝通先生曾提出"文化自觉"的概念，指的就是对自身文化有充分

的"自知之明":了解其源起、发展过程及主要特色等。主张不盲目回归,不盲目复古,也不全盘否定,应该在充分认知"自我"的基础上获得新环境下进行文化自主选择的能力。所以,充分了解民族传统文化是传承和发展的基础,只有充分认识自身,才能在复杂的文化环境中合理参照、借鉴、吸收,进而发展和创新。

传统设计,作为民族传统文化的重要组成部分,作为一种可见、可感的文化的物质及精神载体,凝结了时代、地域、文化观念及技术水平等各类信息。对其进行搜集、整理,并进行客观的、多角度的分析对于传统设计文化乃至整个民族文化的传承和发展有着不可取代的作用和意义。

本书便是向着这个终极目标前进的一小步。编撰本书的动力和出发点是本人对于锡伯族传统设计文化的浓厚兴趣以及对锡伯族人民团结、勇敢,爱国、爱家的民族精神的崇敬之心。有了源动力,便开始了此次激情澎湃,却有些仓促、有些艰难的编撰过程。本人非锡伯族,前期对锡伯族认识的局限和自身研究能力的欠缺都成为本次研究推进的障碍;客观上,现有的关于锡伯族的研究成果多是围绕民族历史、语言、文化、宗教等方面展开,专门整理和研究锡伯族设计文化的极少,这些无疑都增加了编写本书的难度。终于,磕磕绊绊,本书接近完稿,但自己心中清楚书中仍有许多不够完善的地方,错误和偏颇之处也在所难免。只能诚恳地请各位专家学者及诸位锡伯族朋友们批评指正。

本书的完成离不开编写团队每位成员的努力,尤其是南京艺术学院王琥老师。感谢他的信任,使我有机会进一步感受和学习锡伯族设计文化,也感谢他为本书所做的前期统筹工作以及对每个具体环节的督促和指导;感谢每位参与图片搜集、整理、制作、校对等各项工作的同学们,没有你们的持之以恒就不可能有这本书的顺利

完成；感谢新疆锡伯语言学会的工作人员为本书提供的指导和帮助；感谢新疆张瀚月同志为本书提出的宝贵建议；感谢张婷（锡伯族）女士为本书提出的宝贵建议；感谢辽宁省马占勇（锡伯族）先生，在本书编写过程中，他不辞辛劳，亲自拍摄了数十幅自己收藏的精美刺绣作品，并且对典型藏品进行了测量和讲解，为本书提供了极为珍贵的素材，让我真切感受到了锡伯族人的热情和对本民族文化的情怀；感谢所有为本书提供资料、信息及各种帮助的热心的朋友们！

  本书在编写过程中，借鉴和引用了部分专家学者的研究成果，这是本书重要的研究基础，此处无法一一列名，一并表示感谢。

张耀引

目录

第一章　锡伯族传统建筑
锡伯族民居　002
锡伯族太平寺　008
锡伯族火炕　014

第二章　锡伯族传统服饰
锡伯族吉塔库　020
锡伯族女性发式　025
锡伯族女式套装　029
锡伯族女式坎肩　033
锡伯族绣花鞋　037
锡伯族套裤　041
锡伯族男式礼帽　046
锡伯族男式长袍　050
锡伯族男式坎肩　054

第三章　锡伯族传统餐饮
锡伯族发面饼　060
锡伯族花花菜　064
锡伯族饸饹床　068
锡伯族皮壶　074
锡伯族筷笼　078

第四章　锡伯族传统生活用具
锡伯族爬犁　084
锡伯族炕柜　089
锡伯族木床　093

锡伯族家具装饰 097
锡伯族梳妆箱 102
锡伯族镜框镜架 105
锡伯族悠车子 108
锡伯族双管苇笛 115
锡伯族东布尔 119
锡伯族斐特克呐 127
锡伯族墨克那 132
锡伯族体鸣乐器 135
锡伯族绰尔屯 141
锡伯族胡尔 145
锡伯族拉巴卜 149

第五章　锡伯族传统生产工具

锡伯族农具 156
锡伯族角弓 160

第六章　锡伯族传统手工艺

锡伯族剪纸 166
锡伯族针荷包 170
锡伯族枕顶 176

第七章　锡伯族传统民俗和宗教造像

锡伯族抹黑节 184
锡伯族西迁节 189
锡伯族礼仪及禁忌 195
锡伯族婚俗 200

锡伯族葬俗　208
锡伯族炊嘎拉哈　214
锡伯族萨满裙　219
锡伯族萨满持握用具　224
锡伯族萨满佩戴用具　228
锡伯族喜利妈妈　232

第一章 锡伯族传统建筑

锡伯族民居

图一　锡伯族民居主图

乾隆二十九年（1764），4000余名锡伯族军民的西迁使锡伯族形成了东北、新疆大分散、小聚居的局面。伴随多年杂居生活，东北锡伯族文化习俗逐渐汉化，新疆察布查尔锡伯自治县还基本保留着锡伯族传统的生活习惯和居住方式。保存较为完整的传统锡伯族民居也多在新疆伊犁察布查尔锡伯自治县。

主案例为新疆伊犁察布查尔县爱新舍里镇锡伯族传统民居。该民居建筑朝向为南北向略微偏东，呈"一"字形展开，正中一间高而两侧房间低，讲究对称，凸显了锡伯族人对中原文化中规矩、主次、宗法等理念的吸收和认同。屋顶坡度约16%—20%，由于伊犁地区少雨，屋顶在坡度上与辽宁地区的传统民居相比小了许多。屋脊采用类似卷棚的形式，屋架则采用硕大的抬梁式木结构，屋顶的梁与脊瓜柱之间采用锡伯文中"屋"字形特殊角背构件，既美观又实用。檐部的构造颇为讲究，在木檐椽子层和芦苇把层之间铺木板作为面层，遮挡草泥，美化外观。檐口还设置木飞椽。建筑一般都设置檐廊，有内廊、内外廊结合、不设廊等形式。近代受维吾尔族建筑影响，有些檐廊变圆形木柱为方柱，且常在表面铺贴瓷砖装饰。

传统民居室内多在坡顶下面做平吊顶，常采用"来兰皮"的做法。其造法大致如下：房屋垒到一定高度后，把比碗口粗的椽子从中间锯成两片（细一些的不锯），在墙上水平放7、9、11根（奇数），把剥皮的苇秆（芦苇秆踩扁后在水中浸泡数日，使之不易扯断）五六根一把，间隔三四厘米扎在横椽底下，再在上面抹粗麦叶子泥，等晾干后，里层再抹细泥上光。在"来兰皮"上面垒山墙封顶。内部房间的布置比较开放，主房两侧为卧室，长辈住西屋，晚辈住东屋，这是遵循锡伯族以西为贵的传统。厨房虽与主房相连，但厨房门开向院内；厕所与主房分开，做到洁污分离。

辽宁地区也生活着锡伯族族群，其民居形式在演变过程中逐渐形成了更适合东北地区寒冷气候的建筑形态和居住空间布局。民居整体以灰色系为主，外形上采用硬山式人字形大屋顶和落地烟囱。屋面坡度较大，既减小冬日积雪对屋顶的压力，同时宽大的屋檐也能起到挡风的作用。落地式烟囱多置于山墙两侧或房屋的侧前方。几个院落连续横向布置的话，烟囱有时也会被设置在房屋后侧。

总之，锡伯族民居独特的外观形制、内部空间、节点构造和生态策略都生动演绎了该民族特有的文化信仰和生活方式。

图片来源

图一至图十　陆悠悠　制图

参考文献

1. 邱昊，周灵.雅致逸人善宜长存——新疆伊犁察布查尔锡伯族民居建筑剖析[J].传统建筑研究，2011（6）:132-135.
2. 《察布查尔锡伯自治县志》编纂委员会.察布查尔锡伯自治县志[M].乌鲁木齐：新疆人民出版社，2007.
3. 赵云鹏.辽宁地区锡伯族民居特征研究[D].沈阳建筑大学，2011.

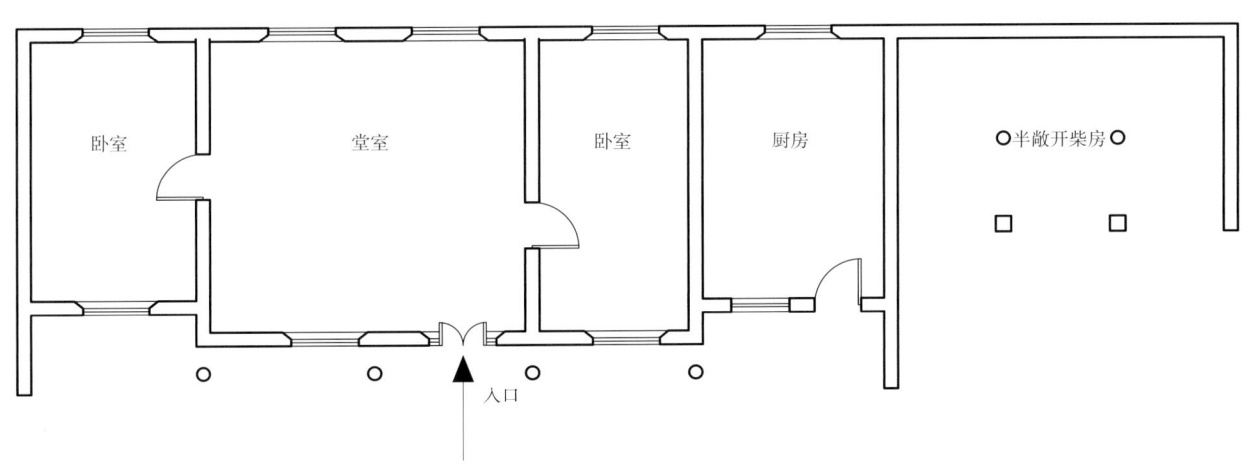

图二　锡伯族民居平面图

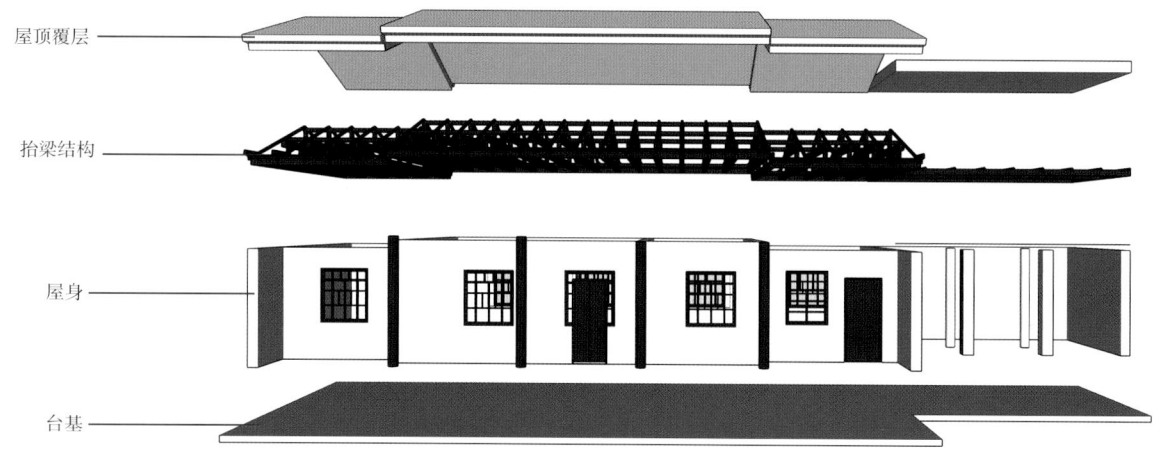

图三 锡伯族民居结构名称图

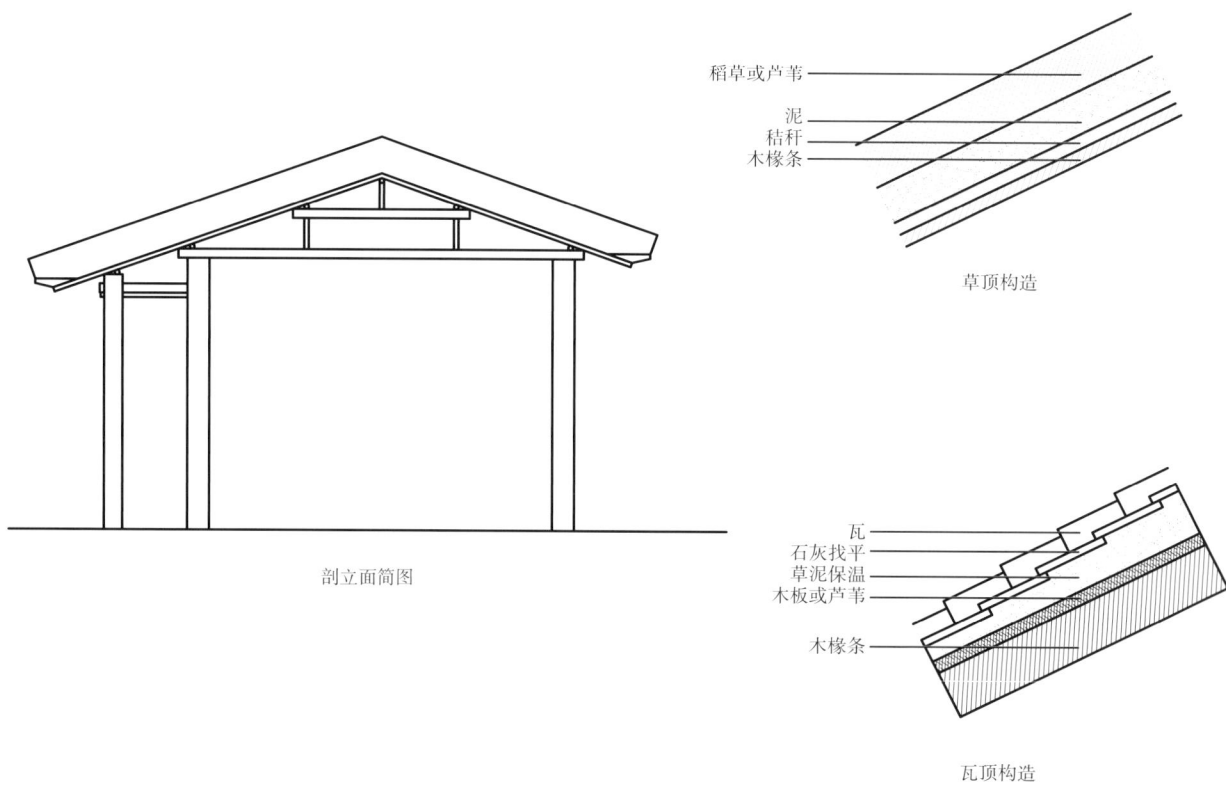

图四 锡伯族民居剖立面与屋顶覆层

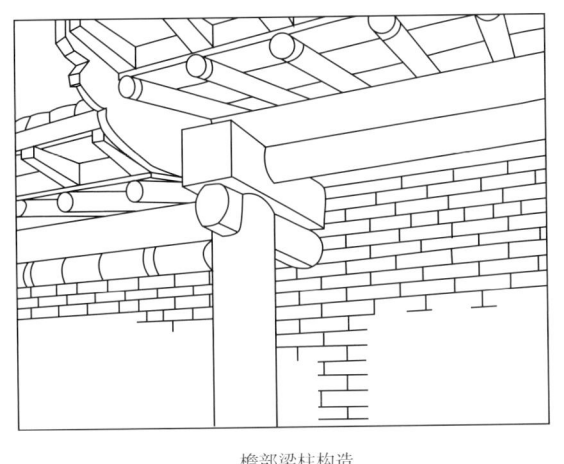
檐部梁柱构造

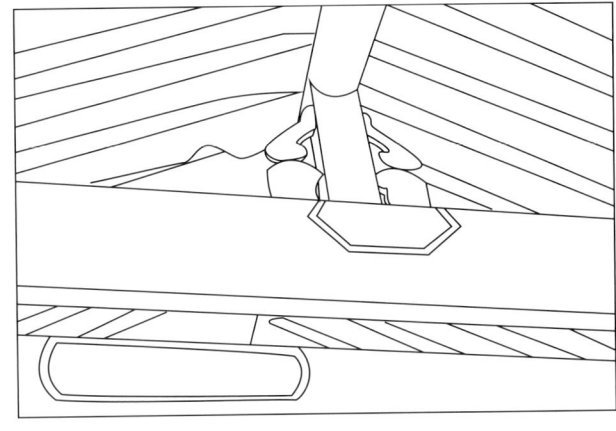
"屋"字脊瓜柱

图五　锡伯族民居屋檐细部

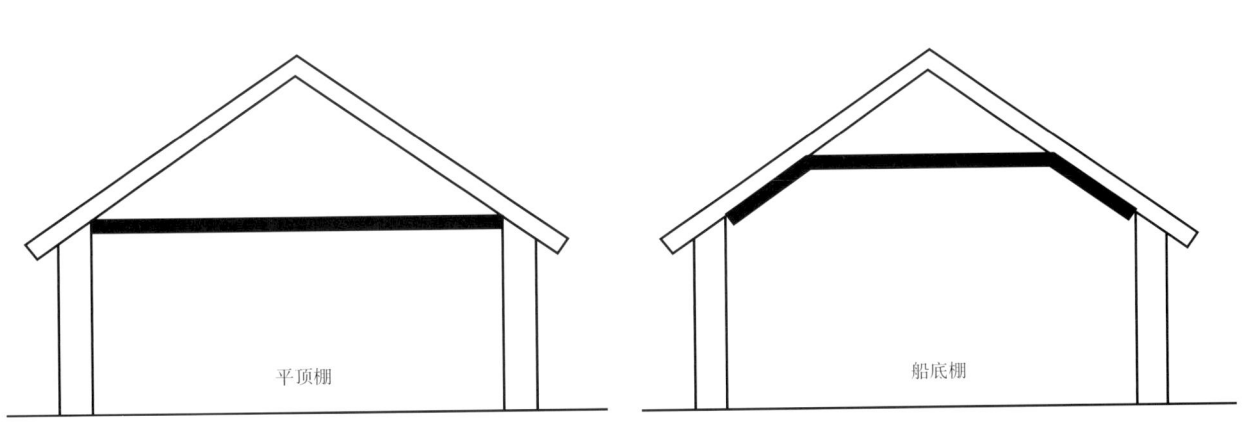

平顶棚　　　　　　　　　　　　船底棚

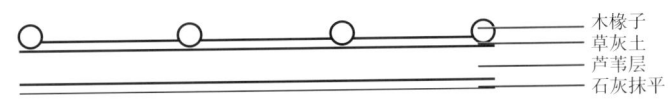

木椽子
草灰土
芦苇层
石灰抹平

"来兰皮"棚示意图

图六　锡伯族民居天棚构造图

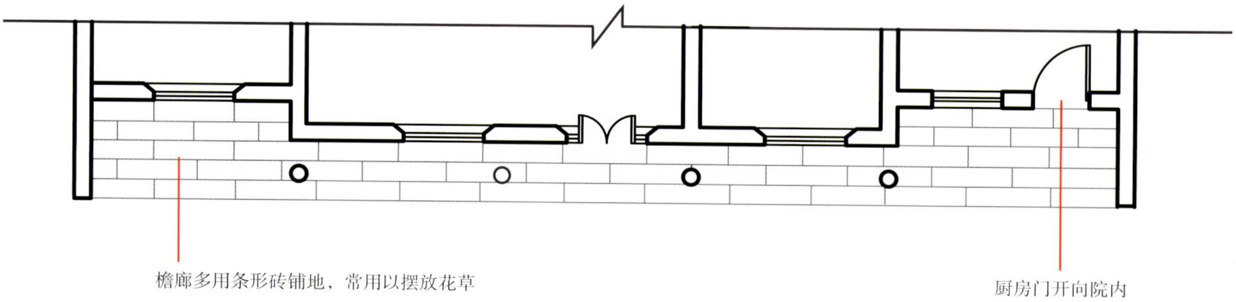

檐廊多用条形砖铺地，常用以摆放花草

厨房门开向院内

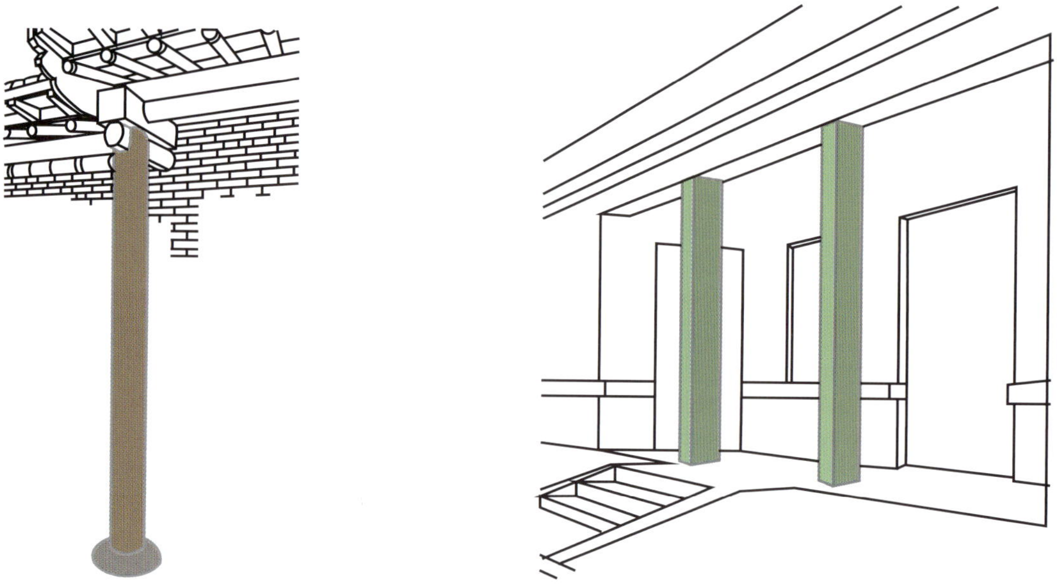

图七　锡伯族民居檐廊柱造型图

▨ 窗边装饰

图八　锡伯族民居常见窗户造型

纱布窗帘

"八"字形喇叭窗台

常见"八"字形横剖面喇叭窗台,增大了窗台使用面积。便于引进更多的阳光,延长屋内日照时间。在窗户半高度处多用纱布窗帘遮挡,利于调节室内的亮度和温度。

图九　锡伯族民居窗户设计分析图

图十　辽宁地区锡伯族民居示意图

第一章　锡伯族传统建筑

锡伯族太平寺

图一　锡伯族太平寺主图

　　锡伯族家庙，又称太平寺，建造于清康熙四十六年（1707），由锡伯族人自己筹集银两修建而成。太平寺是锡伯族早期唯一的，也是最珍贵的历史遗迹，它见证了锡伯族历史上最大规模的西迁壮举，见证了锡伯族的发展变迁，是锡伯族人民的精神家园。

　　太平寺是锡伯族典型寺庙建筑之一，是一座不纯粹的喇嘛教寺庙。庙内不仅供奉释迦牟尼等像，还供奉关公、周仓、龙王、狐仙等，可以看出锡伯族较普遍地受到中原汉文化的影响，也反映出锡伯族宗教信仰兼容并蓄、多元化的特点。

　　太平寺建筑形式及装饰艺术都生动形象地反映了锡伯族建筑技术发展水平。其中，丰富多彩的门窗装饰更是生动地反映出锡伯族人民的认知特点和审美水平。概括来说，太平寺门窗装饰图形主要包括以下几类：几何图形、动物图形、植物图形及佛教吉祥图形等。既有具象的金龙腾空、莲花、凤凰和仙山祥云图形，也有概括抽象的几何元素。自然舒展的卷草、生动的蝴蝶、灵动的蝙蝠祥云、不同处理手法的二龙戏珠及佛教八宝等图形变化组合，共同烘托出锡伯族家庙强烈的宗教和艺术感染力。

太平寺门窗装饰之美，一方面体现于图案形态，另一方面还体现在色彩搭配。门窗装饰色彩的形成和发展受自然环境、社会历史、宗教文化和民族心理等因素的影响，反过来也折射出锡伯族的民族特质。太平寺门窗装饰色彩以红、蓝、金、绿为主。红色多用作门窗的整体框架及门扇的底色，大面积的红色与灰色砖砌墙壁形成强烈的视觉对比，自然形成视觉中心。红色有吉祥、万福、喜庆之意，让人产生崇敬、庄严之感。金色为皇权之色，象征高贵、稀有，红门、金铺首、金钉便是极具中国特色的门饰色彩设计。金色主要用于门板上的鎏金饰物以及门饰的描框镶边、细部点缀，也有的装饰图形整体用金色，如飞龙图形、二龙戏珠等，处理手法灵活多变。绿色主要用于窗格及小面积或线型图案装饰，给人以平和之感，对整个门饰的色彩起到调节和稳定作用。蓝色是在太平寺门窗装饰设计中最通透的色彩，主要用作门窗图形的底色，也用在图形局部，不同深浅的蓝很好地塑造了门饰色彩的层次，丰富了门饰带给观者的色彩感受。

总体来看，太平寺门窗装饰图案化的特点明显，极富装饰美，同时十分注重色彩搭配，体现出了锡伯族人对形式美法则的理解和把握。

图片来源
图一　汇图网
图二至图八　陈杨威　制图
图九　《锡伯族民间图案集》编纂委员会.锡伯族民间图案集.乌鲁木齐：新疆美术摄影出版社，1994：p42.
图十　《锡伯族民间图案集》编纂委员会.锡伯族民间图案集.乌鲁木齐：新疆美术摄影出版社，1994：p64.
图十一　《锡伯族民间图案集》编纂委员会.锡伯族民间图案集.乌鲁木齐：新疆美术摄影出版社，1994：p39.

参考文献
1. 贾蔓，孙旭.论滇西北藏区民居门饰吉祥图案文化之内涵[J].大理学院学报，2014（9）：12-16.
2. 胡方艳.新疆察布查尔锡伯族宗教信仰历史与现状考察之一：锡伯族的藏传佛教信仰[J].宗教学研究，2010（3）：110-117.

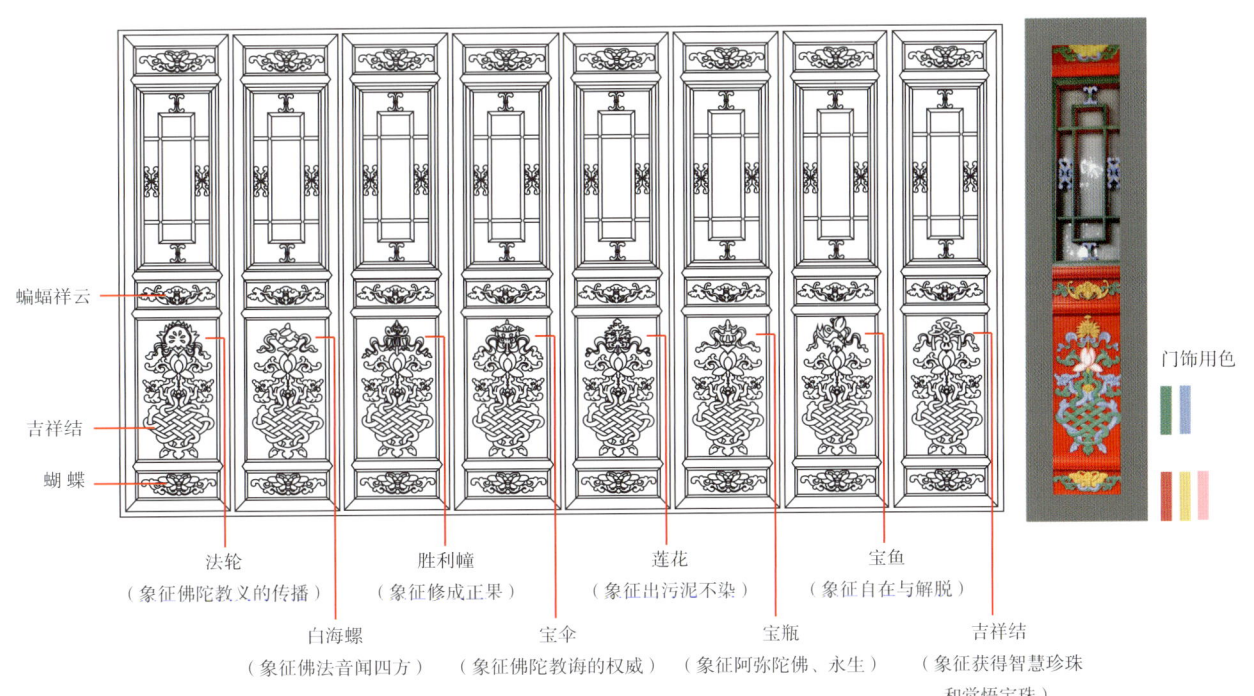

图二　锡伯族太平寺门扇装饰图形及色彩构成1

图三 锡伯族太平寺门扇装饰图形及色彩构成2

图四 锡伯族太平寺门扇装饰图形及色彩构成3

图五 锡伯族太平寺门扇装饰图形及色彩构成4

门饰用色

图六 锡伯族太平寺门扇装饰图形及色彩构成5

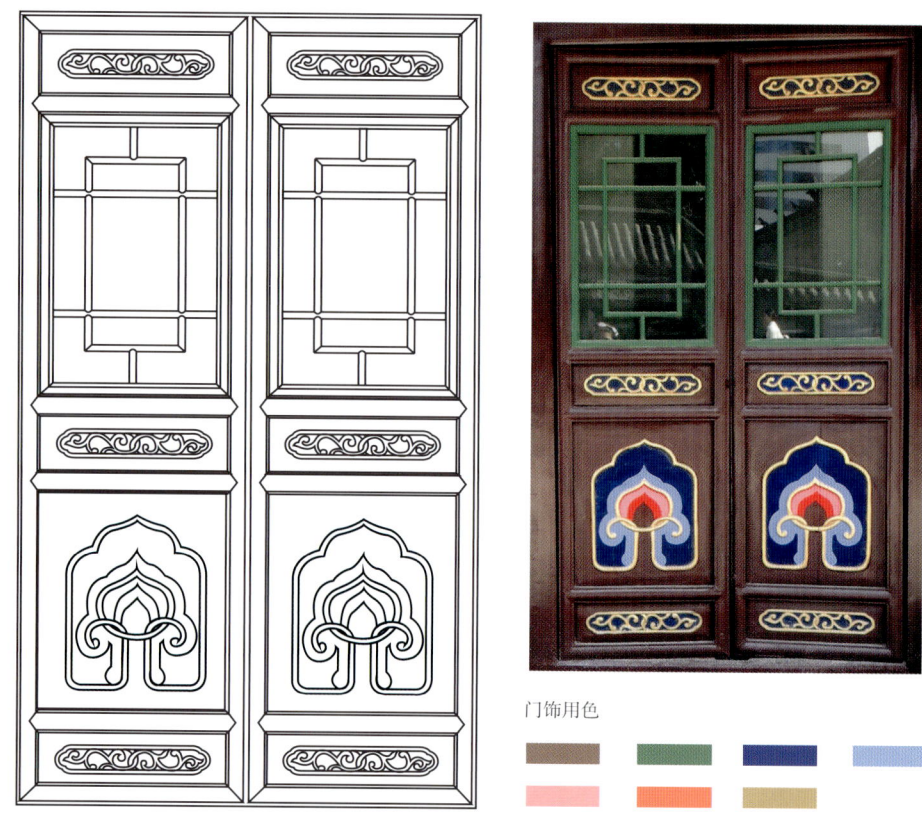

门饰用色

图七 锡伯族太平寺门扇装饰图形及色彩构成6

窗户装饰用色

图八 锡伯族太平寺窗户装饰图形及色彩构成

图九　锡伯族其他门扇图形1

图十　锡伯族其他门扇图形2

图十一　锡伯族其他寺庙窗棂图形

第一章　锡伯族传统建筑

锡伯族火炕

图一 锡伯族火炕主图

炕指用砖、土坯等砌成的台,下面有洞,连通烟囱,可以烧火取暖,供坐卧,是北方居室常见的室内设施。

传统锡伯族房屋中都造有火炕。火炕的形式有两种:一种是在房中南侧和北侧砌筑的单炕;另一种是大炕,锡伯语称"安巴纳罕"。大炕由三面环绕的南炕、西炕和北炕组成,又被称为三环炕或万字炕。火炕的出现主要是由于东北地区冬天气温极低,而单纯建筑保温无法满足需要,所以在屋里设置火炕以增强建筑的取暖效果。

锡伯族人以西为贵,所以在锡伯族住宅中习惯以西屋为上,一般由长辈居住。三环炕就常造设于西屋。其中又以西炕为贵,一般不睡人,除非有极尊贵的客人来时才可请之坐卧,大部分家庭的西炕主要用来供奉佛龛、放置木柜等。南炕多供爷爷奶奶或父母睡眠,北炕则供子女使用。睡觉时枕头临炕边。

锡伯族火炕的高度一般为60—70厘米。灶台砌于中间的堂屋,通东西房火炕。炕一端与灶口下方相通,另一端与墙壁底部出烟口相连。墙壁烟道部位中空,上通屋顶烟囱，起到吸烟拔火的作用。

不同时期，火炕的造法不尽相同。传统锡伯族火炕多为土坯炕，其造法大致分为几步：制坯、放置炕柱（坯）、铺炕面（坯、砖或青石板）、炕边加工等。炕边一般用六七厘米厚、十几厘米宽的长条形木头做成，常选用桦木、榆木等。炕边的主要作用是保护炕沿，也直接影响炕的美观。

火炕在东北地区使用极为广泛，是各民族文化融合的重要体现。其他民族中也有使用三环炕的，但方式有所不同，如满族三环炕以炕北侧为贵，老人、长辈要睡北炕，南炕地位次之；炕的高度也较锡伯族炕低。

随着民居建筑保暖技术的进步，再加上三环炕本身在砌筑和使用时并不是很方便，如今锡伯族民居中的火炕形式较以前有所变化，三环炕逐渐发展成南北炕，甚至有的民居仅南向或北向有炕。炕的建造技术在现今也得到了发展，一般居民家中的炕较之传统炕更加美观、环保，方便性和舒适性也有很大提高。同时，炕这种与建筑紧密结合的取暖方式也被应用于许多现代设计中。

图片来源
图一、图二　陆悠悠　制图
图三、图四、图五　任新宇　制图
图六、图七　王学林.东北火炕.呼伦贝尔：内蒙古文化出版社，p37，p47，p57.

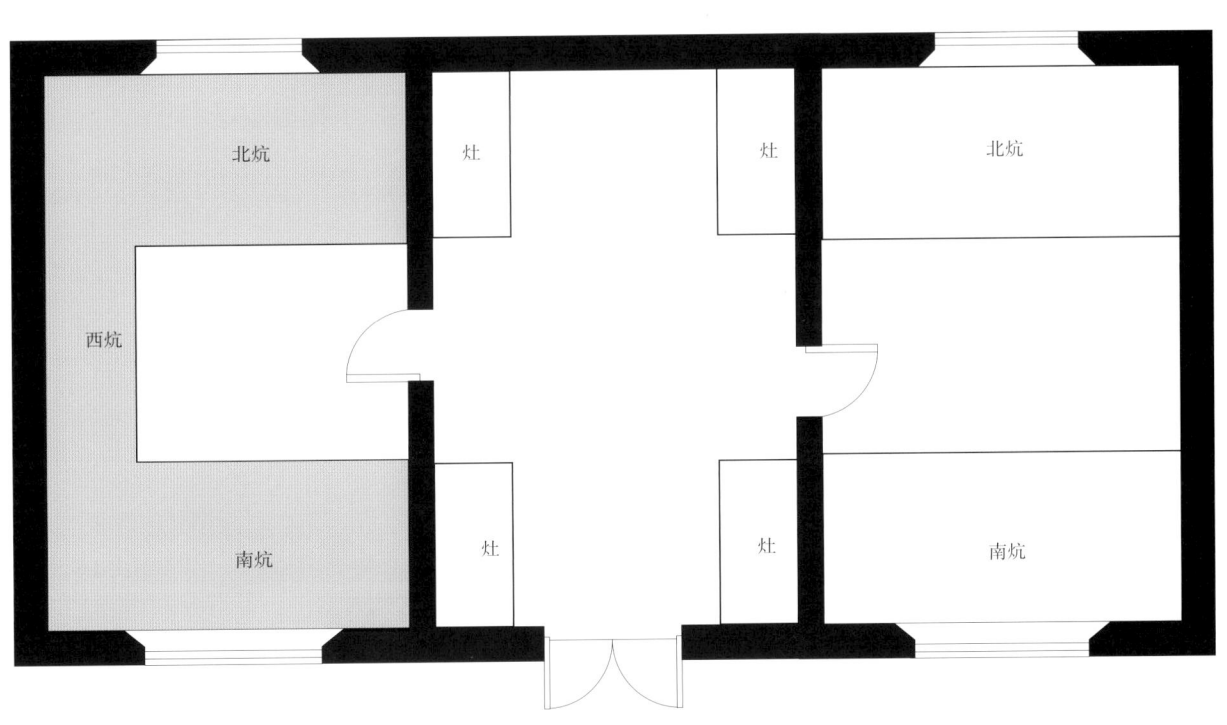

图二　锡伯族火炕平面布局图

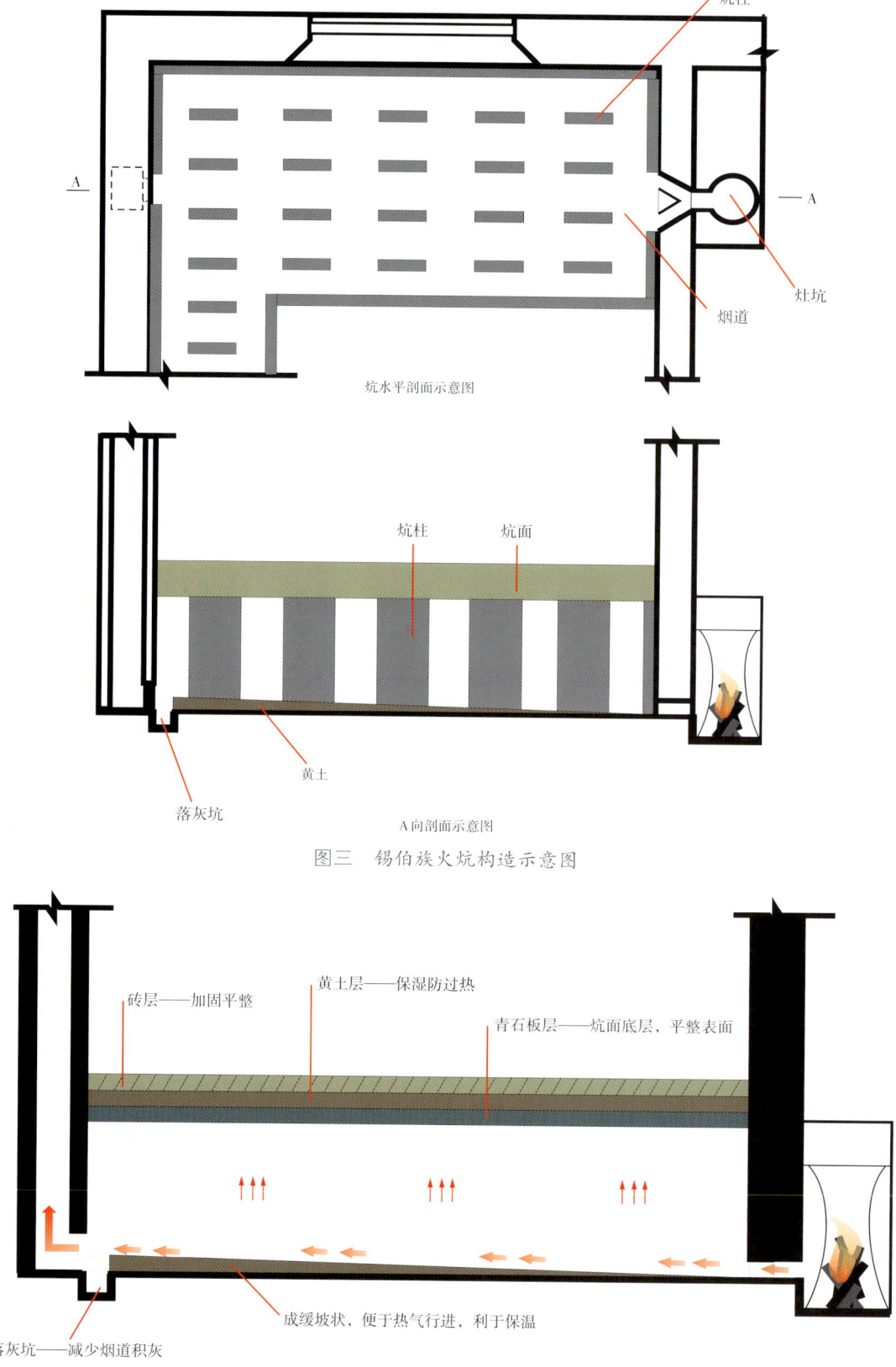

图三 锡伯族火炕构造示意图

图四 锡伯族火炕构造及功能示意图

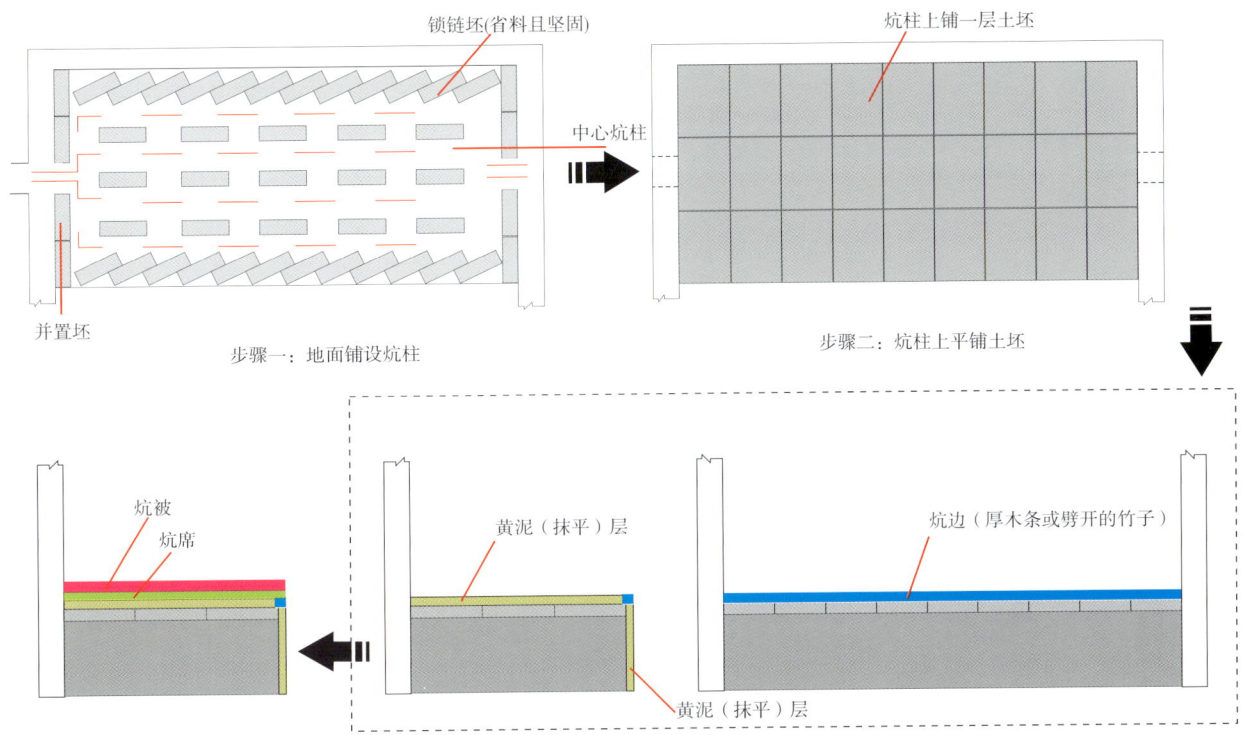

图五 锡伯族土坯炕制作流程图

图六 现代火炕制作场景图

图七　东北地区火炕使用情境图

第二章 锡伯族传统服饰

锡伯族
The Xibe Ethnic Group

锡伯族吉塔库

图一　锡伯族吉塔库主图

头饰是服饰文化的重要组成部分，对于少数民族而言，它往往体现出鲜明的民族特色和独特的审美文化。造型丰富、色彩绚丽的少数民族女性头饰，与其服装映衬、呼应，一起塑造出独特的民族形象。各民族女性的头饰都与她们民族的生活环境、文化修养、历史沿革及宗教信仰等有着密切的联系。

吉塔库是锡伯语，意为头饰，即布制发箍，是锡伯族女性最常佩戴的头饰。这种发箍从早期的额带发展而来。最初的额带较窄，戴于前额上部，形制简单，为长条状，后有系绳便于固定。锡伯族妇女日常生活中佩戴的额带多以深色，如青、灰、蓝等为主色调，正面有绣花或镶嵌缝缀。那时额带主要起防风、保暖的作用，老人小孩都常戴。年轻女子成婚时需佩戴正红色吉塔库，与礼服色彩呼应，凸显喜庆气氛。吉塔库正面有彩色绣花或贝壳、宝石及其他花饰，其下缝缀一排银链或串珠等，垂于眉宇之上，飘逸闪烁，更衬出女子的含蓄柔美。

现代吉塔库多用于重大的传统节日或婚礼等场合，造型在传统的基础上有一定变化，总体呈现出以下特征：高度增加，辅饰材料及手法更多样，更加强调装饰效果，视觉感受更突出。

吉塔库一般由两部分构成，额带和系带。额带上沿多设计为波浪造型，中心最高，然后向两侧延伸降低。下沿常设计为浅弧形，串珠、银链排布或直、或弧，以衬托脸部造型为目的。

锡伯族女子多善刺绣，吉塔库表面常绣有牡丹花叶、蝴蝶等图形，寓意富贵美好。图形设计连贯，有主有次，色彩搭配和谐，且不乏对比。用于表演或大型仪式中的吉塔库造型更加丰富，高度明显增加，强调向上的视觉感受，装饰华丽，色彩对比强烈。

图片来源
图一至图五、图七、图八　李梦凡　制图
图六、图九　任新宇　制图

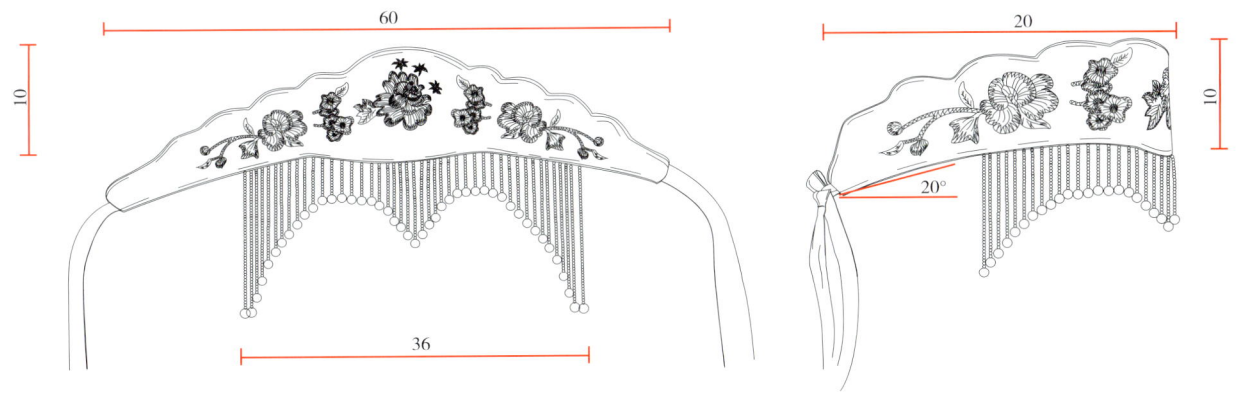

图二　锡伯族吉塔库尺寸图（单位：cm）

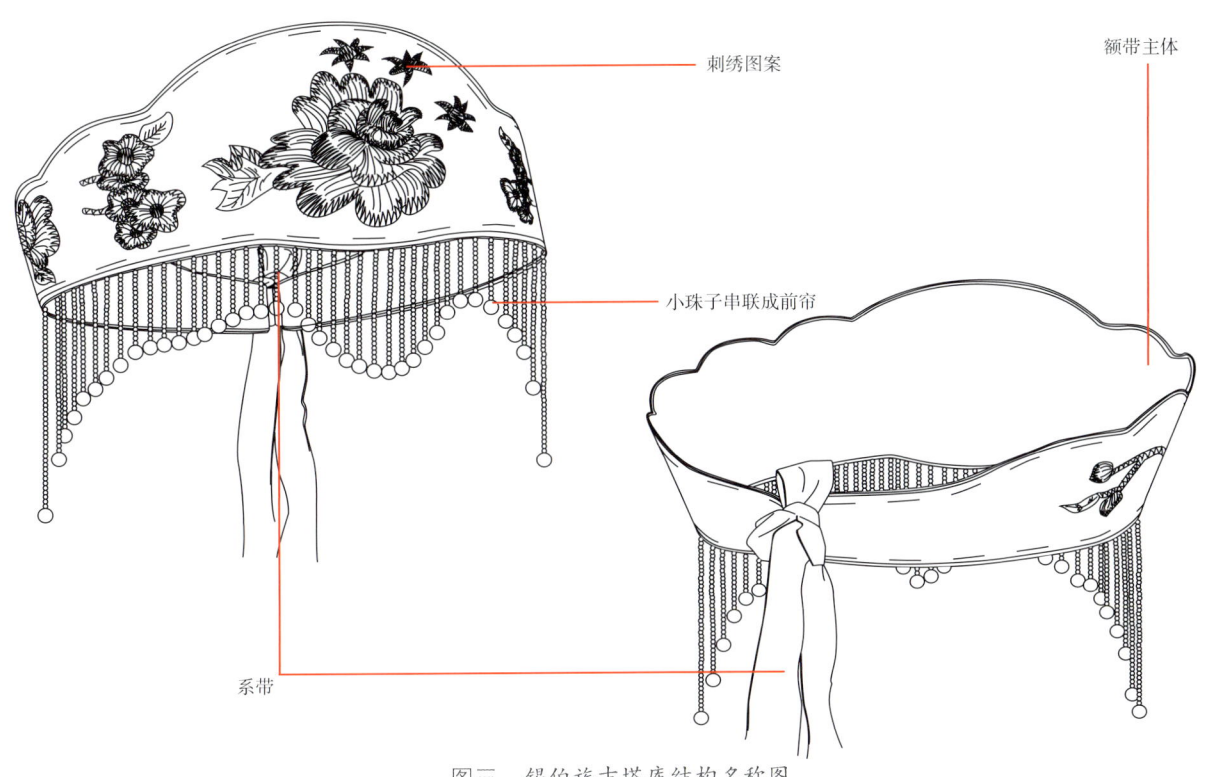

图三　锡伯族吉塔库结构名称图

图四　锡伯族吉塔库展开图

图五　锡伯族吉塔库色彩纹饰图

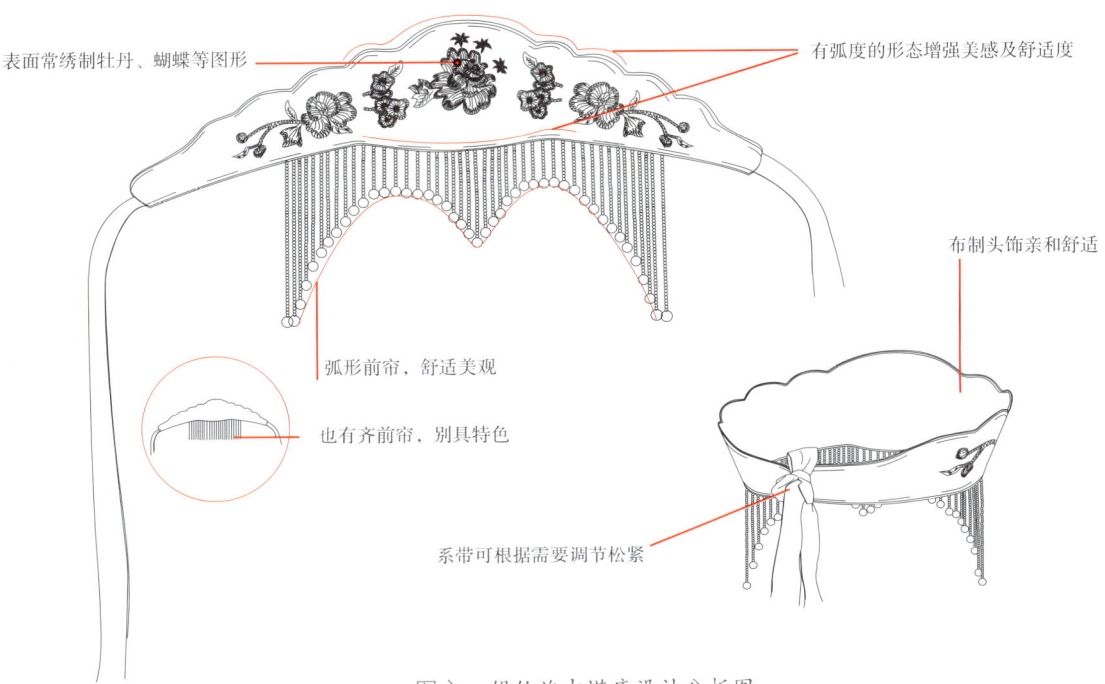

图六　锡伯族吉塔库设计分析图

图七　锡伯族吉塔库佩戴效果示意图

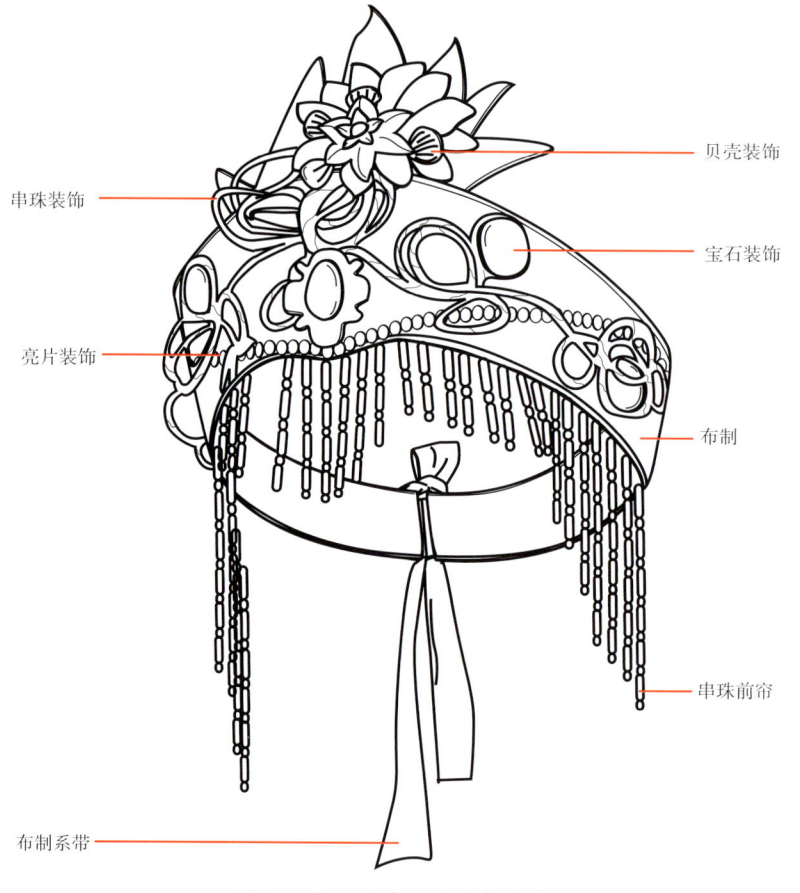

图八　锡伯族其他造型吉塔库

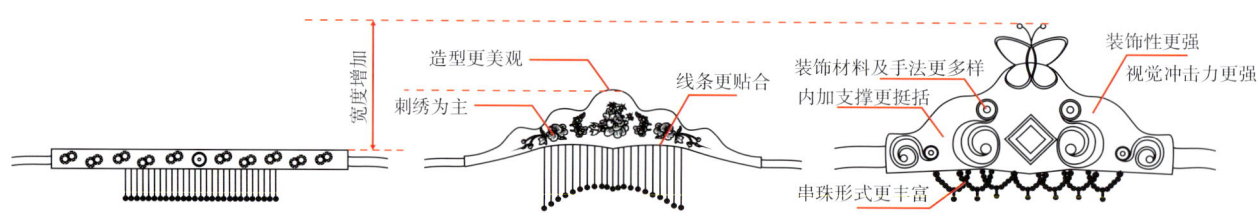

图九　锡伯族吉塔库演变示意图

锡伯族女性发式

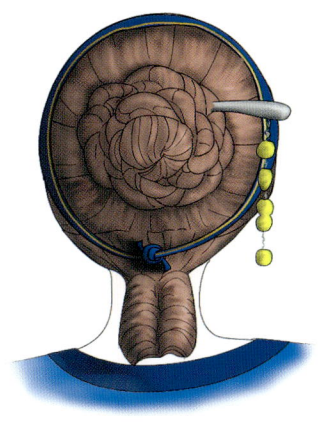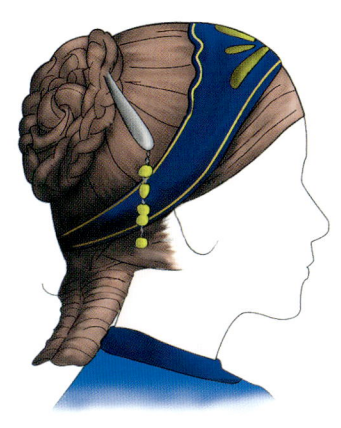

图一　锡伯族女性发式主图

发式是女性妆容的重要部分，它的发展与演变过程反映了不同时期、不同民族的生活特征，也记录着特定人群的集体审美观念。随着人类生活水平的提高，仪容仪表的重要性也逐渐彰显，发式是其中较为显著和重要的部分。

古代，辫发为游牧民族的常用发式。锡伯族女性传统发式也以辫发为主，具体发式依年龄和身份而不同。少女多留单辫垂于脑后正中，用各色毛线扎辫根，其中红头绳最为常用，不剪头发帘，头上、辫梢常见花朵饰物。结婚时，女性则将发辫盘起，成髻形，类似于盘叠的螺髻，也有人称之为盘龙髻。髻上插发簪，谓之"大插库"。发边常添加花朵饰品装饰，额上戴锡伯族特色额带"吉塔库"。日常生活中也有人梳双辫，盘后置于头顶或脑后两侧，成双圆髻。年纪稍大的妇女常盘疙瘩髻，将发辫简单盘绕叠在头上，春秋则包头巾，干净利落。传统女性喜欢在头发上抹头油，使头发整齐光亮。没有头油的，就用榆树皮泡的水代替。

依据现有资料及对锡伯族女性的访查，推测盘龙髻梳扎方式为：先将头发沿耳后分为上下两部分，上部约占2/3；将上部头发向上梳理捆扎固定，编发辫后绕中心旋转盘叠，并用发夹或簪子固定在头顶；下半部分头发则梳成燕尾垂于脑后正中。

发式造型端庄稳重，顶部辫发盘头圆润而饱满，底部燕尾垂顺，女性的贤惠柔美呼之欲出。

受外来文化及现代文化的影响，现代锡伯族女性发式与汉族发式几乎没有差异，传统代表性盘发方式已很少有人知晓。

图片来源
图一至图六　李梦凡　制图
参考文献
《中国民族发饰》编委会.中国民族发饰[M].成都：四川人民出版社，1998.

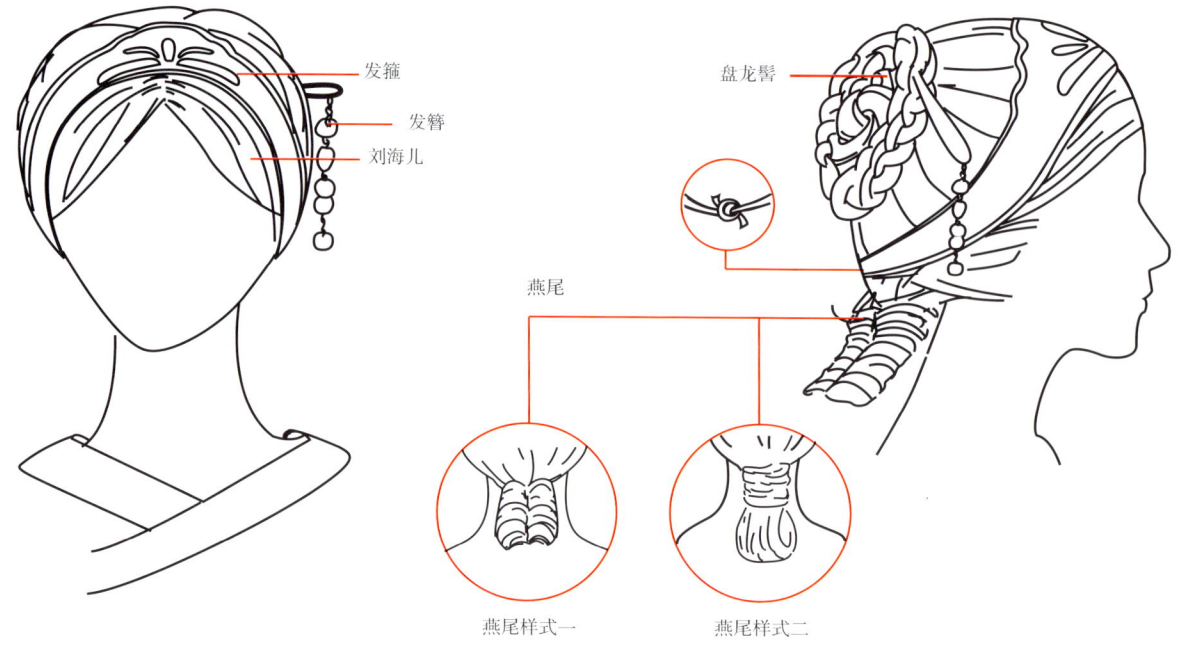

图二　锡伯族女性发式·盘龙髻示意图

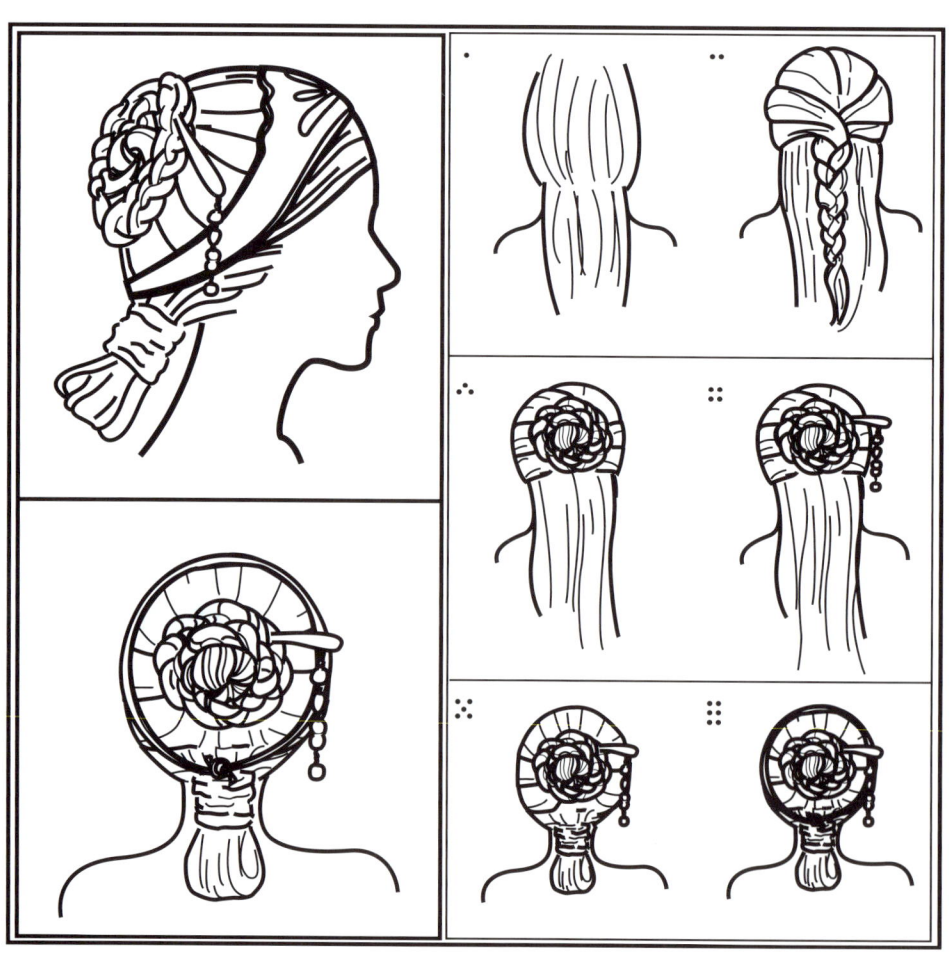

图三　锡伯族女性发式·盘龙髻盘发过程示意图

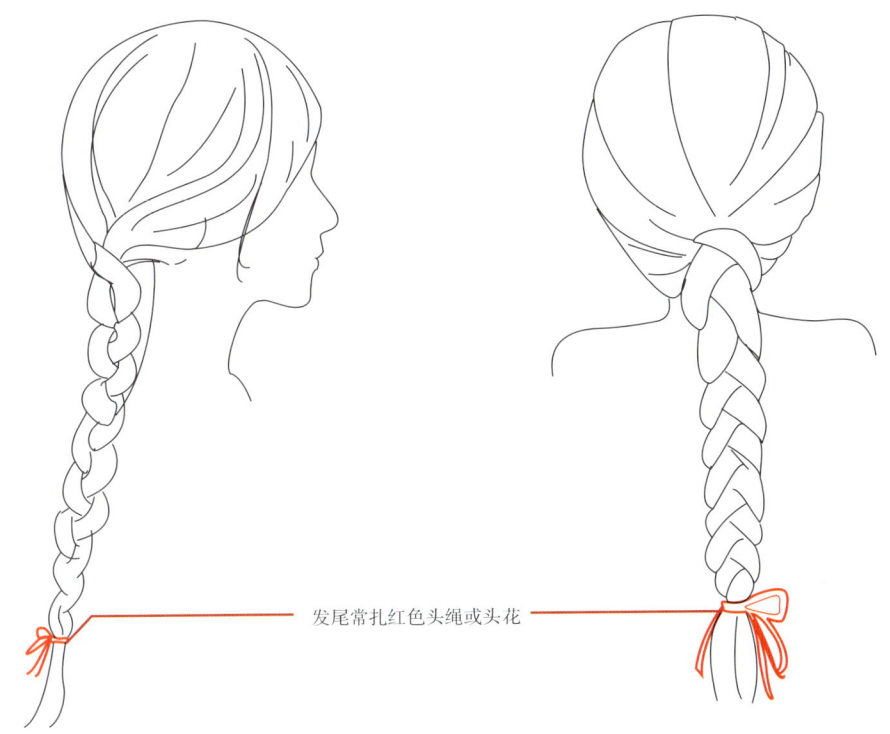

发尾常扎红色头绳或头花

图四　锡伯族女性发式·少女单辫示意图

图五　锡伯族女性发式·疙瘩髻示意图

第二章　锡伯族传统服饰

图六　锡伯族女性发式·双髻示意图

锡伯族女式套装

图一　锡伯族女士套装主图

从早期的呼伦贝尔草原、东北山林，到1764年锡伯族军民的大西迁，锡伯族人与东北少数民族、汉族以及西北少数民族不断交流融合，形成了兼容并包的文化特征。其服饰吸收了其他各民族的特点，逐渐发展演变，形成了新的审美风格。

传统锡伯族女子服饰较男子更为讲究，无论是选料还是主体与装饰间的色彩搭配，都要求既有对比又要和谐。总体来说，锡伯族女子服饰兼有汉族、满族、蒙古族、维吾尔族服饰的特征。传统锡伯族妇女一般穿右衽大襟旗袍，外罩坎肩，脚着白袜、绣花鞋。旗袍的衣襟、袖口、领口和下摆多镶边或绲边。传统的旗袍一般开衩较低，大襟和下摆处也都有绲边或镶边装饰。在传统着装习俗中，不同身份女子有不同讲究。未婚女子的旗袍一般腰身较瘦，长及小腿，外套背后开衩的高领对襟坎肩。已婚女子的旗袍则长至脚面，外搭两侧开衩的大襟坎肩。不过，随着文化观念的变化，目前这种讲究已经逐渐淡化。

右衽大襟上衣与大摆长裙也是常见搭配，本案例即此种形式。该套装应是现代制成，部分缝缀及装饰材质与传统服装有异，但它是为了表现民族传统着装文化而改良制作的，其主体形制参照传统女式套装，主要用于现代重大的民族节庆礼仪场合或婚庆等重要日子，故此处仍称之为"传统女式套装"。服装主体为喜庆的大红色，上衣前后开衩，衣领、衣襟、袖口及衣摆均镶有湖蓝色宽边。衣襟、袖口和衣摆等处还另加一条嫩黄色细绳边，并装饰有精工细琢的蝴蝶、花草刺绣及若干亮片。蝴蝶和花草寓意爱情长久、生活美满。精细的刺绣图案、闪烁的小亮片与大轮廓式的镶边彼此衬托，相得益彰，为观者营造了丰富的视觉感受。长裙整体设计较为简洁，大裙摆形成自然褶皱层次，层次间各缝制一条亮珠线，似点缀于层层叠叠的花间。裙摆下围一圈也做刺绣装饰，主题为蝴蝶牡丹，与上衣蝴蝶图案遥相呼应。裙摆底部边缘缝制一圈贝壳类装饰片，闪闪烁烁，摇曳飘动，让人感觉裙似无边，美感无边。

图片来源
图一　汇图网
图二至图四　王青　制图
图五　马雄福.新疆少数民族服饰与节庆.北京：中国旅游出版社，2008：102.
图六　《中国民族发饰》编委会.中国民族发饰.成都：四川人民出版社，1999：98.

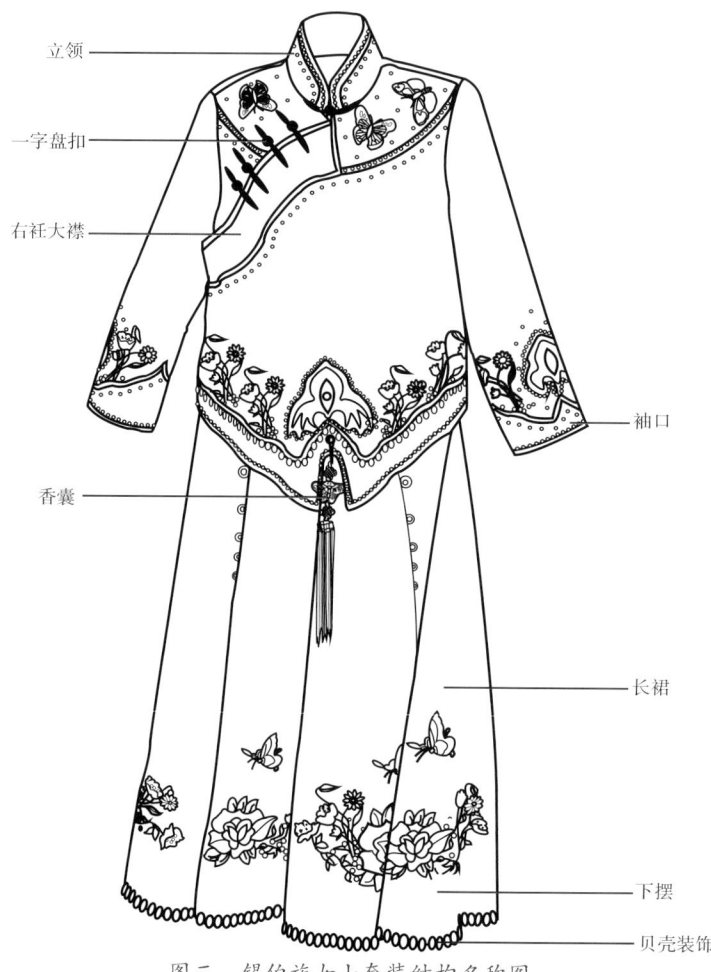

图二　锡伯族女士套装结构名称图

图三 锡伯族女士套装色彩示意图

上衣装饰配色

裙摆装饰配色

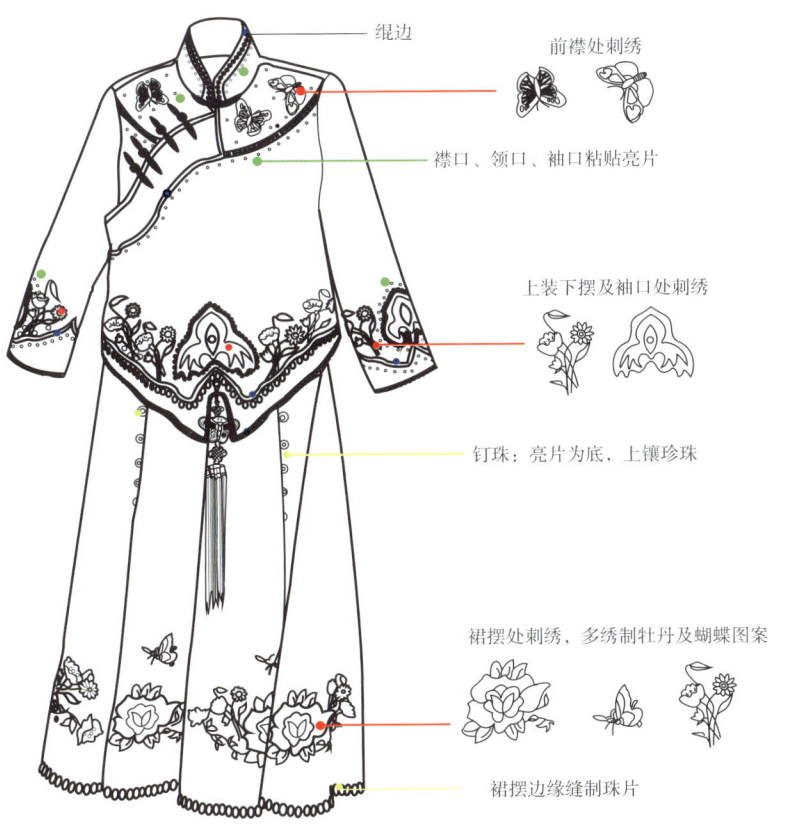

- 绲边
- 前襟处刺绣
- 襟口、领口、袖口粘贴亮片
- 上装下摆及袖口处刺绣
- 钉珠：亮片为底，上镶珍珠
- 裙摆处刺绣，多绣制牡丹及蝴蝶图案
- 裙摆边缘缝制珠片

图四 锡伯族女士套装工艺分析图

第二章 锡伯族传统服饰

031

图五　锡伯族女士套装衣领部位效果示意图

图六　锡伯族传统女式服装

锡伯族女式坎肩

图一　锡伯族女式坎肩主图

坎肩是传统锡伯族常穿着的服装之一。传统锡伯族男士服装以青、灰、兰、棕色，左右开衩的长袍和短袄为主，袄外常套坎肩。女士则常着各色格布大襟旗袍，其外亦喜套坎肩。传统锡伯族坎肩多设计为大襟、琵琶襟或对襟。男士坎肩装饰较为简洁，多绣有弓箭、动物等图案。女士坎肩设计讲究，领口、袖口及下沿均绣有精致花边。

本案例为锡伯族布质四开衩右衽大襟短款女士坎肩，现藏于中央民族大学博物馆，是20世纪50年代的一款坎肩。衽，本义衣襟。右衽，指左前襟掩向右腋，将右襟掩覆于内。坎肩下摆前后左右开衩。坎肩开衩上端缝饰如意云头，寓意吉祥，嵌于服装开衩处，强化了其装饰意味，构成视觉关注点。襟边、下摆、领口、袖口等处都有绳边和镶边装饰，其作用有二：一是为了更耐磨，增加服饰的结实度；二是在服装边缘转角处作为线形装饰，调节服装整体视觉效果。本坎肩颜色秀丽，由粉色、黄色、深蓝和紫色构成。坎肩的颜色、绣花图案等都与长袍搭配协调，两者相得益彰，更加美观大方。

作为一种以实用性为主的服饰类型，坎肩一年四季都可穿着，又以秋冬两季为主。

作为外衣，坎肩无袖，充分保证了行动的便捷；秋冬季节坎肩内部常絮棉或镶饰动物皮革，以加强其保暖性。这些都是从功能性角度进行的设计考量。另一方面，人类对服装装饰功能的需求也越来越强烈。人类对美的追求，令坎肩变得更加多姿多彩。锡伯族女性坎肩剪裁得体、色彩丰富，常见花朵蝴蝶刺绣装饰，充分衬托女性的柔美，体现出独特的民族审美。

图片来源
图一　中央民族大学数字博物馆
图二至图八　盖伟　制图

参考文献
关留珍.新疆锡伯族服饰研究[J].新疆艺术学院学报，2005（3）：22-27.

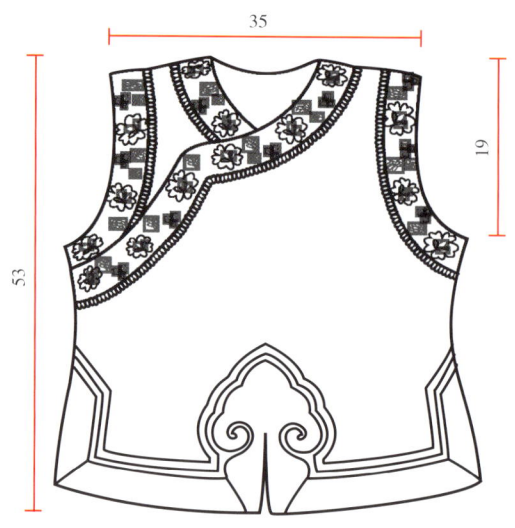

图二　锡伯族女式坎肩尺寸图（单位：cm）

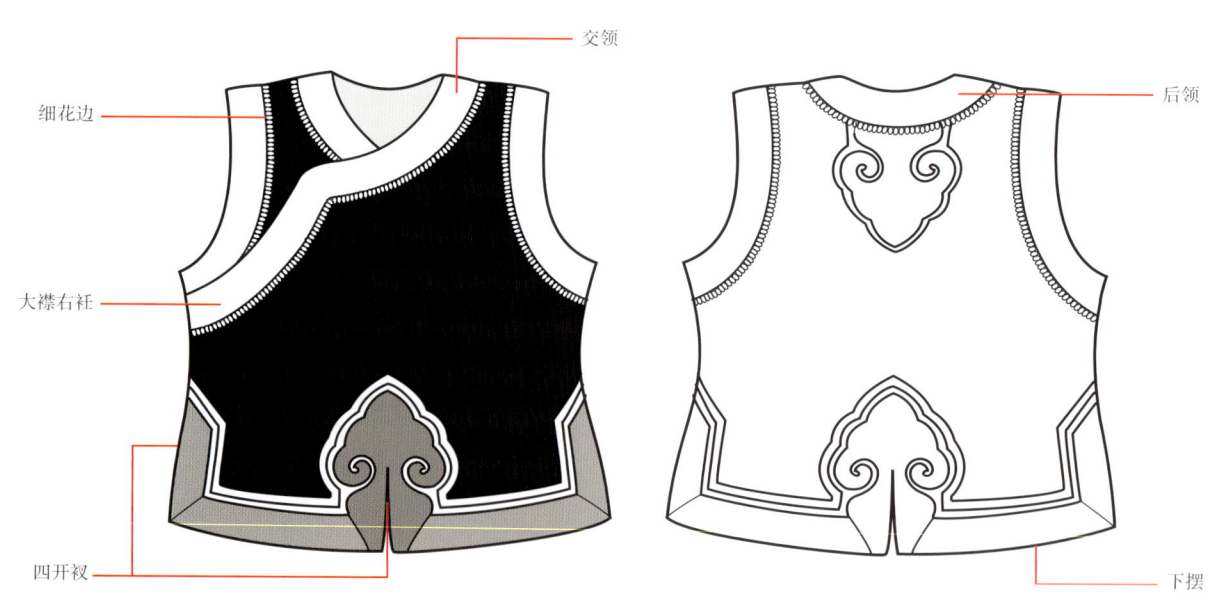

图三　锡伯族女式坎肩结构名称图

彩色刺绣花朵装饰　细花边　如意云头　镶金边

图四　锡伯族女式坎肩装饰分析图

图五　锡伯族女式坎肩穿着示意图1

图六　锡伯族女式坎肩穿着示意图2

第二章　锡伯族传统服饰

035

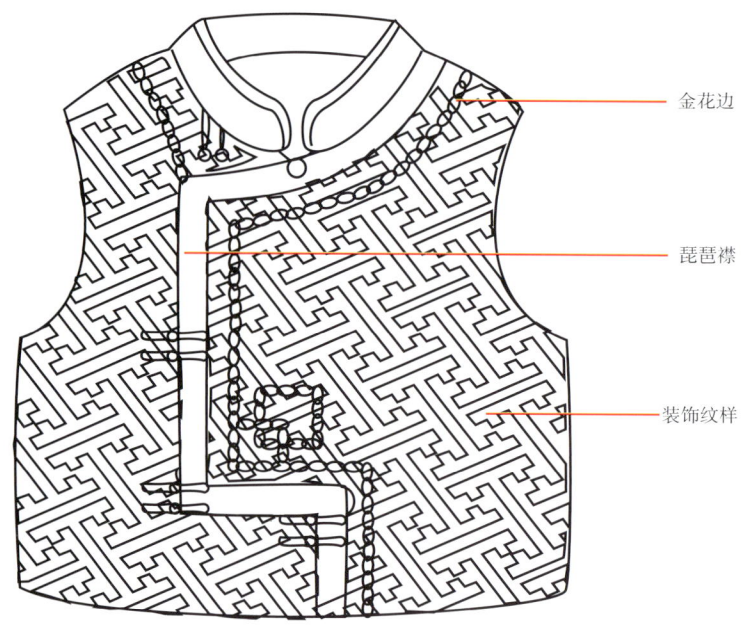

图七 锡伯族女式琵琶襟坎肩结构名称图

金花边
琵琶襟
装饰纹样

图八 锡伯族女式琵琶襟坎肩效果图

锡伯族绣花鞋

图一 锡伯族绣花鞋主图

绣花鞋是锡伯族传统服饰文化的重要组成部分，是锡伯族女性日常穿着的鞋式之一。传统锡伯族绣花鞋以青、蓝、黑、红色等为主色调，注重鞋面与鞋帮装饰的整体铺陈，多用彩色丝线绣制精美艳丽的纹样，题材多为蝴蝶、花卉等动植物。鞋口细绳边或添加刺绣饰条装饰，鞋底为手工纳制薄底或千层底。绣花鞋作为锡伯族典型鞋式，其造型及表面装饰设计反映了锡伯族传统审美特点及刺绣技艺。

传统锡伯族绣花鞋材质多为手织布或缎面，布面绣花鞋颜色多以青灰色、蓝灰色为主，缎面绣花鞋则多见紫色、红色。牡丹、莲花、海棠、蝴蝶等是锡伯族绣花鞋上常见图案，大都设计别致、绣工精美。

主案例为20世纪90年代新疆察布查尔锡伯族紫缎绣花纳底女鞋，现收藏于中央民族大学数字博物馆。绣花鞋主体为紫色缎面，长25厘米，宽9厘米，高7厘米，鞋帮较低，纳底较薄。鞋面、鞋帮上整体绣制连枝牡丹造型。花朵造型非直接写实，而是将自然物象进行抽象加工，设计为极具形式美感的图形语言。主花位于鞋面正中，枝蔓自然延伸至两侧鞋帮，衬以橙色及紫色辅花，使鞋面整体自然舒展。主花以粉色为主，与鞋外侧橙色、紫色辅花相互映衬，内侧设计为单一橙色花朵，既统一又有变化。同时，舒展的金棕色枝蔓配以光感十足的绿色叶片，为整个鞋面营造出极为丰富的视觉层次。鞋底以同色面料包面，鞋口为黑色绲边，使绣花鞋整体更显端庄稳重。

另一案例为20世纪50年代的枣红色双梁

绣花女鞋，长26厘米，宽7.5厘米，主体为布质，枣红色，厚底。鞋前脸及后跟两侧均有刺绣，图形为连枝海棠及蝴蝶。花朵及蝴蝶以粉紫色为主，衬黄绿色枝蔓，整体和谐有生气。鞋口设计为黑色、宽边，上制浅绿色三角形及线型纹样。白布纳千层鞋底，鞋头略上翘，前端双梁包边，视觉线条连贯流畅。从使用功能上讲，略上翘的鞋头及双梁设计既增强了鞋子的保护功能，也使行走更加舒适省力。鞋口的深色包边在具备装饰功能的同时也使鞋子更耐脏，增强了使用的便利性。厚底设计在提高穿着舒适性的同时也提高了物品的耐用性。

锡伯族传统绣花鞋兼顾实用与美观，其朴素的材质与造型、独特的图形及色彩设计以及对实用功能的细致考量，是锡伯族人长期生活实践经验累积的结果，也是锡伯族人向往美好生活的反映。设计精良、制作考究的绣花鞋是锡伯族传统生活的重要组成部分，在现代生活中仍然以其特有的方式诠释着锡伯族人独特的审美情趣。

图片来源
图一　中央民族大学数字博物馆
图二至图十　李梦凡　制图
图十一　马占勇　摄影

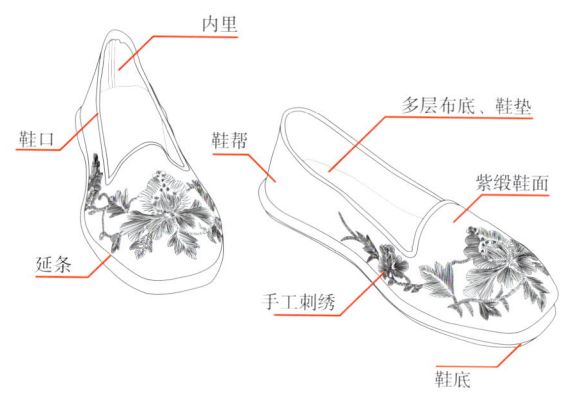

图二　锡伯族绣花鞋结构名称图

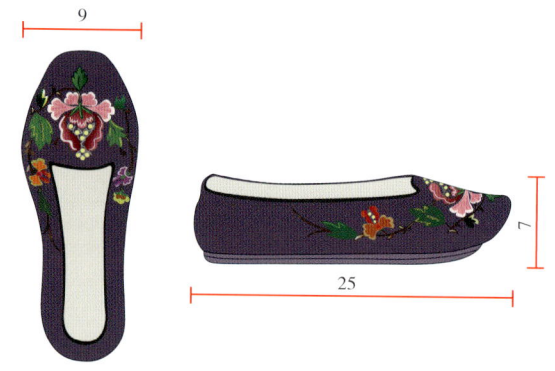

图三　锡伯族绣花鞋尺寸图（单位：cm）

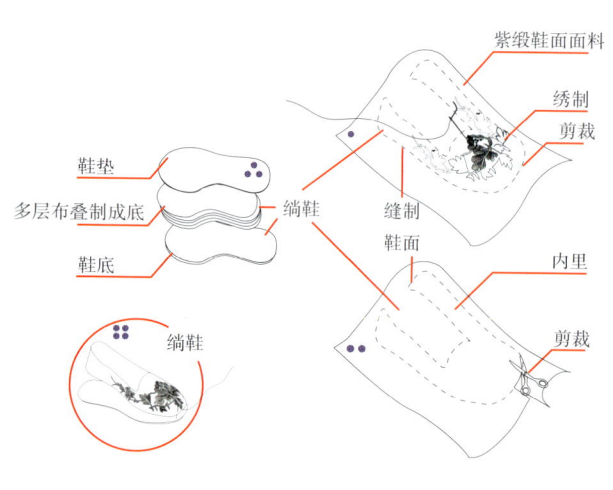

图四　锡伯族绣花鞋制作示意图

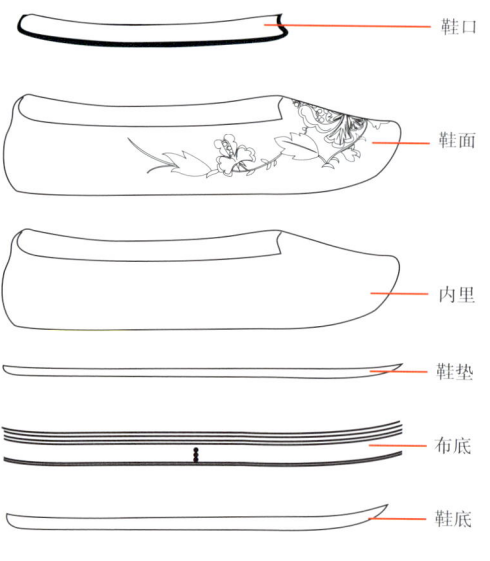

图五　锡伯族绣花鞋解析图

图六　锡伯族绣花鞋设计分析图　　　　　图七　锡伯族绣花鞋色彩分析图

图八　锡伯族双梁绣花鞋尺寸图（单位：cm）

第二章　锡伯族传统服饰

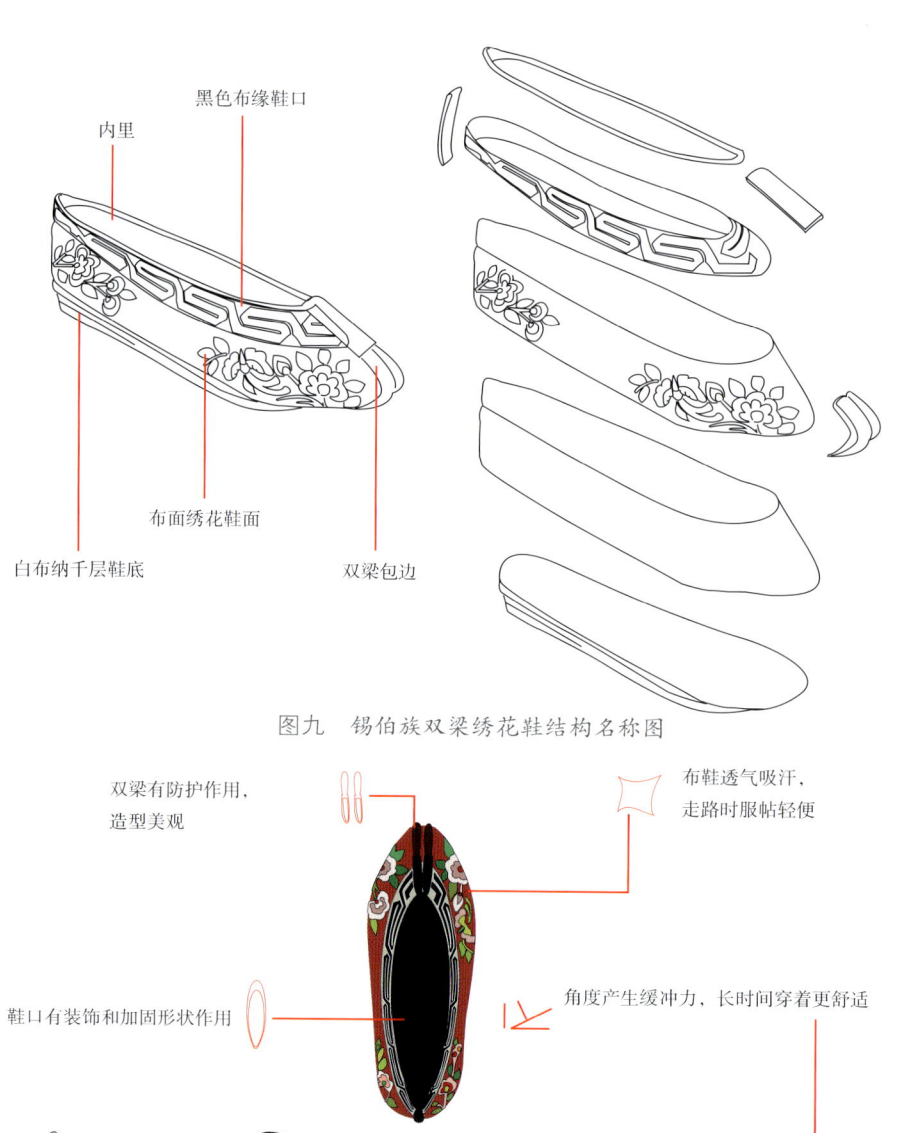

图九　锡伯族双梁绣花鞋结构名称图

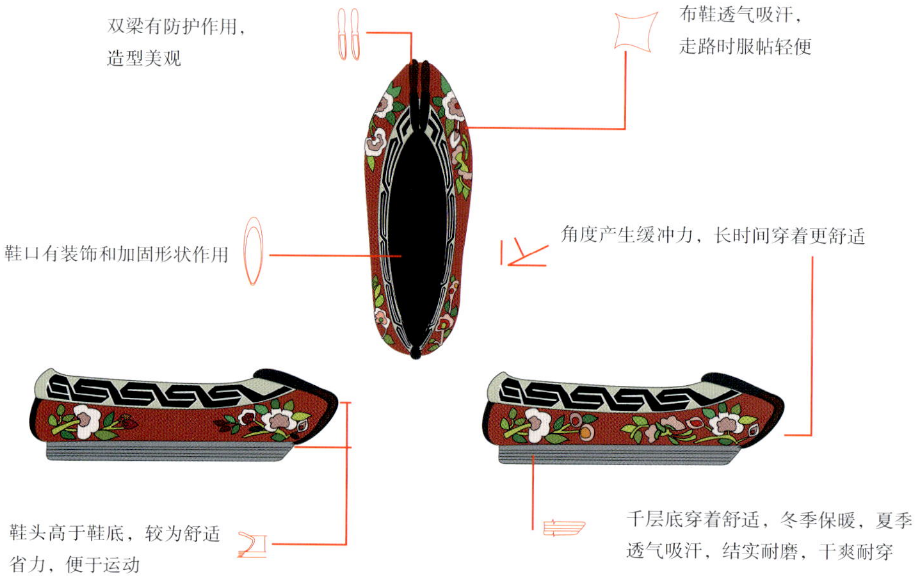

图十　锡伯族双梁绣花鞋设计分析图

图十一　锡伯族绣花鞋

锡伯族套裤

图一 锡伯族套裤主图

套裤，指只有两条裤腿，没有裤裆和裤腰的裤子。套裤基本形制可追溯至胫衣。《说文·衣部》："袴，胫衣也。"段玉裁注："今所谓套袴也。左右各一，分衣两胫。"从目前的出土文物及文献可知，春秋时期，中原地区的人们已经习惯穿着裤子，只是当时的裤子无腰无裆，只有两条裤管。男裤女裤形制无明显差别。

初时，裤子主要用来遮盖小腿，膝盖以上则不做遮护。这是由于古服上衣下裳，或衣裳相连，最短如襦亦及膝，皆可蔽下。所以，只有小腿部分是需要额外进行遮挡的。穿着时将两条裤管分别套于胫上，即膝盖以下的小腿部分，所以这种裤子又被称为胫衣。尤其在冬天，胫衣可以起到很好的抗寒保暖作用。

胫衣和衣裳，是中原人们的传统服饰。北方游牧民族因游牧骑马，合裆裤式样成熟得较早。后伴随中原服饰与游牧民族服饰的互相影响和交融，中原人开始穿着合裆裤，胫衣也由先秦时期的贴身穿着逐渐演变为长裤之外罩。如宋明时期就流行将胫衣穿着于长裤外，起到装饰及护腿的作用，此时胫衣又被称为膝裤。至清代，大部分胫衣的长度已不限于膝下，多可以遮覆住大腿，被称为套裤，所用面料有缎、纱、绸、呢等。也有做成夹裤或在夹裤中絮棉的，春秋穿夹套裤，冬季则穿棉套裤。

锡伯族传统套裤形制基本保留了清代满族套裤式样，主要有三种：上下垂直，呈直筒状；上宽下窄，裤管底部紧裹于胫，为了穿着方便，多在裤脚部分开衩，穿着时以带系结；宽松式，裤管极为宽大，裤腿上端大多裁剪成外尖角状，尖角上缝绳带以便系于腰间，裤腿底部以带系结。后两种较为常见。

妇女所穿套裤，裤脚常镶有花边，所用布帛色彩也较鲜艳。主案例所示即为一款传统女式套裤，选择了蓝底印花布料，裤脚边缘镶粉色边，上绣制花叶，后开衩，有系带，便于调节，也起到一定的装饰作用。

现代，套裤在其他地域与民族中仍有使用，主要起到保暖防护的作用，同时也有一定的装饰功能。

从设计来看，套裤的产生源于使用者的实际需求，无裆设计在不影响骑跨等动作灵便性的同时满足了安全保暖的功能需求；顶部尖角设计使套裤系于腰间后，裤腿上部与腿部线条更贴合；裤腿底部开衩缝带，方便套裤底部绑扎固定，更好地起到了防风保暖的作用，同时也便于靴子穿脱，且不影响行走及其他动作。套裤使用适合的材料实现了必需的功能，与其他衣物的组合使用则更好地满足了人们的使用需求。

图片来源
图一至图八　王青　制图

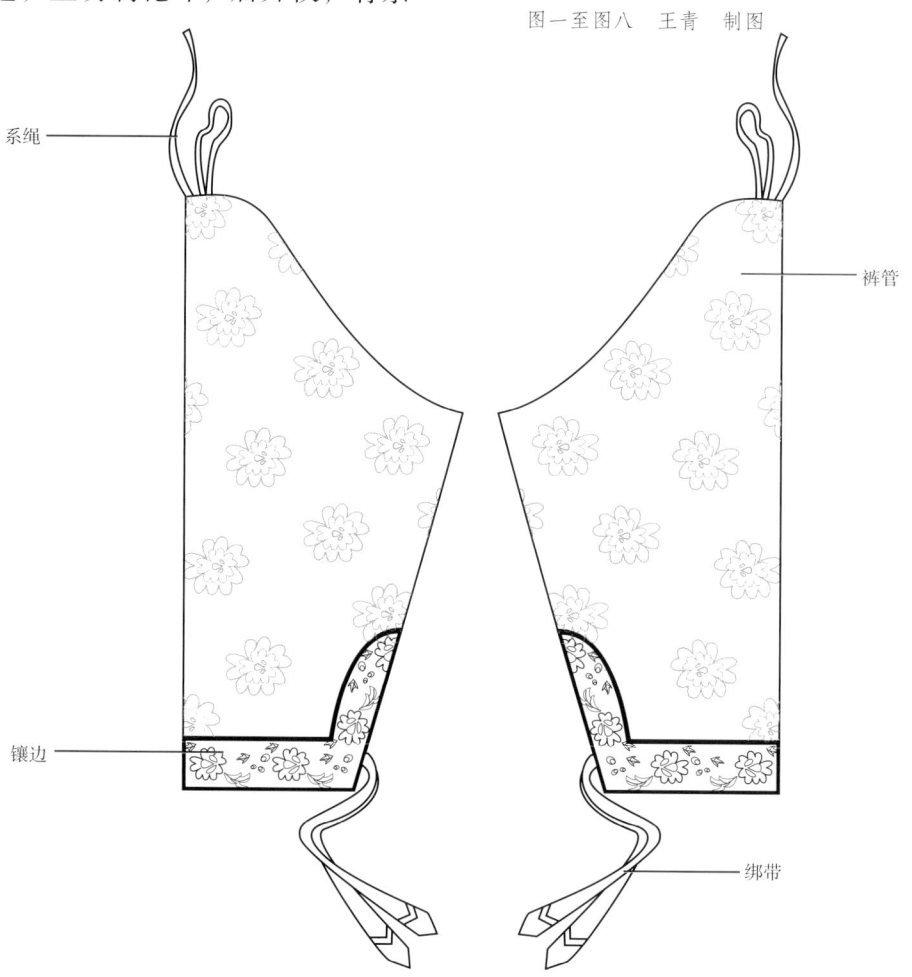

图二　锡伯族套裤结构名称图

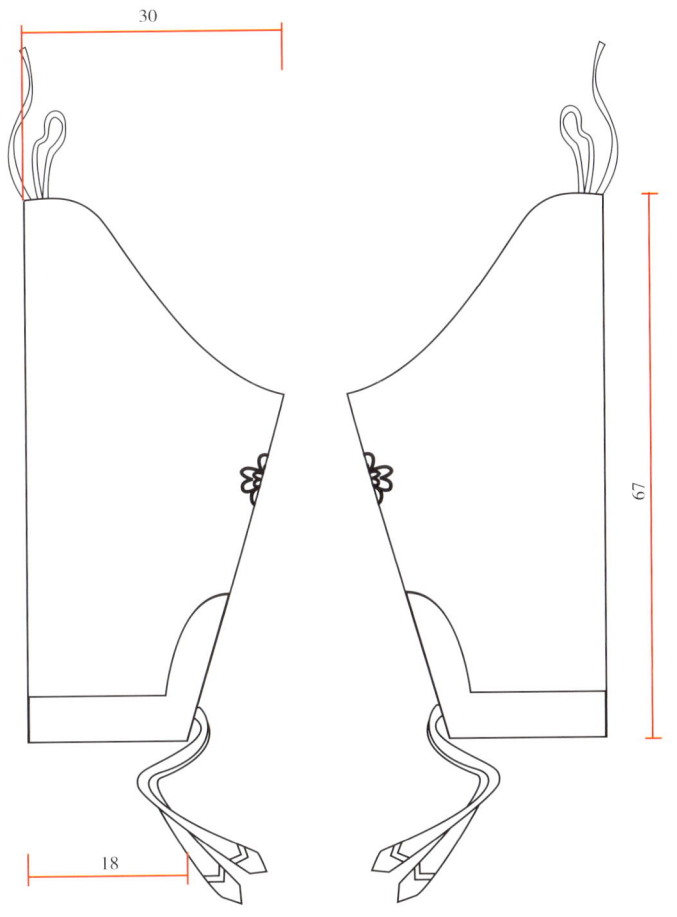

图三　锡伯族套裤尺寸图（单位：cm）

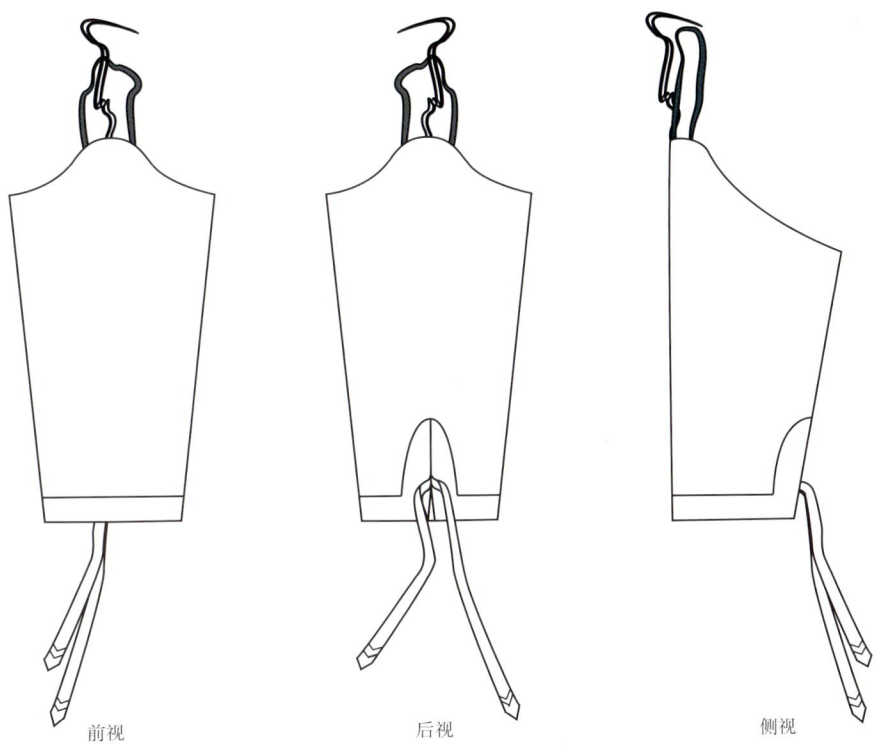

前视　　　　　　　　后视　　　　　　　侧视

图四　锡伯族套裤各角度示意图

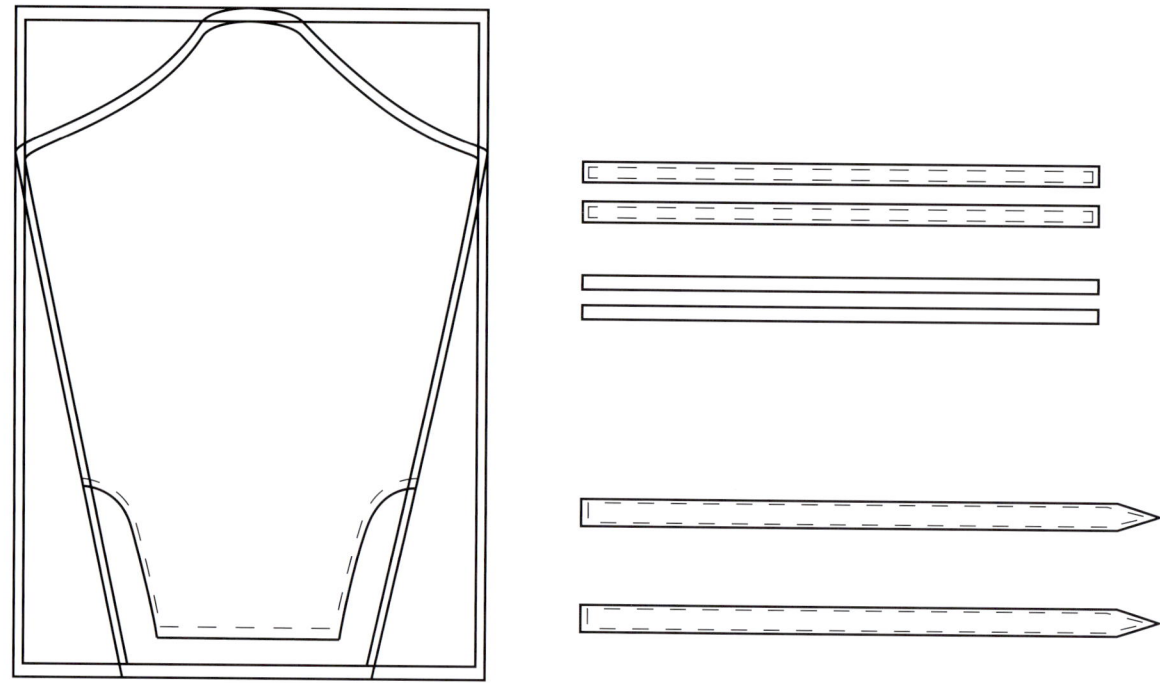

图五　锡伯族套裤切片示意图

- 主体及局部装饰色彩选择多样：

- 常见纹饰：

图六　锡伯族女式套裤常见色彩及纹饰示意图

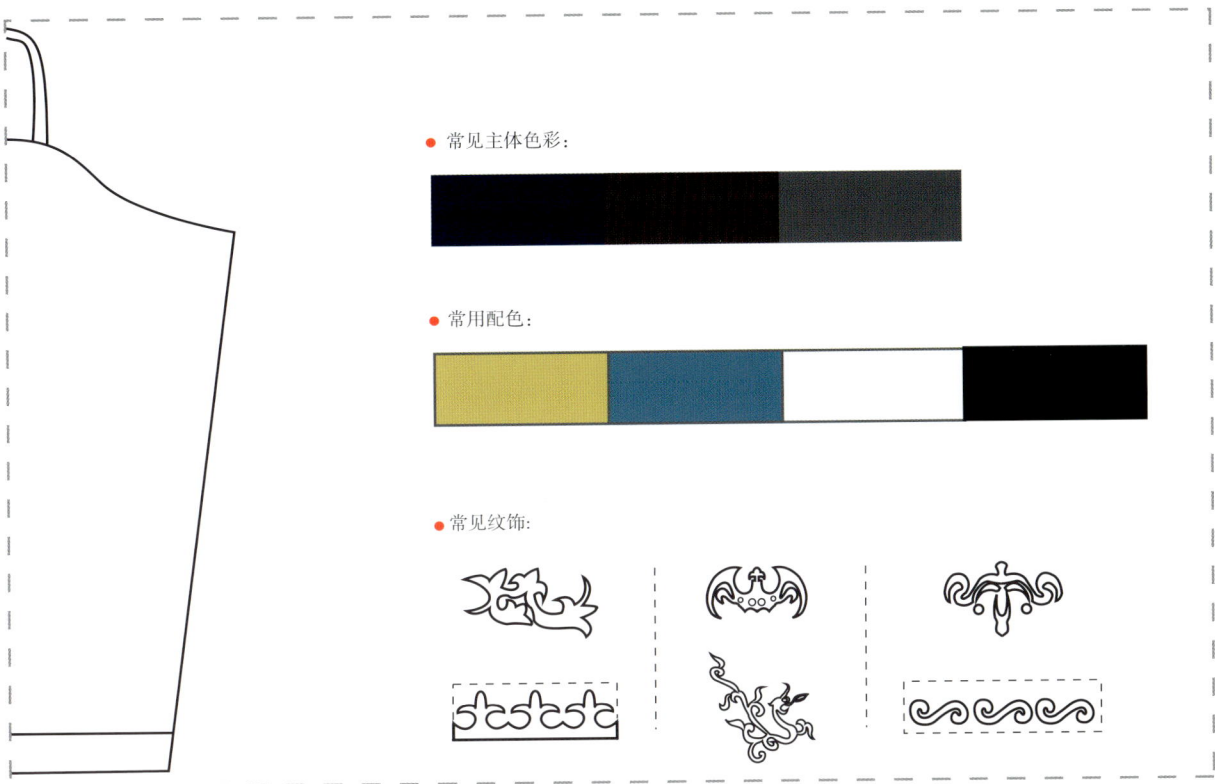

图七 锡伯族男式套裤常见色彩及纹饰示意图

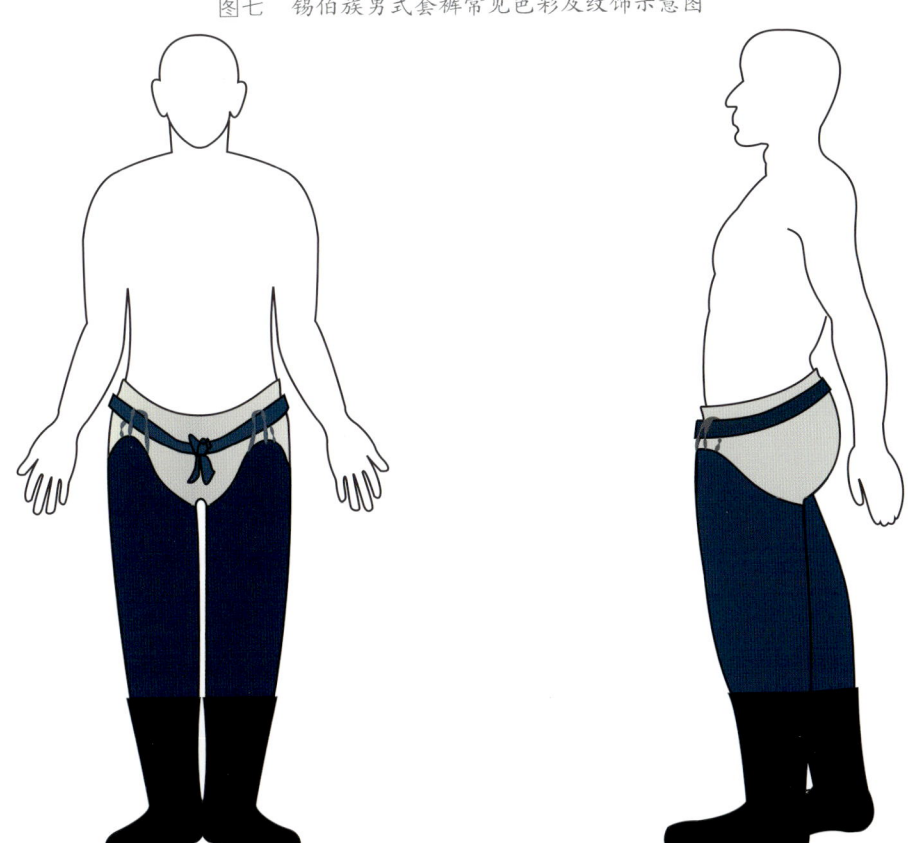

图八 锡伯族男式套裤穿着效果示意图

第二章 锡伯族传统服饰

锡伯族男式礼帽

图一　锡伯族男式礼帽主图

帽子在中国有悠久的历史。目前最早的帽子形象见于原始社会陶器表面装饰，如西安半坡人面鱼纹彩陶盆上就绘有鱼尾形尖帽，五千年前着帽形式由此可知一二。帽子应源起于使用需求，主要做防护之用。《后汉书·舆服志》有云："上古衣毛而冒（帽）皮"，说的就是上古时期人们用皮缝合制帽于头上以避沙暴和风雪。进入奴隶社会后，帽子的装饰及标识作用逐渐凸显，成为身份、地位及权力的象征。

锡伯族男士戴帽的习惯源于其生活环境，他们设计制作各种毡帽、皮帽，以起到防寒保暖、阻晒防风的作用。而传统锡伯族男式礼帽应是清朝中后期中西方文化交流的产物。当时，西方文化传入，西方帽饰也逐渐进入国人生活，加上清朝少数民族的戴帽习惯，两者交叉融合，形成了新的变化。礼帽为传统男士服饰的重要部分，身着长袍、外套坎肩、头戴礼帽是典型的锡伯族男士形象。

传统锡伯族礼帽多选用深沉稳重的黑色，也有深棕色、深蓝色及深灰色设计。礼帽主要分为三个部分：帽冠、帽檐及帽带，多同色设计，含蓄内敛，与男士服装常见的青、蓝、灰色系较为统一。礼帽帽檐宽度适中，日常佩戴时帽檐自然舒展。劳作或狩猎时，锡伯族人常将部分帽檐向上折起，在获得更好的视线的同时也丰富了礼帽的视觉感受。

现代锡伯族男士仍喜欢佩戴礼帽，尤

其是中老年人。礼帽的色彩越来越丰富，有浅灰、浅棕等，质地也更多样，有呢料、布料、皮毛等多种选择，可以满足不同人群、不同场合的需要。

图片来源

图一 《中国民族发饰》编委会.中国民族发饰.成都：四川人民出版社，1999：100.

图二至图六 王青 制图

图七 《锡伯族民间图案集》编纂委员会.锡伯族民间图案集[M].乌鲁木齐：新疆美术摄影出版社，1994：13.

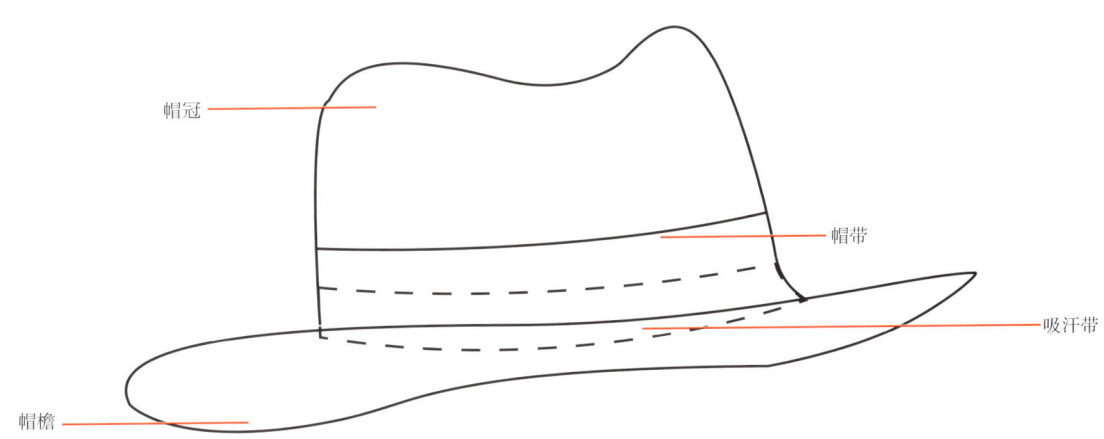

图二 锡伯族男式礼帽结构名称图

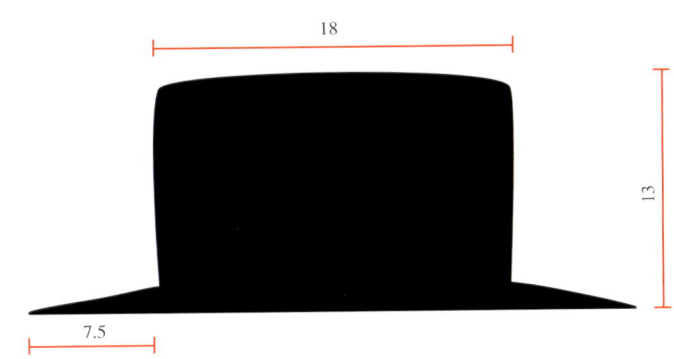

图三 锡伯族男式礼帽尺寸图（单位：cm）

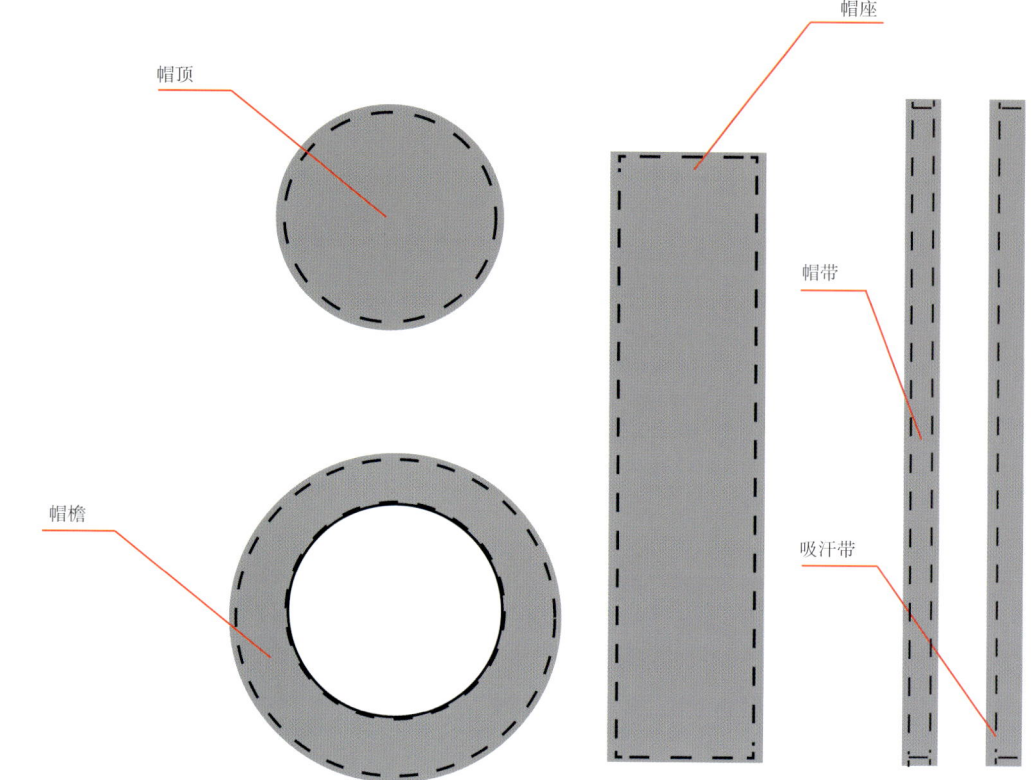

图四 锡伯族男式礼帽切片示意图

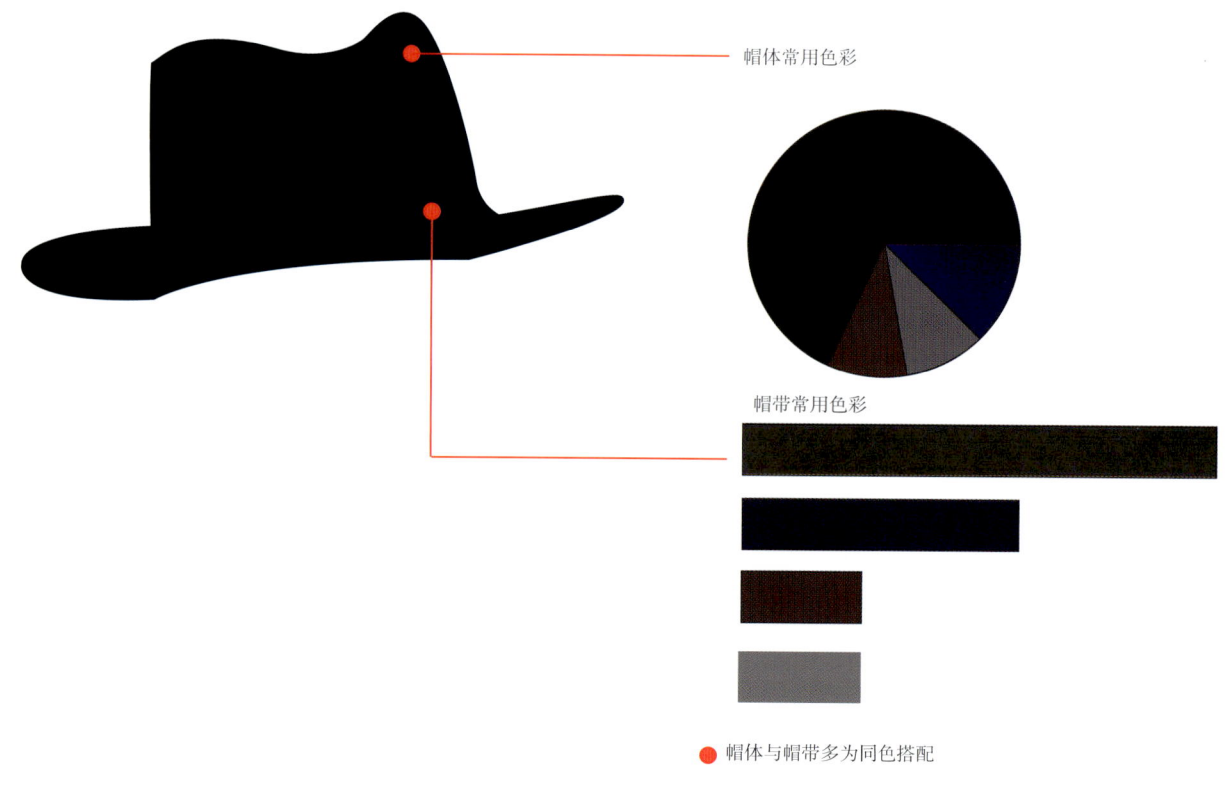

图五 锡伯族男式礼帽常用色彩说明图

为了视线更清晰，可将礼帽边缘向上折起

未折边状态佩戴示意图

图六　锡伯族男式礼帽佩戴示意图

图七　锡伯族男式礼帽使用情境图

锡伯族男式长袍

图一 锡伯族男式长袍主图

由于历史原因,锡伯族传统服饰与新疆当地其他少数民族的服饰有明显不同。锡伯族早期服装以鹿等兽皮为主,注重防寒保暖。追溯至清代,锡伯族服饰基本与满族相同。后随着时代的变迁、地区的差异以及民族间的相互影响,锡伯族服饰逐渐发展变化,形成了一些新的特点。

长袍是传统锡伯族男士经常穿着的服装,一般采用棉麻、土布、绸缎等面料缝制,喜用青色、蓝色、棕色和灰色。长度一般在膝下半尺有余,小立领,右衽大襟,袖口为马蹄形,可卷可放。长袍两侧开衩,方便骑马与劳作。长袍外多扎宽腰带,早期常见皮质腰带,后以布质宽腰带为主。腰带上经常会挂有烟袋、荷包等物件,既方便使用,绣制精美的荷包也为长袍添色不少。袍内下身穿长裤,外加套裤。脚上穿布靴,头上多戴黑色折边礼帽。长袍外常见搭配是对襟马甲或马褂。男士日常穿着的长袍一般装饰不多，比较考究的会在衣襟、袖口、下摆等处绲边。但在一些重要的场合，如西迁节等重要的传统节日，锡伯族男士则会穿着设计更加精美的锡伯族传统长袍与会。改良后的传统长袍，色彩更加艳丽，袖口、领口等处常做亮色镶绲边装饰，腰带也会设计得更加华丽，来烘托热烈的节日气氛。长袍、腰带、马甲上面还会刺绣各种吉祥装饰纹样，如蝴蝶纹、蝙蝠纹、龙凤纹等，像弓箭这种对于锡伯族有特殊意义的象征符号也经常出现在装饰中。

图片来源
图一　王倩　摄影
图二至图七　王青　制图

参考文献
关留珍.新疆锡伯族服饰研究[J].新疆艺术学院学报，2005（3）：22-27.

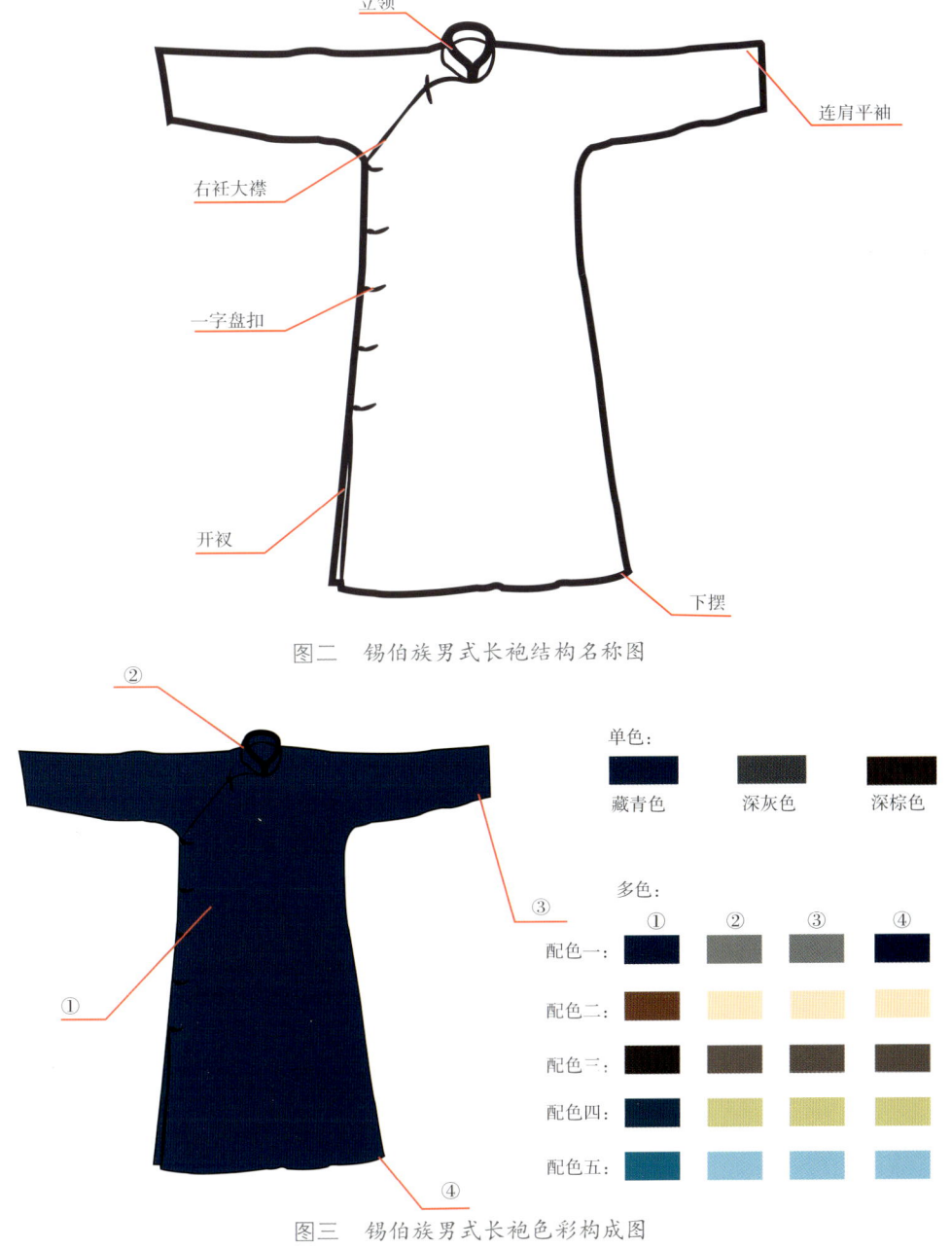

图二　锡伯族男式长袍结构名称图

图三　锡伯族男式长袍色彩构成图

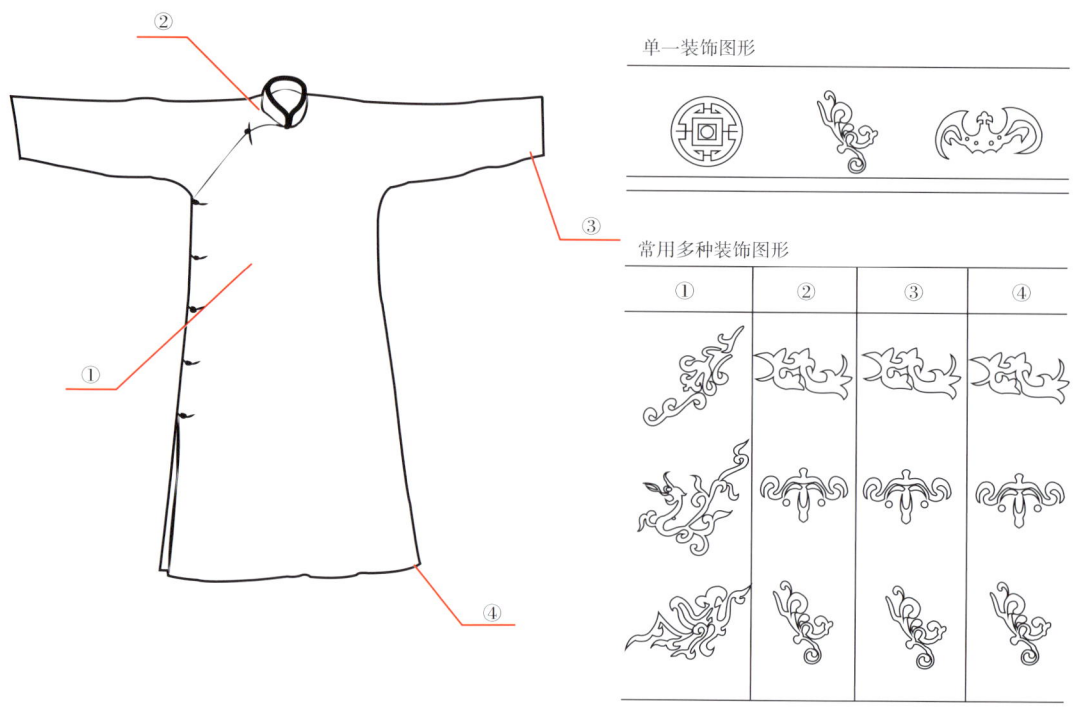

图四 锡伯族男式长袍常见图案设计

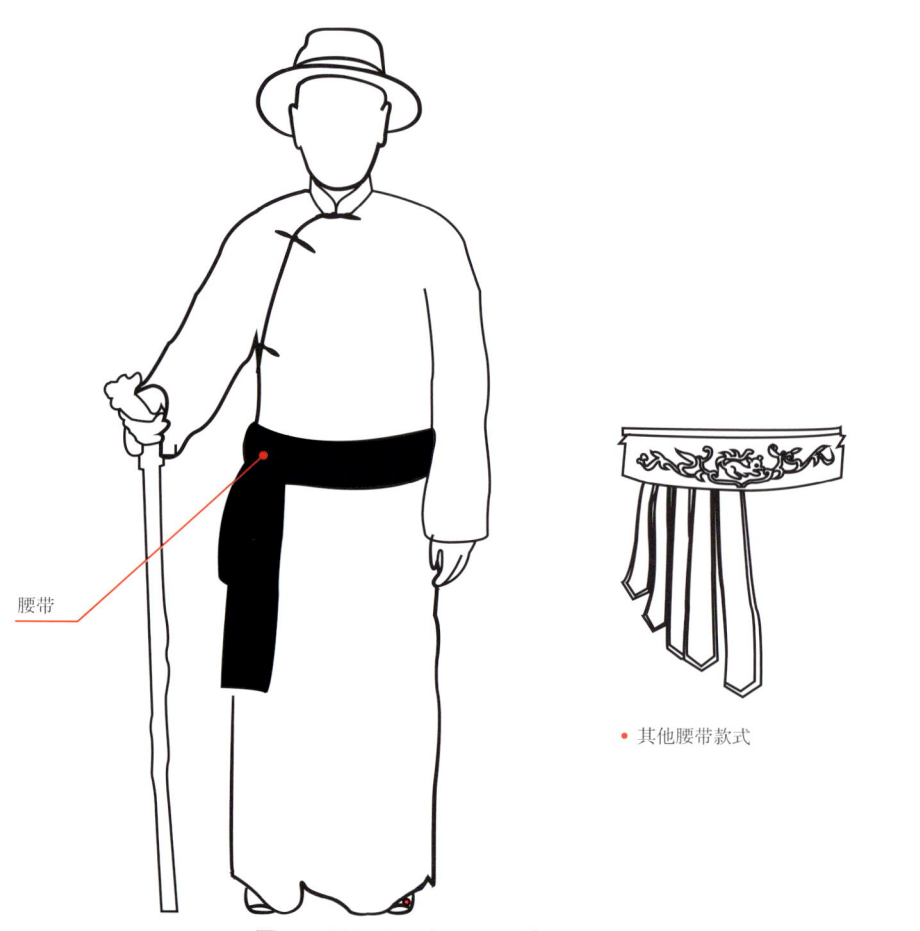

图五 锡伯族男式长袍腰带示意图

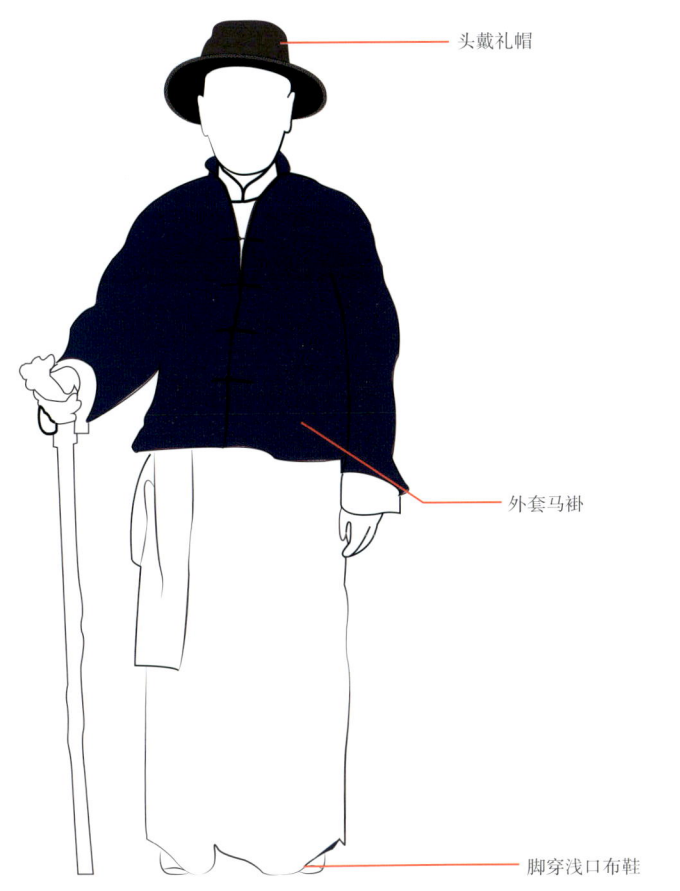
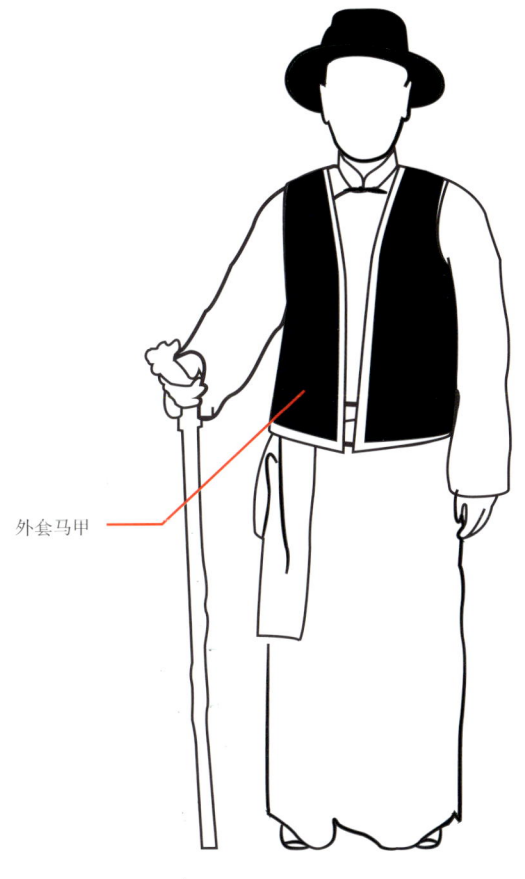

图六 锡伯族男式长袍效果示意图1　　　　图七 锡伯族男式长袍效果示意图2

第二章 锡伯族传统服饰

锡伯族男式坎肩

图一 锡伯族男式坎肩主图

坎肩是一种实用性极强的服装形式，不仅具有良好的保暖性能，还轻便舒适，易于穿搭。对于锡伯族男士而言，坎肩是日常生活中必不可少的服装类型，长袍外套坎肩是锡伯族男士的常见装束。男式坎肩大多设计为无领、无袖、开襟，分为系扣式和无扣式两种。也有小立领、V字领、短袖的坎肩形式，有时腰间还系配宽腰带。大部分男式坎肩造型及装饰都较为简练，常见的装饰图形有弓箭、如意纹、各类花草及动物图腾等。领口、袖口及下摆有绣花或镶绲边装饰。

本案例之男式开襟坎肩是现代锡伯族人在重要的民族传统节日中穿着的，依照传统样式设计制作。此款坎肩为无领开襟式设计，开襟处无系扣。无领的设计更适合内搭小立领服装，可以很好地衬托出立领线条，层次感强。开襟无扣无袖式设计使穿脱更方便、随意，也颇有些现代休闲坎肩的韵味。坎肩裁剪精致，前襟线条从领口至下摆，收放有度，流畅自然。前襟至腹脐处尺度最宽，随后自然内收，这样穿着时坎肩更服帖，看上去也更端庄稳重。坎肩主体色调沉着内敛，为紫褐色，领口、袖口、前襟边缘及下摆处均有金色镶边装饰。弓箭为男式坎肩上主要装饰图形。在锡伯族人心中，弓箭不仅仅是一件工具或武器，它还沉淀了锡伯族特有的民族文化及历史,有着独特的寓意,象征着锡伯族男人勤劳、勇敢的优秀品质。

作为实用性极强的服装类型,坎肩在锡伯族人的生活中常见而重要。坎肩的易穿轻便及良好的防风保暖性能使锡伯族人对其有着特殊的喜爱,其造型及装饰本身也成为锡伯族人独特审美的生动展现。

图片来源
图一至图五、图八　王青　制图
图六至图七　任新宇、王青　制图

图二　锡伯族男式坎肩尺寸图(单位:cm)

图三　锡伯族男式坎肩结构名称图

图四　锡伯族男式坎肩开片示意图

第二章　锡伯族传统服饰

图五　锡伯族男式坎肩常见款式示意图

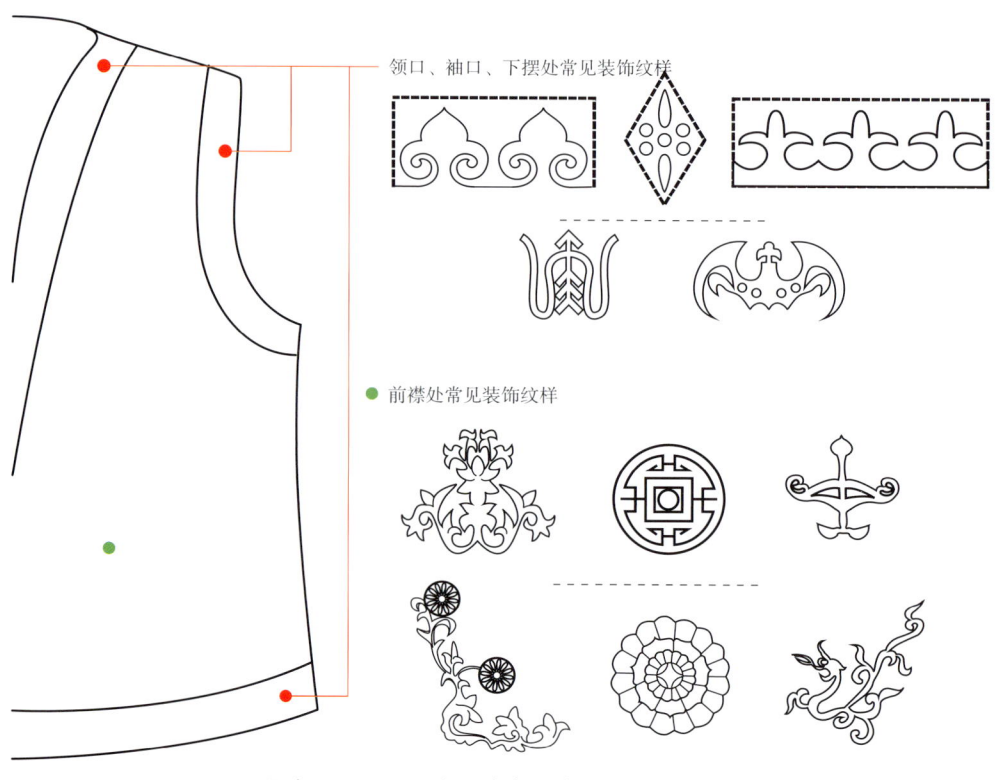

图六　锡伯族男式坎肩常见装饰图形

图七 锡伯族男式坎肩常用色彩示意图

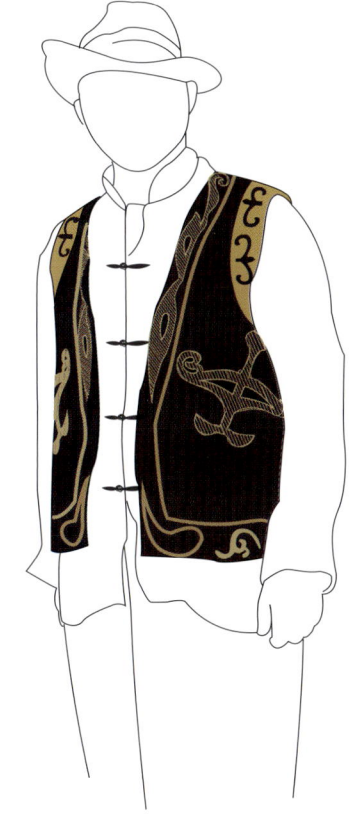

图八 锡伯族男式坎肩穿着效果示意图

第二章 锡伯族传统服饰

第三章 锡伯族传统餐饮

锡伯族发面饼

图一　锡伯族发面饼主图

　　锡伯族发面饼，锡伯语称"发尔合芬"，又被称作锡伯大饼，是新疆察布查尔县锡伯族居民的日常必备食物，也是锡伯族的特色面食之一。锡伯族发面饼是以小麦面或玉米面为主要原料，经发酵、揉、擀后在平底锅或圆底锅中烙制而成。发面饼外观呈圆形，一般家庭食用的发面饼直径多在20厘米至30厘米，厚度约1厘米。也有饭店制作超大尺寸发面饼，直径可达60多厘米。

　　锡伯族发面饼历史悠久，相传最早是在西迁路上，锡伯族军民将面饼在烧热的石块表面焙制而成，因其良好的口感及制作简单、保存方便而流传至今。发面饼所用基本材料为面粉、水和油。此外，锡伯族家庭制作时常加入鸡蛋、奶子等，使其口感更酥香绵长。传统锡伯族发面饼多为纯手工制作，按以下步骤进行：第一步，和面，将面团发酵，充分揉制；第二步，揪成均等面剂子，用擀面杖将其擀压成边缘略厚、中间偏薄的饼型，越薄越好；第三步，烙制，锅底抹一些油，将面饼挂在擀面杖上，甩贴至锅内；第四步，翻转烤焙，三翻九转，烤熟装盘。制作纯正的发面饼使用的是传统的柴火大灶，以麦草为柴，慢火烙制，最终烙出的锡伯大饼暄软可口，充满麦香和发酵香味。同时，发面食品含有人体所需维生素B，可以调节胃的酸碱度和新陈代谢，长期以来一直深受人们的喜爱。

锡伯族人吃发面饼喜欢现做现吃，一般不吃隔夜饼。刚刚制作完成的发面饼就各式小菜及蘸料而食，别具滋味。小菜多为辣子酱、韭菜叶、萝卜丝和腌制好的花花菜等，可依个人口味添加一种或几种。锡伯族人对发面饼的吃法有独特讲究。首先，讲究手撕成块，不能用刀切。其次，发面饼一面为小花纹，一面为大花纹，锡伯族人谓大花纹为"天"，谓小花纹为"地"，天为上，地为下，天地不可倒置。饼子端上来时，大花纹朝上，小花纹朝下，叫"天压地"；食用时，讲究"天包地"，即卷菜的时候，将大花纹的一面贴手心，小菜及蘸料置于"地"上，体现了锡伯族人朴素的天地观念。

图片来源
图一　楼望皓.锡伯族的发面饼和花花菜[J].新疆画报，2009(10)：86.
图二至图四　李齐忠　制图
图五　张瀚月　摄影

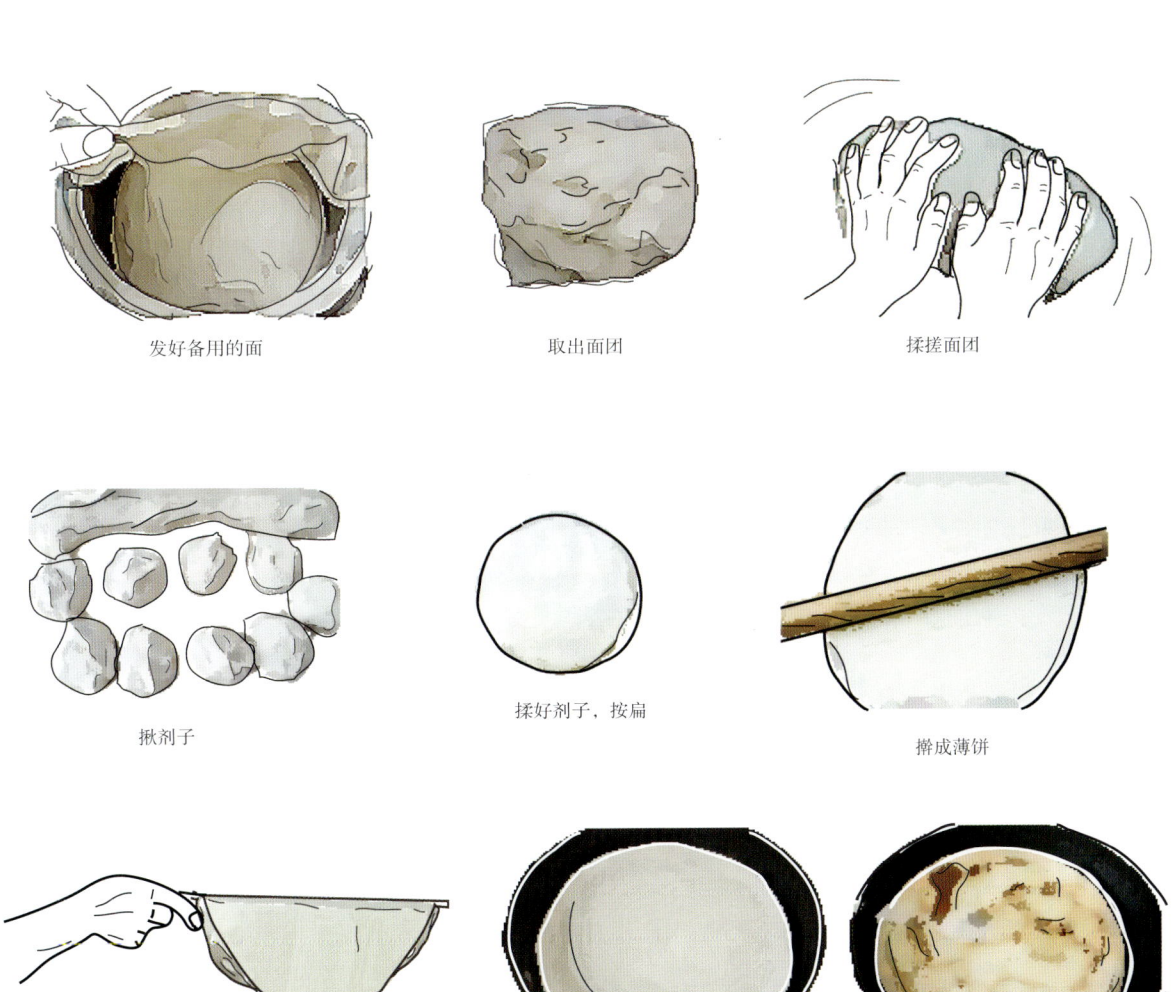

图二　锡伯族发面饼制作流程图

图三　锡伯族发面饼制作场景图

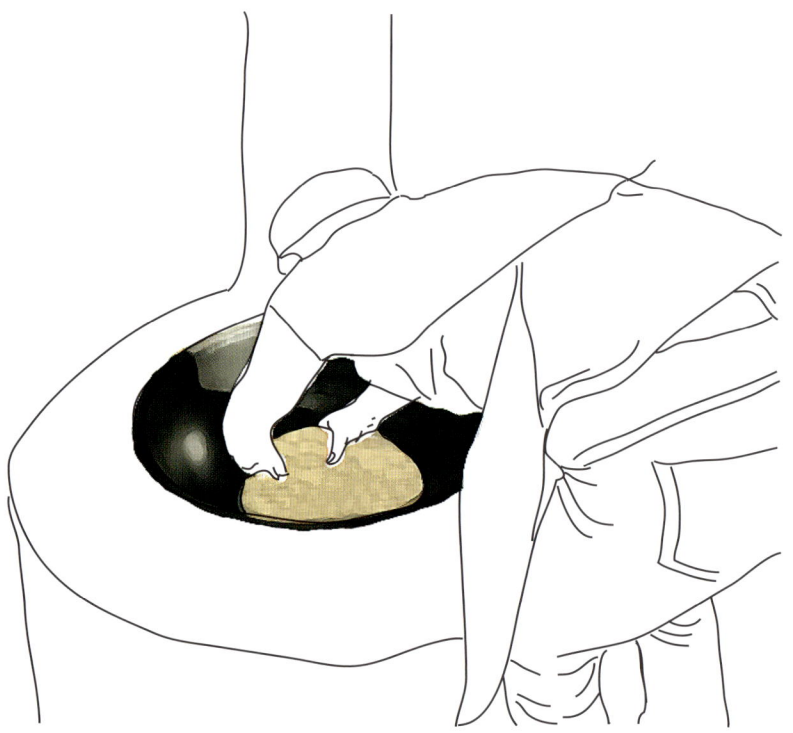

图四　锡伯族发面饼烙制示意图

图五　锡伯族发面饼食用情境图

锡伯族花花菜

图一　锡伯族花花菜主图

花花菜，锡伯语称"哈吐浑索吉"，是新疆察布查尔县锡伯族一道传统特色菜品，深受锡伯族人们喜爱。

花花菜多于每年秋季腌制，其主要原料包括芹菜、韭菜（老）、豆角、卷心菜、青辣椒、红辣椒、黄萝卜和莲花白等。制作时，首先将各类菜料洗净晾干并切成细丝，然后将其放入盆类敞口大容器中，加入适量的盐，用手充分搅拌，混合均匀后将其填入小口大肚的瓦缸内，填满压实，最后加盖封口。腌制月余，取出装盘食用即可。这种方式腌制的花花菜可以存放至来年的五六月份。

花花菜作为锡伯族民间常见菜品，其用料简单易得，制作方法简便，讲究食材的形色设计，纤纤细丝，衬以赤、黄、青、绿、白五色搭配，艳而不俗，杂而不乱，使花花菜名副其实地成为察布查尔餐桌上的一道独特风景。腌好的花花菜解腻、爽口，虽略带酸味，但仍保持了各类蔬菜的色泽和口感。花花菜色香味俱全，尤其在新鲜蔬菜匮乏的冬天，更显得清新脱俗，是锡伯族人饮食中不可缺少的配菜。

腌制可以延长食物的保存时间，是中国传统家庭常见的处理食材的方式。较之其他腌制菜品，花花菜注意了不同种类蔬菜的搭配，既满足了营养搭配及食用功能的需要，也关注到了视觉效果，装点了冬日餐桌，使人们获得了多感官的充分满足。同时，因易于保存，花花菜也成为锡伯族人外出时的常备食物。

图片来源

图一 楼望皓.锡伯族的发面饼和花花菜[J].新疆画报,2009(10):86.

图二、图三、图五 李齐忠 制图

图四 楼望皓.锡伯族的发面饼和花花菜[J].新疆画报,2009(10):87.

图六 张瀚月 摄影

图二 锡伯族花花菜常用原料

洗净晾干花花菜原料　　把原料切成细丝　　加入适当的盐搅拌

放入瓦罐腌制　　密封腌制月余即可

图三 锡伯族花花菜制作流程图

第三章 锡伯族传统餐饮

图四　锡伯族花花菜食用情境图

图五　锡伯族花花菜装罐

图六　锡伯族其他小菜

锡伯族饸饹床

图一　锡伯族饸饹床主图

饸饹，古称"河漏"，也被称作河捞、疙豆、河漏子等，是一种古老的大众面食，广泛流传于山西、陕西、内蒙古、新疆及东北地区。它与典型的传统面条加工方法不同，将人力和工具很好结合，在不影响手工面条口感的基础上，使制作过程更省力、更快捷。饸饹床就是一种专门用来加工饸饹的器具。

主案例是一件东北地区传统木质饸饹床，现存于辽宁省沈阳市锡伯族家庙——太平寺内。本件饸饹床是传统锡伯族家庭使用的小型饸饹床。它主要由床架、压杆、压槌、镂板几部分组成。除镂板为铁质外，其余构件均为木质。床架又由基座、支架、横枨共同构成，基座上设有上下贯通挤面圆槽，圆槽底端为铁质镂板，镂板包裹于基座底部。支架上端为一横杆，横杆两端与支架以圆形活轴相连，中心与长条形压杆榫卯相接。压杆上开窄槽，压槌贯穿其中，上部以螺钉贯穿，防止压槌滑脱。使用时，将和好的面揪成适当大小的面剂子，抬起压杆，将面剂子置入挤面槽中，用压杆控制压槌垂直向下挤压，面条就顺着基座底部镂板"漏"了出来。面压完，可以用刀沿镂板下方将面条切断。

从设计角度看，饸饹床是基于人们的实际使用需求而产生的器具类型。它利用杠杆原理，加长力臂，使操作所需力更小，提高了加工效率。床架侧面构成稳定的三角造型，基座与支架采用整体搭接的方式，保证了饸饹床使用时的稳定性。镂板下可放置盆、碗等器具以承接面条，也可直接将饸饹床置于烧开的锅上，边压边煮，更加省时快捷，适合多人就餐时使用。床架基座部分由一块整木修成，前端宽厚，尾端渐细，落于地面；压杆较细长，截面形状方中带圆；压槌主体为圆柱形，上端收脊，螺钉为肩，贯穿于压杆。整体比例适度，形态稳重。

饸饹床在现代仍有广泛使用，北方许多省份都常见改良后的现代饸饹床。现代饸饹床主体框架一般为铁质，多采用齿轮传动装置，操作更省力快捷。挤面槽一般设计为独立面筒，镂板也是独立设计，以螺纹方式连接于面筒底端，这样就解决了传统饸饹床不易清洁的问题。同时，一架饸饹床常配置多个不同形状孔洞的镂板，使饸饹面条造型更丰富。此外，还出现了大型的电动饸饹床，主要供饭店、面条店等商家使用。也有简易型饸饹床，结构简单轻巧，可用来加工少量面条，且便于携带。

图片来源

图一至图六　周国斌　制图

图七　姚婷婷　制图

图八、图九　姚婷婷　摄影

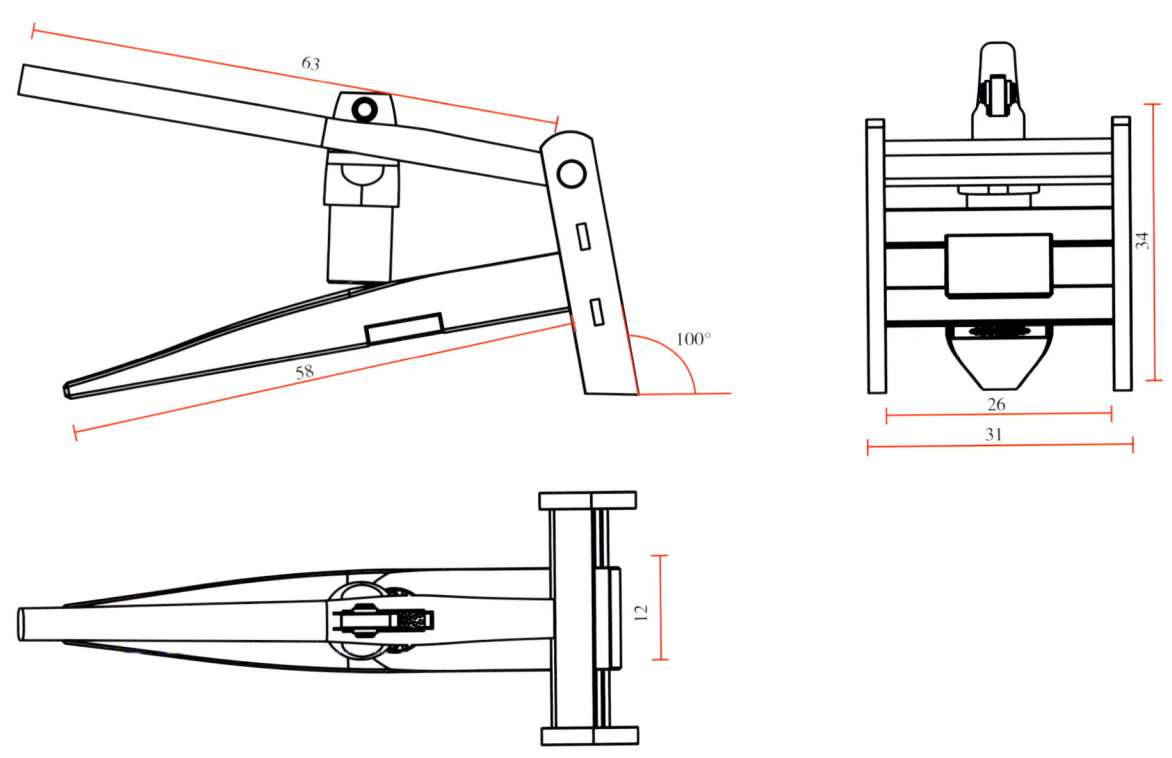

图二　锡伯族饸饹床三视尺寸图（单位：cm）

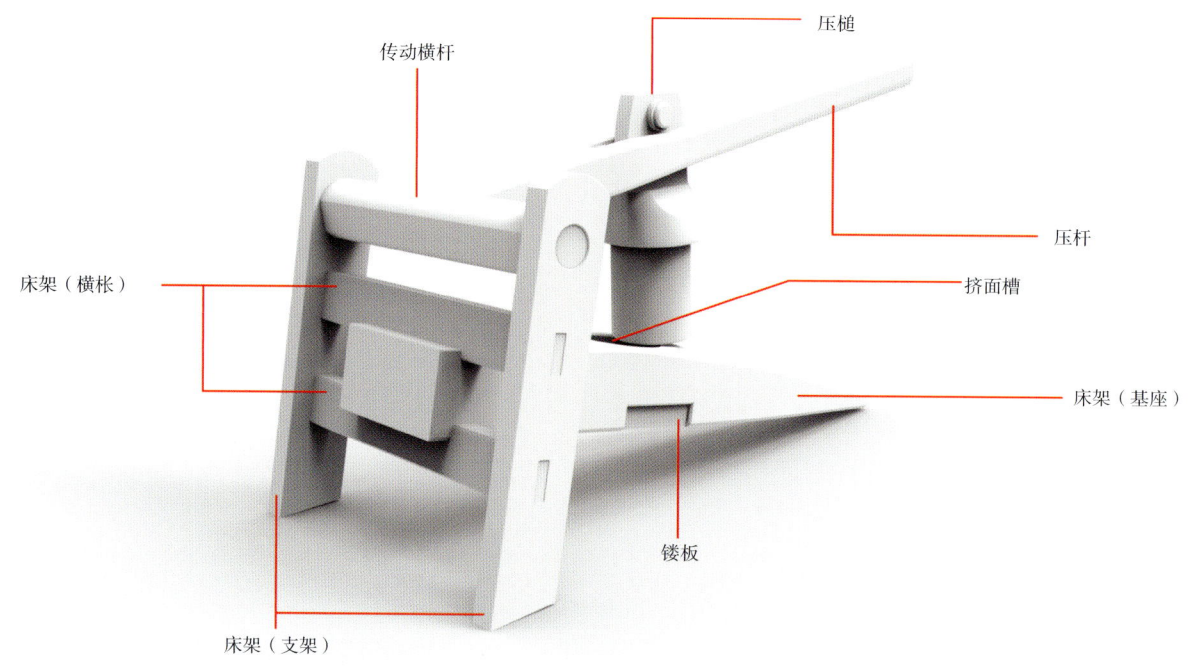

图三　锡伯族饸饹床结构名称图

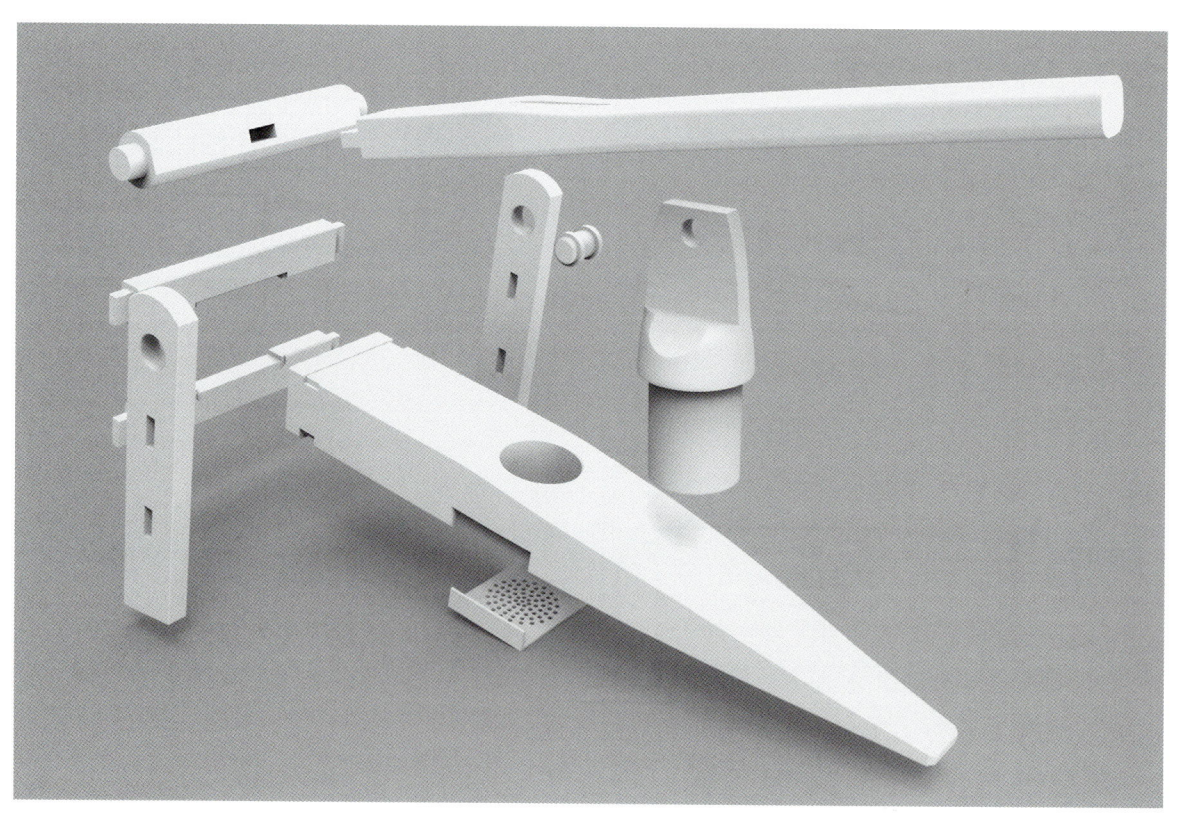

图四　锡伯族饸饹床解析图

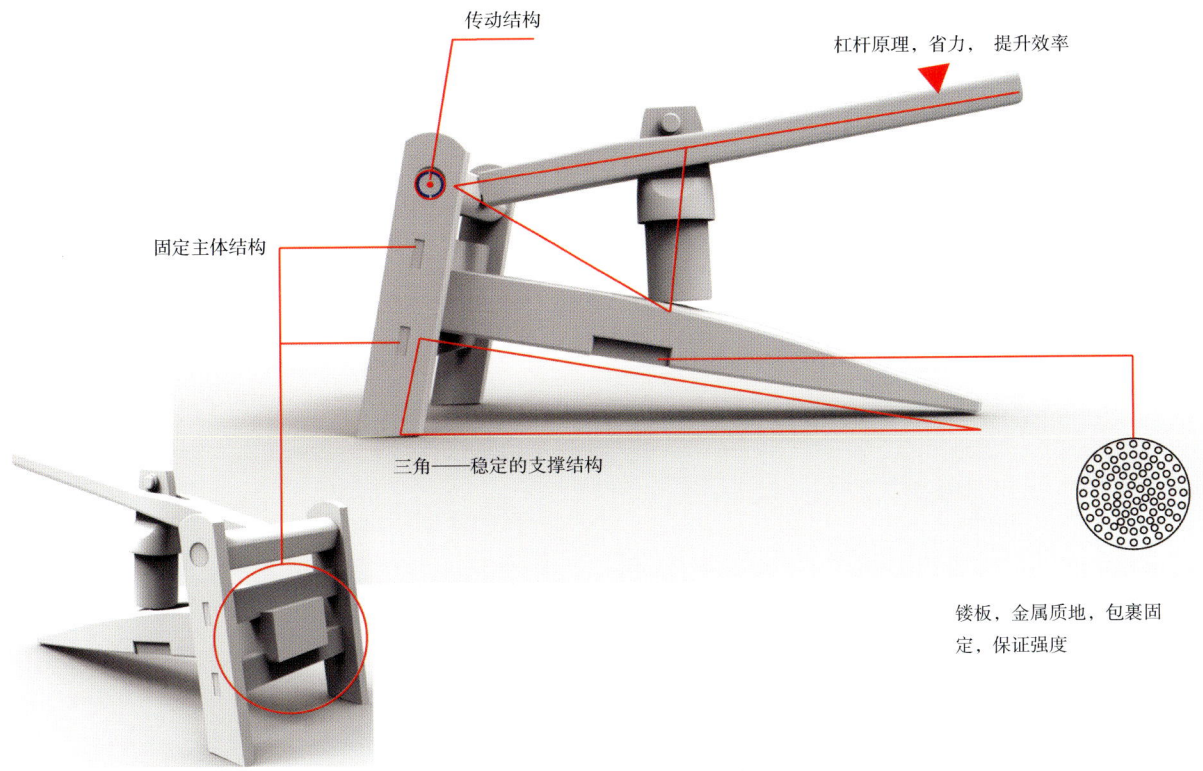

图五　锡伯族饸饹床设计分析图

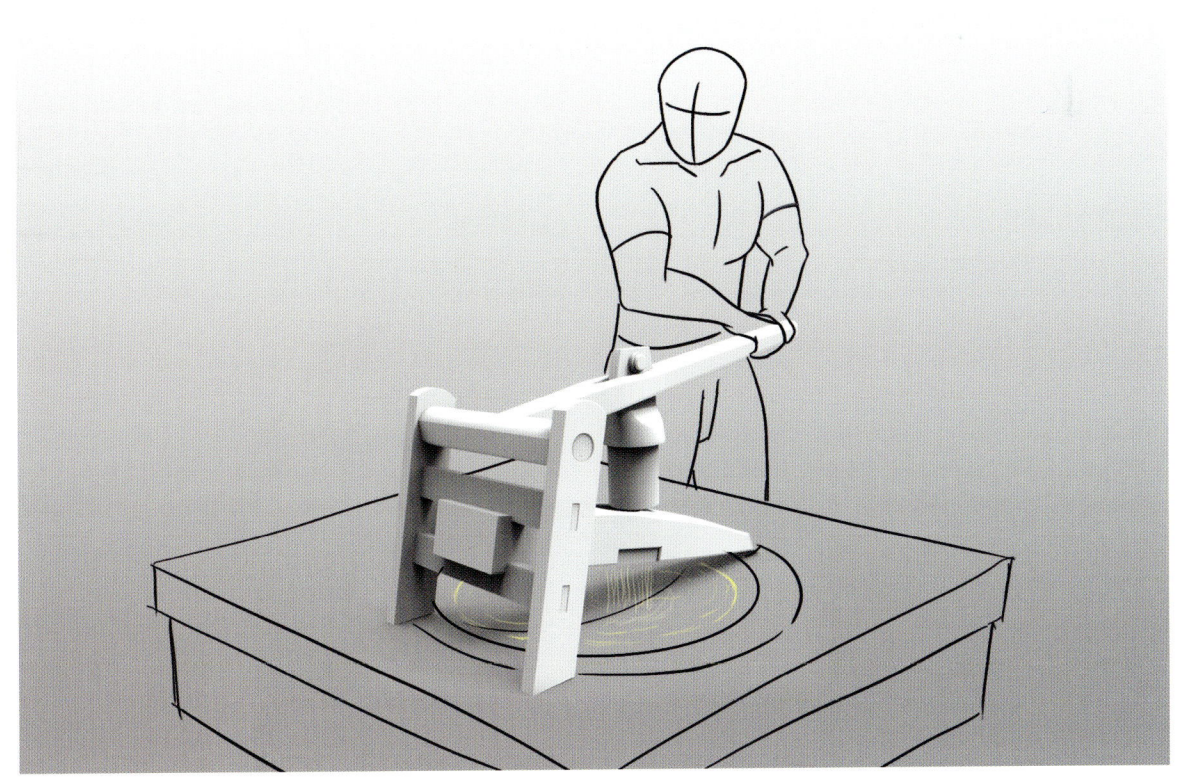

图六　锡伯族饸饹床操作示意图

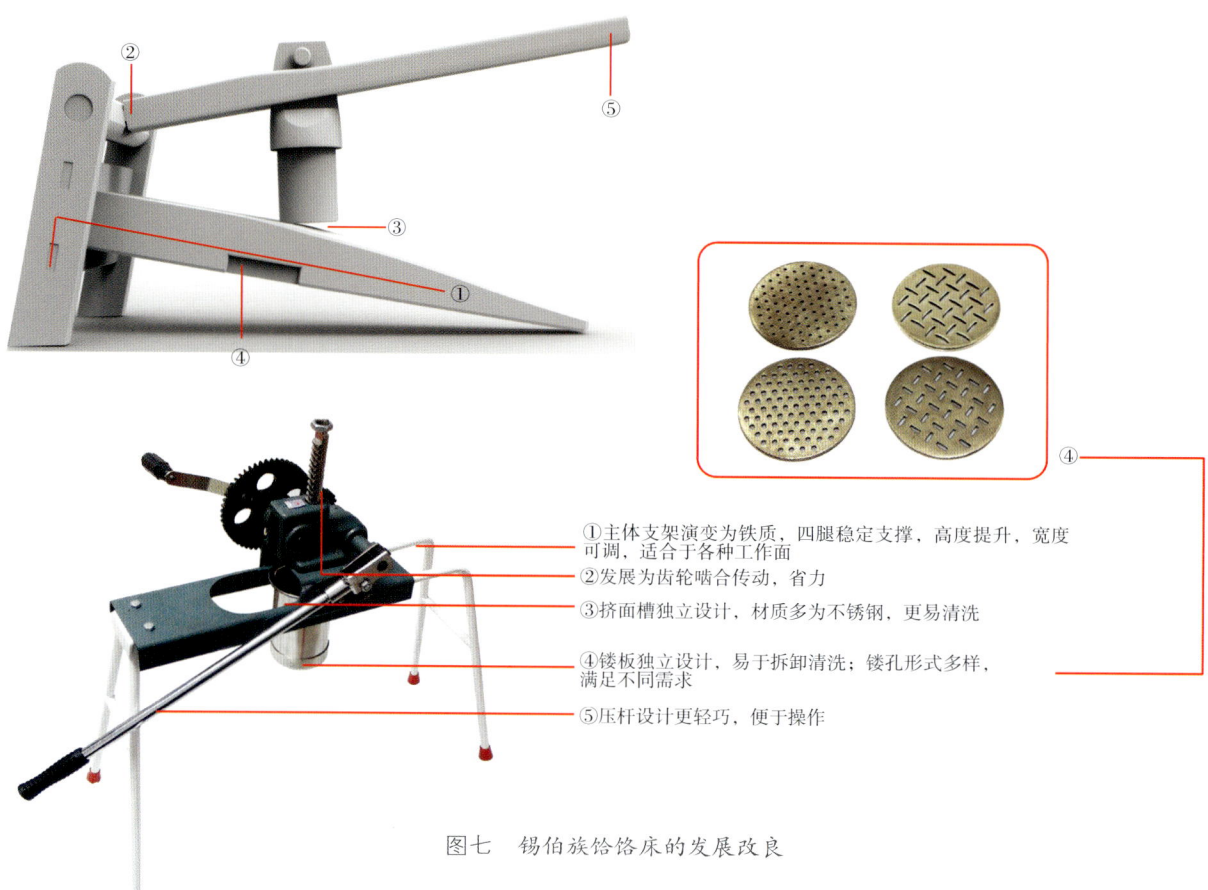

①主体支架演变为铁质，四腿稳定支撑，高度提升，宽度可调，适合于各种工作面
②发展为齿轮啮合传动，省力
③挤面槽独立设计，材质多为不锈钢，更易清洗
④镂板独立设计，易于拆卸清洗；镂孔形式多样，满足不同需求
⑤压杆设计更轻巧，便于操作

图七　锡伯族饸饹床的发展改良

机身（置面剂子）
把手
圆孔镂板
挤压杆
挤压槌
长方形孔镂板

图八　现代小型简易饸饹床

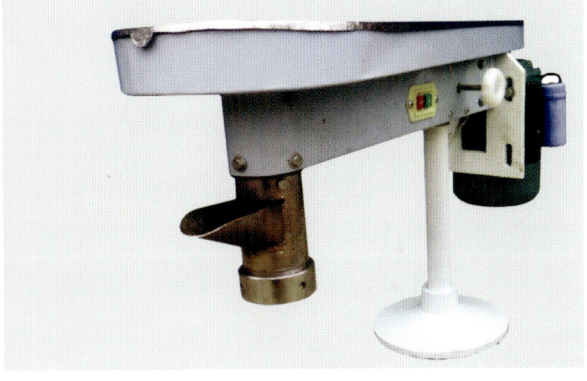

现代家用手动饸饹床　　　　　　　　　　现代商用电动饸饹床

图九　现代其他形式饸饹床

锡伯族皮壶

图一　锡伯族皮壶主图

游牧时代，皮壶是许多少数民族日常生活的必备用品。蒙古族、锡伯族等许多民族都有使用皮壶的悠久历史。传统皮壶主要是用来盛放水、酒、奶类等液体的器皿，多用动物皮张缝制，配木塞。皮壶有大有小，大的可以盛放数公斤液体，小的则可以当饰品悬挂于腰间。在日常生活用品中，皮壶虽然不起眼，但是它的不可替代性却不言而喻。想想在生活便利性提高数百倍的今天，人们出门都经常会携带各式水杯，我们就会了解当时人们对皮壶的需求程度。

最早期的皮壶多选用动物胃囊直接制作，取自天然，方便实用。但是，在游牧生活中，皮壶与其他物品磕磕碰碰在所难免，而这类皮壶不够结实，不宜随身携带。后来，人们逐渐开始尝试用生牛皮、骆驼皮等家畜皮张制作更结实、耐用、美观的皮壶。

传统皮壶制法：第一步，选择合适的动物皮张。制作皮壶所用皮张均为生皮。一般秋冬季的动物皮子厚实，用来制作皮壶最为适用，一个皮壶可以使用几十年。第二步，清理皮张。把新鲜牛皮刮净外皮毛、内皮脂肪等杂质，为后期加工做准备。第三步，裁剪。按照皮壶规格大小裁剪皮张。第四步，缝制。这一步骤对皮壶非常关键，为防止渗漏，皮壶采用里外两条线缝制方法。里层用驼毛线缝制，外层用牛筋缝制。皮壶雏形完成后，人们需要在其中塞满干净黄土或沙土，以扩充皮壶容积及控制皮壶形状。同时，根据需要，还会在皮壶壶身上压制装饰花纹。至此，皮壶制作工序基本完成，配以合适木塞就可以使用了。

现代最常见的皮壶已经不再是之前供出行随身携带的软质皮壶，取而代之的是硬质皮壶。这类皮壶一般都配有PVC或玻璃内胆，外层包裹牛皮或骆驼皮，起到保持温度和保护内胆的作用。皮革边缘用皮绳进行缝制，结实耐用，绳结本身也成为皮壶的装饰。这种皮壶制作精美，适合摆放观赏，多用来满足游客购买当地特色产品的需求。客人可以同时购买到两样特色商品：奶或酒以及它们的包装——皮壶，既享受了食物又留下了纪念。这种皮壶表面往往装饰有表现民族特色的图形纹样，别具一格。锡伯族皮壶表面的装饰多为各类吉祥图案，如盘长、葫芦、蝙蝠等，也有最受锡伯族喜爱的弓箭和蝴蝶，这些图案源于现实生活，又经过了一定的艺术加工，表现出良好的装饰性和文化意味。

图片来源
图一至图六　张扬　制图

图二　锡伯族皮壶线描图

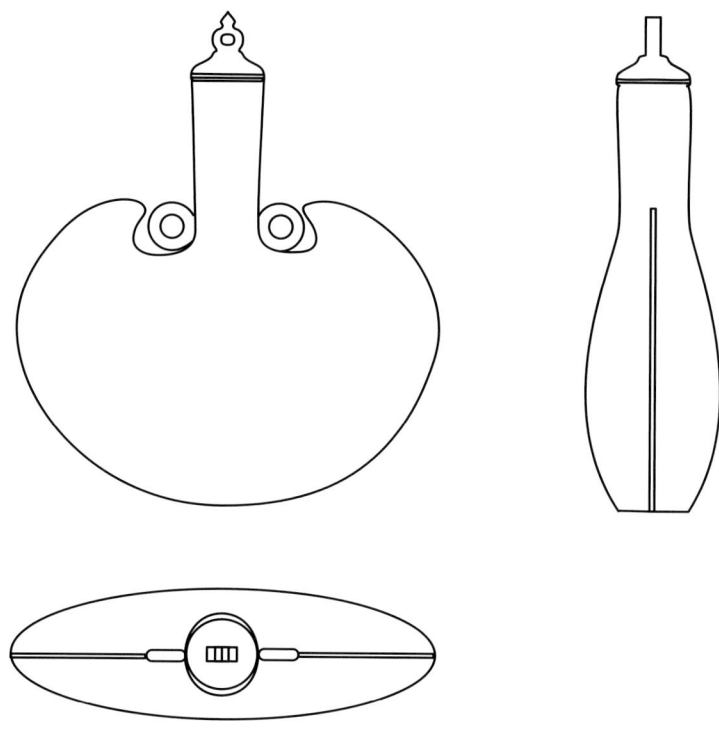

图三　锡伯族皮壶三视图

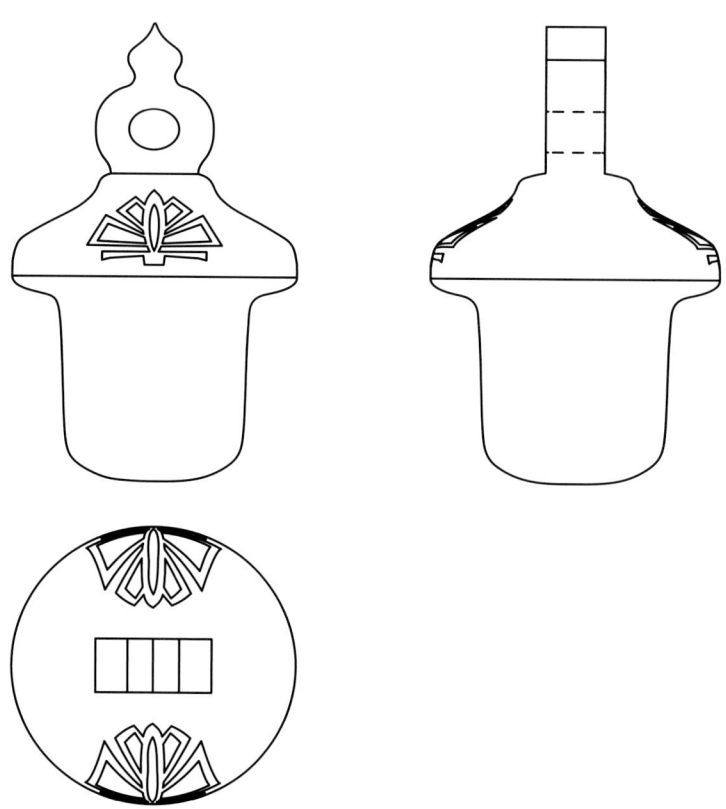

图四　锡伯族皮壶壶盖三视图

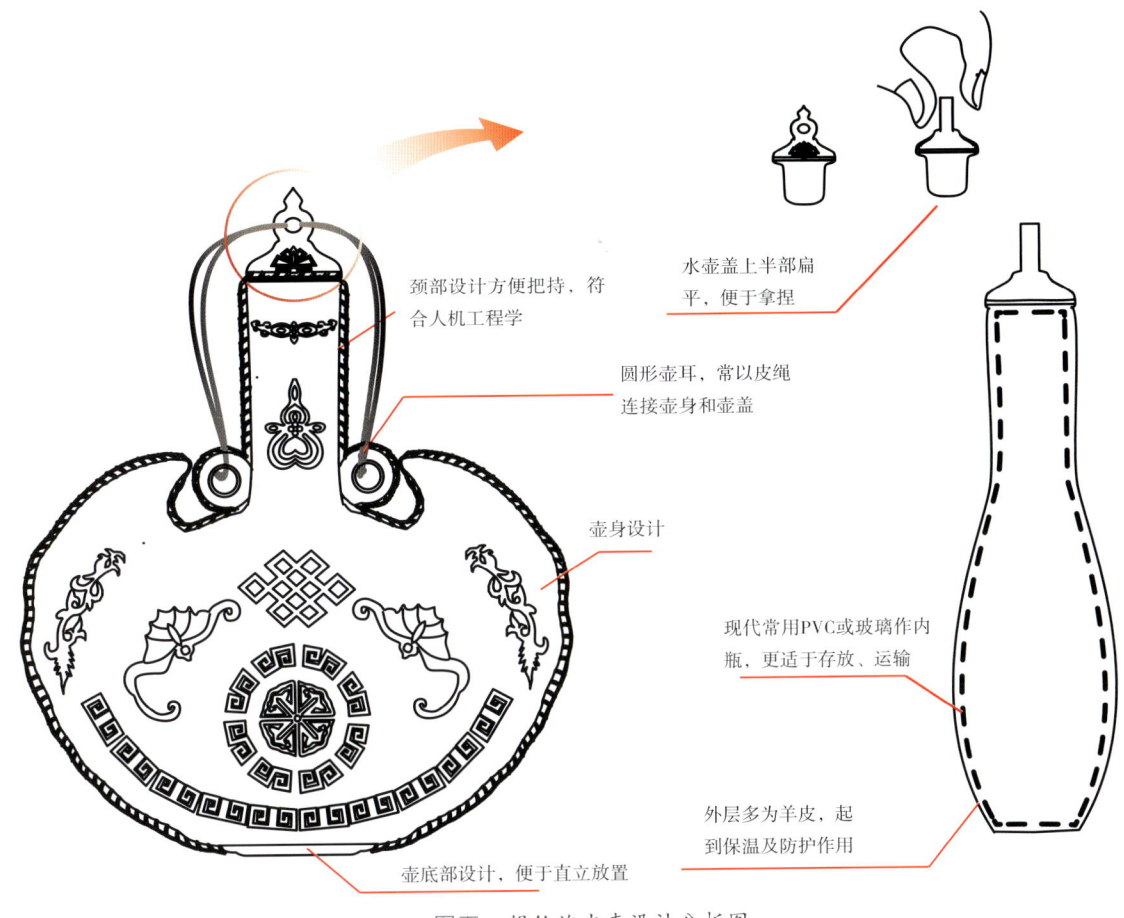

图五　锡伯族皮壶设计分析图

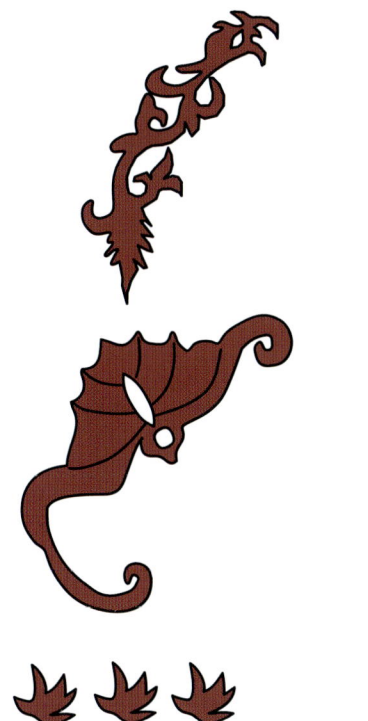

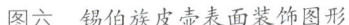

图六　锡伯族皮壶表面装饰图形

第三章　锡伯族传统餐饮

077

锡伯族筷笼

图一　锡伯族筷笼主图

筷笼，古语称"箮"或"筒"。因筷子在古代名为"箸"，故筷笼也被叫做"饭箸笼"。筷子方便、轻巧，是中华各民族饮食过程中的主要器具。筷子使用历史悠久，筷笼作为装纳筷子的容器，造型及装饰也历经了长期的发展演变，逐渐形成了一定的地域和民族特色。

主案例筷笼为新疆锡伯族民间使用器具。其整体造型为长方体。背板向上加长延伸，顶部中心凿小孔，作壁挂之用，背板外轮廓加工为对称曲线，与筷笼主体硬朗的直线条形成对比，为本有些单调的筷笼增添了生气。筷笼整体彩绘装饰，壁挂板中心为抽象放射状花朵图形，花朵下对称设计水滴状图形，似散落花瓣，外边缘装饰线条起伏自然，简练美观；前面板中心设计为蝴蝶图形，其上为传统吉祥结纹，四角均为水滴图形，向中心离散，似烟花绽放，蝴蝶和吉祥结均象征着生活美好、长长久久。

另两款筷笼造型与此基本相同，差异在于背板高度及其轮廓造型。一般背板的轮廓与其表面装饰是相互呼应的，如另外两款筷笼均巧妙地将壁挂孔设计在花朵的花蕊部位，融装饰与功能为一体。而其外轮廓也巧妙地与装饰内容进行了结合，一款设计为莲花莲叶的形状，另一款则为简洁的半圆形，与其内部艳丽的孔雀开屏相得益彰。其余部位装饰或疏或密，简繁适度。

如今，筷笼仍旧是每家每户必备的厨房收纳器具。只是随着人们生活水平的提高，新材料及加工工艺的出现，现在的筷笼设计更加多样化，更注重功能性的提升，装饰趋于简洁。各种不锈钢筷笼、塑料筷笼、带干燥和消毒功能的筷笼不断涌现，使存放及清洗更加方便，满足了不同人群、不同家庭的使用需求。

图片来源

图一　《锡伯族民间图案集》编纂委员会.锡伯族民间图案集[M].乌鲁木齐：新疆美术摄影出版社，1994：p97.

图二、图四至图七　任新宇　制图

图三　《锡伯族民间图案集》编纂委员会.锡伯族民间图案集[M].乌鲁木齐：新疆美术摄影出版社，1994：p98-99.

图八　张卉.民间筷笼艺术[J].苏州工艺美术职业技术学院学报，2005（3）：34-35.

图二　锡伯族筷笼线描图

图三　锡伯族其他纹饰筷笼

图四　锡伯族筷笼色彩构成图1

图五　锡伯族筷笼色彩构成图2

图六 锡伯族筷笼色彩构成图3

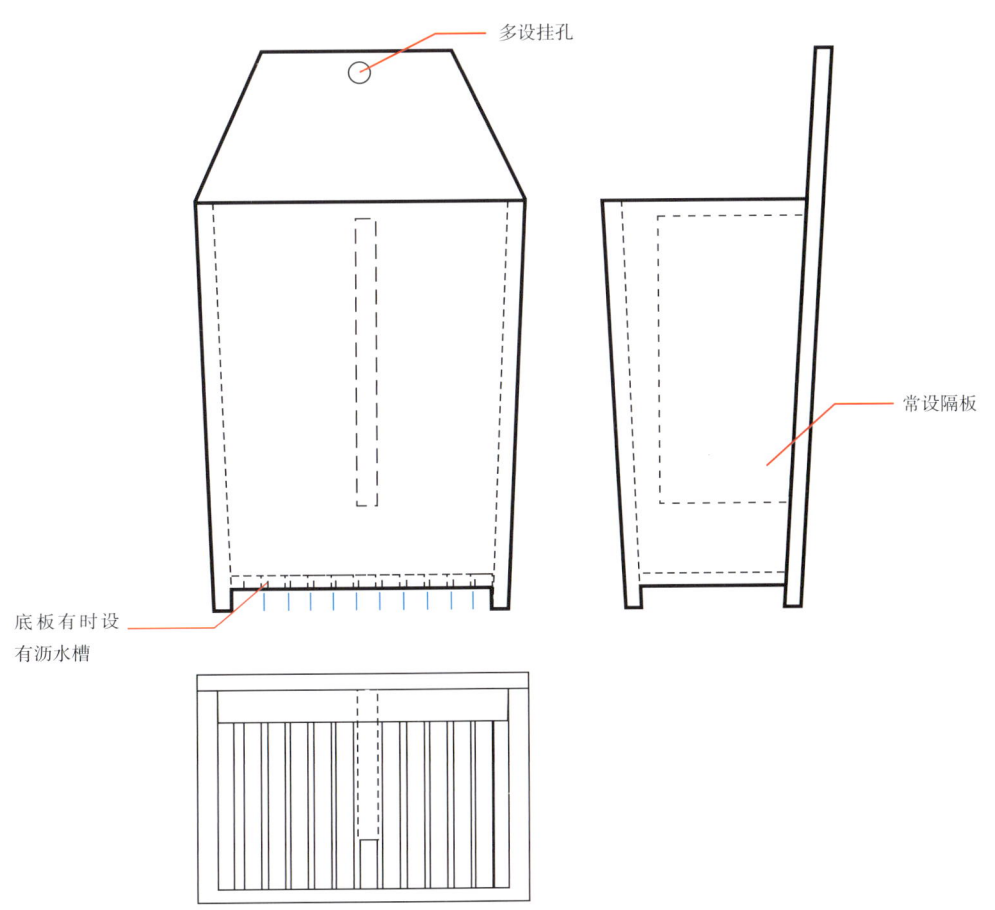

图七 锡伯族筷笼结构示意图

图八　其他民族传统筷笼

第四章 锡伯族传统生活用具

锡伯族爬犁

图一　锡伯族爬犁主图

锡伯族是我国北方的古老民族之一。明清以前，锡伯族长期居住于东北山林河湖地区，其交通运输工具主要为马、牛、骆驼、连轴转牛车、爬犁、独木舟、皮舟等。据史料记载，锡伯族的祖先早在汉代以前就可骑"木"而行，所谓"木"即爬犁（雪橇）。清代，伴随着锡伯族军民的西迁，爬犁也随锡伯族民众到达了新疆，现在许多新疆锡伯族人都是做爬犁的好手。

爬犁曾是锡伯族人冬天最常见的交通运输工具，在东北地区以及新疆塔城地区使用广泛。冬日积雪严重时，爬犁这种特殊的交通工具就体现出其快捷性和便利性。爬犁借用马力，所以前部有两根长约250厘米的套马辕子，辕子一端用绳子和爬犁绑扎在一起（也有的爬犁使用铁钩来钩拉爬犁）。使用完或长期不用时，两杆可以单独取下来存放。爬犁整体为框架式箱体造型。底部为两条长200厘米—250厘米平行的木条，前端弯曲翘起，多被称作"翘底子"，一般用榆木制成。木条宽度与厚度为8厘米左右，为减小摩擦力，下面多钉有铁皮。其上装有5根木柱，有的用铁制，上面铺木板，形成长200厘米、宽140厘米左右的厢子，可以坐人也可以放置货物，为增加舒适性，使用时上面有时会再铺麦草或毡子。厢尾部设计有用木条制成的约35厘米高的靠背，前端设计有斜板支撑，既可倚靠，也起到防护作用。两侧加木条围护，保证了快速行进过程中乘坐人员及货物的舒适和安全。

目前，随着科学技术的发展，新的交通工具出现，爬犁已退居二线，在日常生活中的地位日益减弱，但是又逐渐承担起新的功能，如作为旅游观光的交通工具，让游客在欣赏自然景观的同时，也可体验传统的出行方式，感受到更深层次的文化内涵。爬犁这种产品也在逐渐改良，出现了许多小巧的、便携式的、无须马力的小型爬犁设计，成为新时代供人们娱乐休闲的一种工具。

图片来源

图一至图八　盖伟　制图
图九　http://jsgmcn.cn.alibaba.com

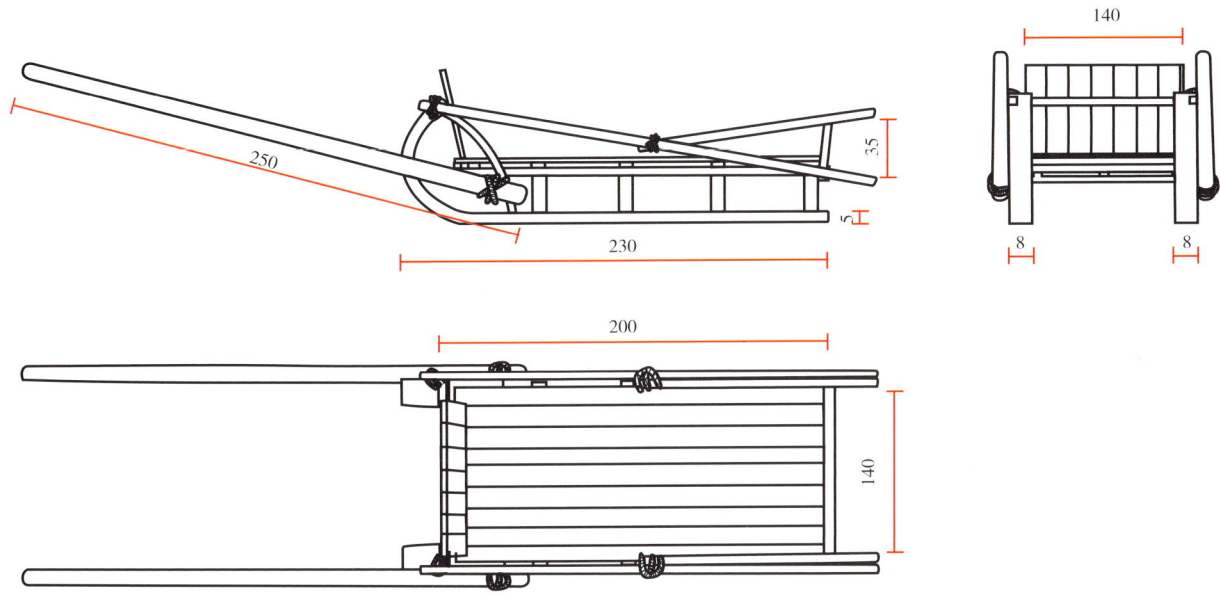

图二　锡伯族爬犁三视图、尺寸图（单位：cm）

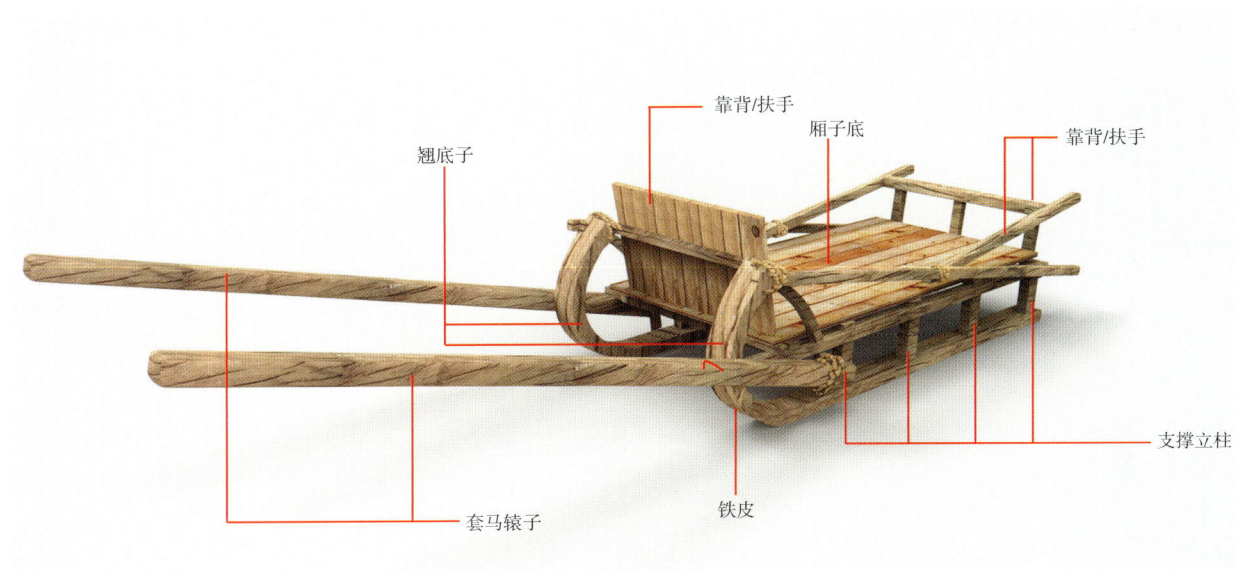

图三　锡伯族爬犁结构名称图

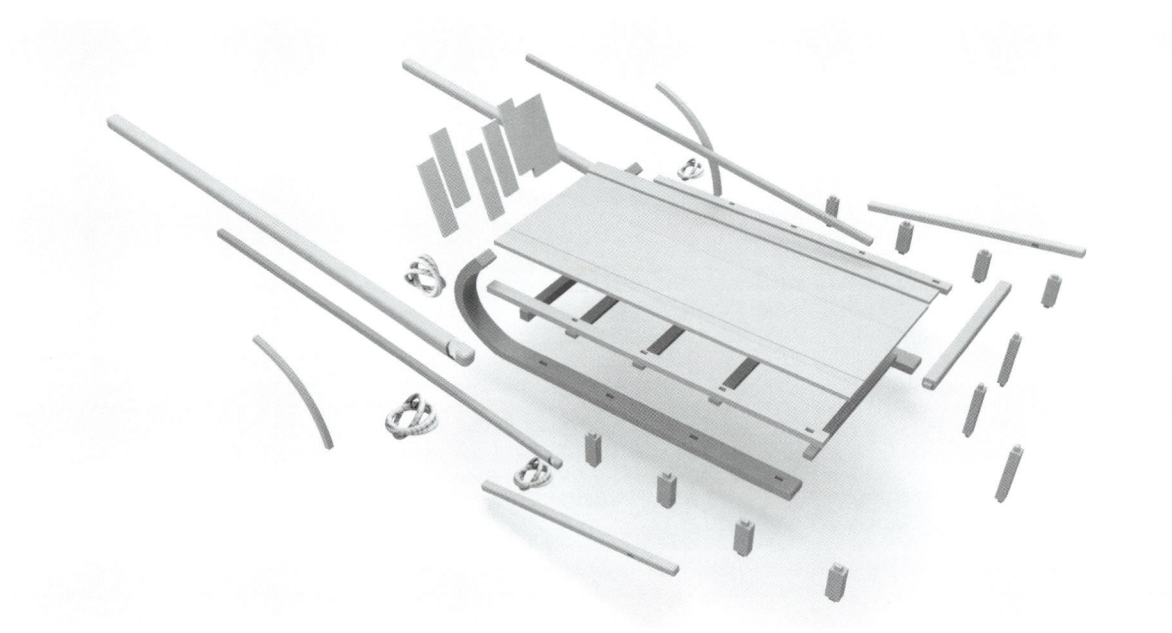

图四 锡伯族爬犁解析图

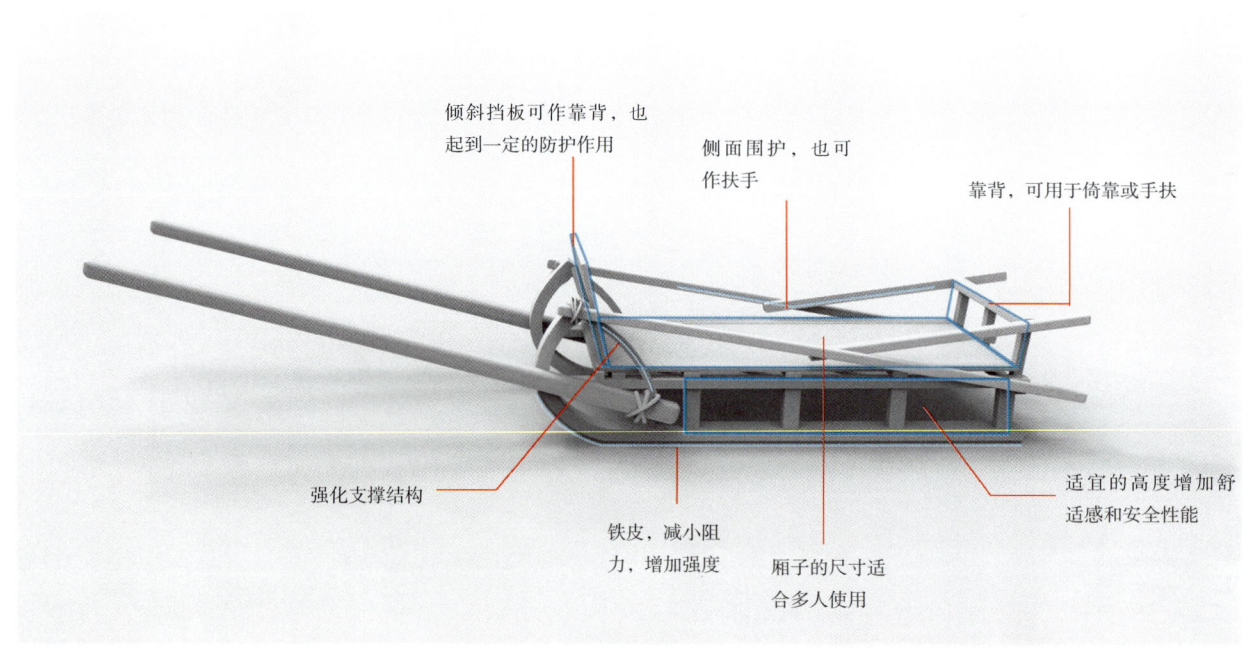

图五 锡伯族爬犁功能分析图

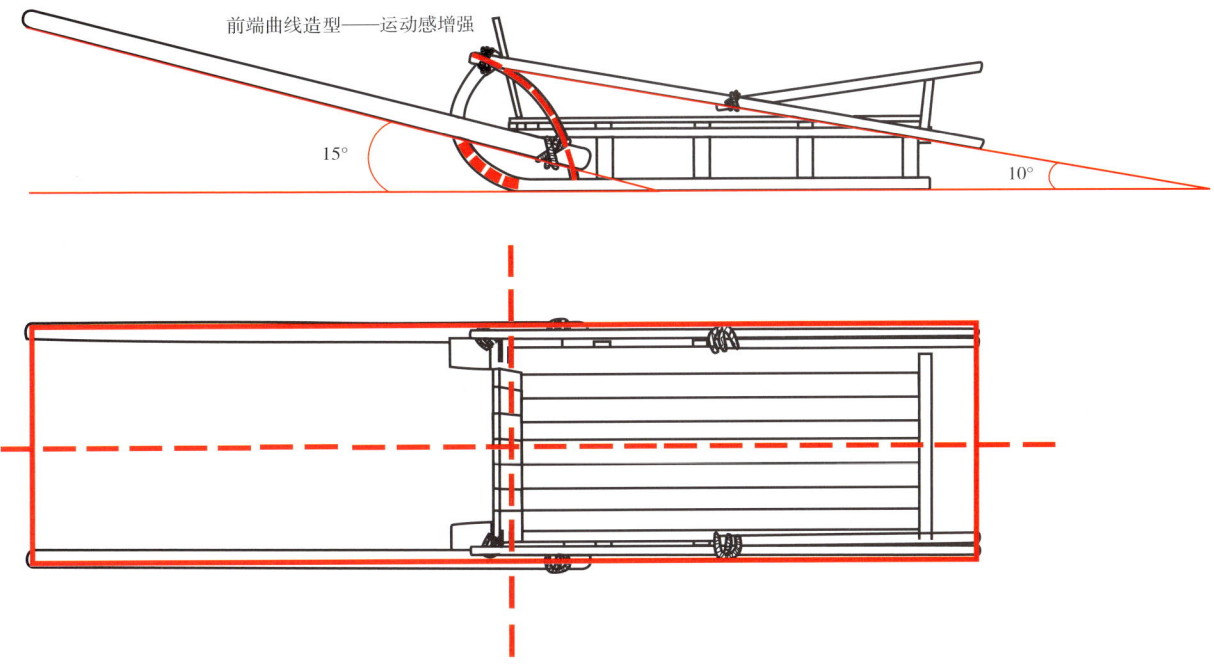

图六 锡伯族爬犁视觉分析图

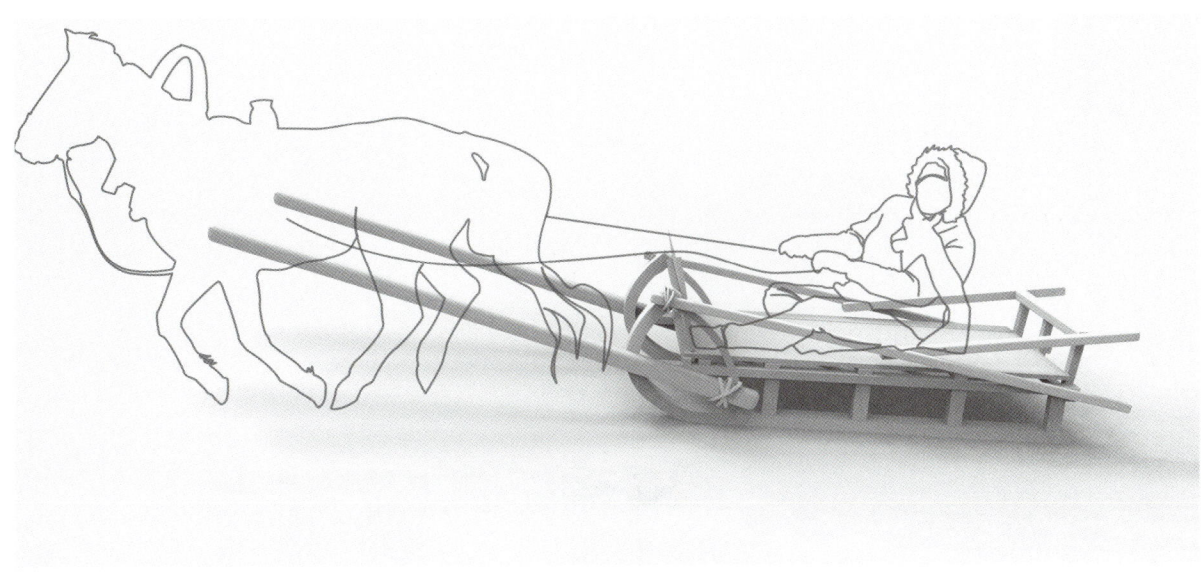

图七 锡伯族爬犁使用场景图1

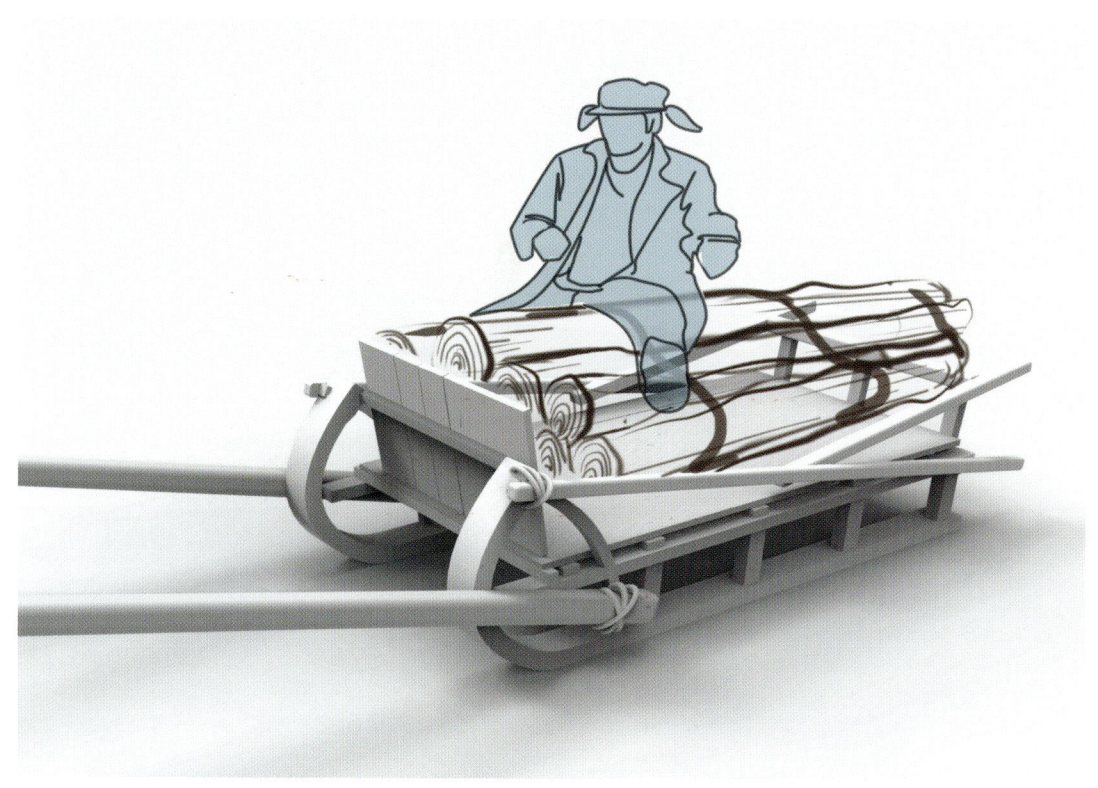

图八　锡伯族爬犁使用场景图2

可折叠式雪橇

图九　现代新型雪橇

锡伯族炕柜

图一 锡伯族炕柜主图

炕柜,又称"炕琴""炕琴柜"或"炕橱",是东北地区极具特色的炕上储物家具,后伴随锡伯族军民大西迁的脚步,也成为新疆锡伯族人家居生活中的重要家具。炕柜一般贴墙放置于炕梢儿处,主要用作日常储物。普通人家的炕柜多使用红松、水曲柳、榆木等打制而成,主体素面,凸显出木材本身的纹理质地,整体简洁朴素。造型上,炕柜多方正,布局对称,形体线条横平竖直,整体端庄厚重。

本案例参照辽宁省沈阳市锡伯族家庙——太平寺内锡伯族传统炕柜数字复原。炕柜长160厘米,高60厘米,深50厘米。整体造型方正规矩,线条平直,清式直角回纹足。对称设置四柜两屉,上部四柜两两对开,下部两屉左右边缘分置。四柜分别以铜质合页与柜体相连,对开两柜门间设铜锁,其下有梯形拉手。抽屉面板装饰有菱格状几何纹样,中心有叶形铜拉手。卷草造型的牙子与横枨也极大丰富了此炕柜的视觉体验。从功能上来看,炕柜下屉多用来放置针线等小件物什,上柜则用来存放衣物。炕柜顶部平整,主要用来叠放被褥、枕头等物。层层叠叠的各色被褥及精细刺绣的枕面,使炕柜成为展现锡伯族人家庭生活氛围及审美情趣的重要所在。

传统炕柜结构设计合理,顶面、侧面、背面及柜门板一般采用攒边嵌板工艺。这是宋代家具结构设计上的一大创新,在明清时期得到更广泛运用,成为中国传统家具重要的结构特点之一。攒边嵌板结构有效缓解了由于木材自身热胀冷缩的特性而导致的结构变形,芯板嵌入稳定性较好的框架直材内,留有空隙,当芯板因干湿发生伸缩时,通槽留有充分余地,避免家具结构松动。在加强家具稳定性的同时,攒边做法还使家具面板的线条更丰富，也使多种材料搭配组合更方便，为炕柜设计提供了更多的可能性，如炕柜柜门，就常见嵌入瓷砖装饰。炕柜的形制多种多样，有各种不同尺度、不同布局、不同装饰的设计，如炕柜与炕箱的组合式设计、高柜设计等，很好地满足了不同家庭差异化的审美及实用需求。

图片来源

图一、图二至图五、图七　周国斌　制图

图六　任新宇　制图

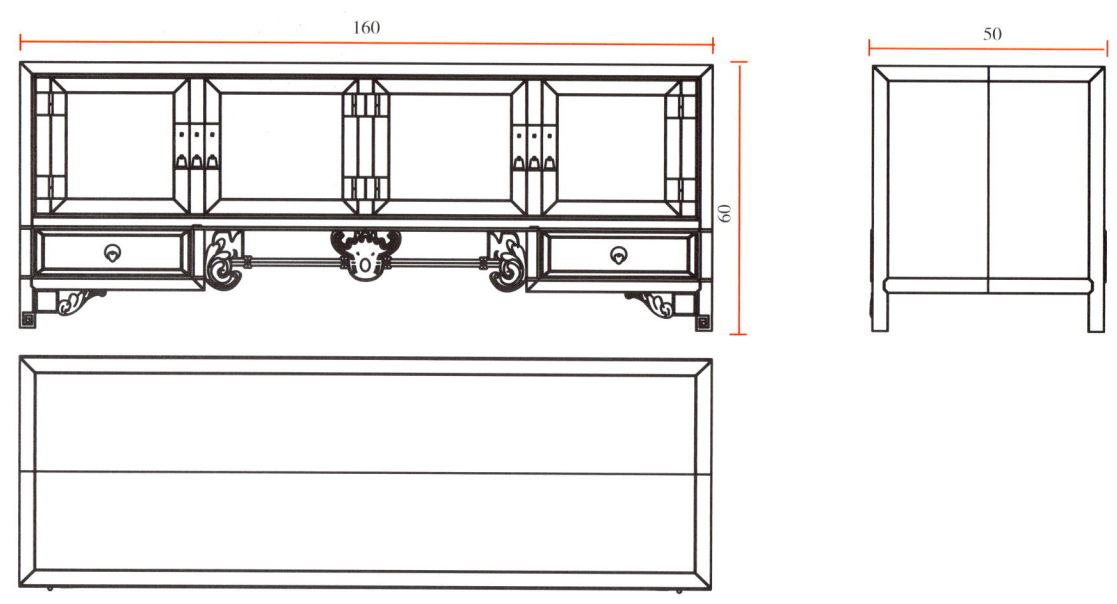

图二　锡伯族炕柜三视图、尺寸图（单位：cm）

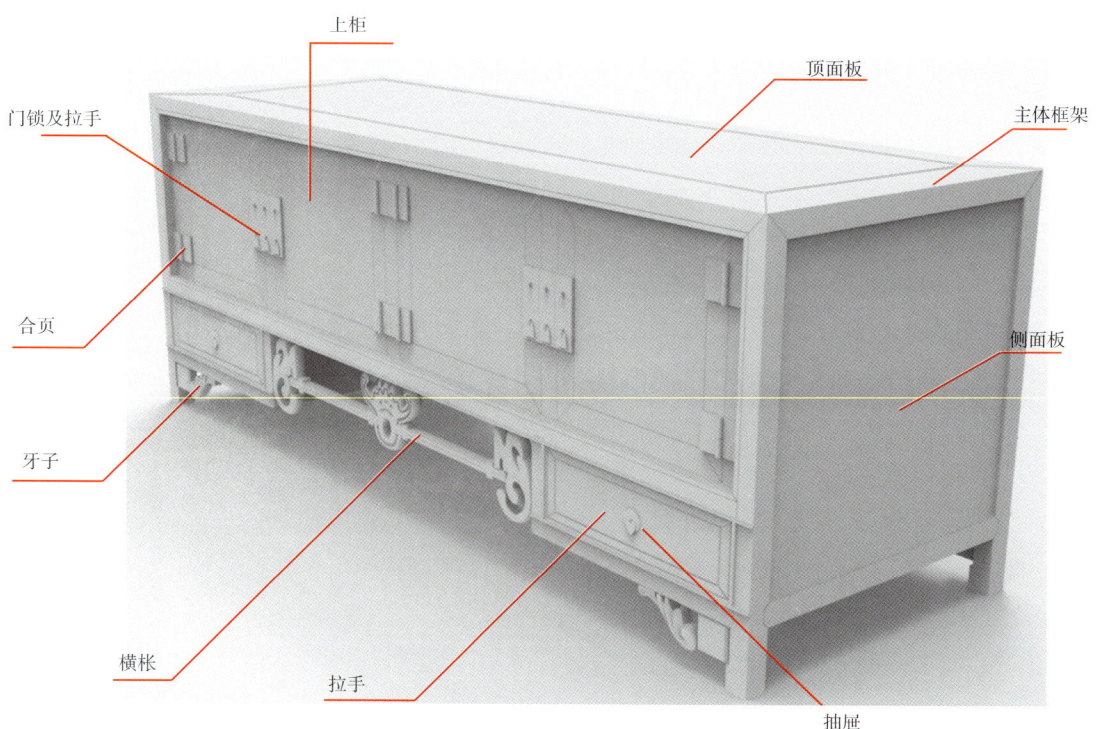

图三　锡伯族炕柜结构名称图

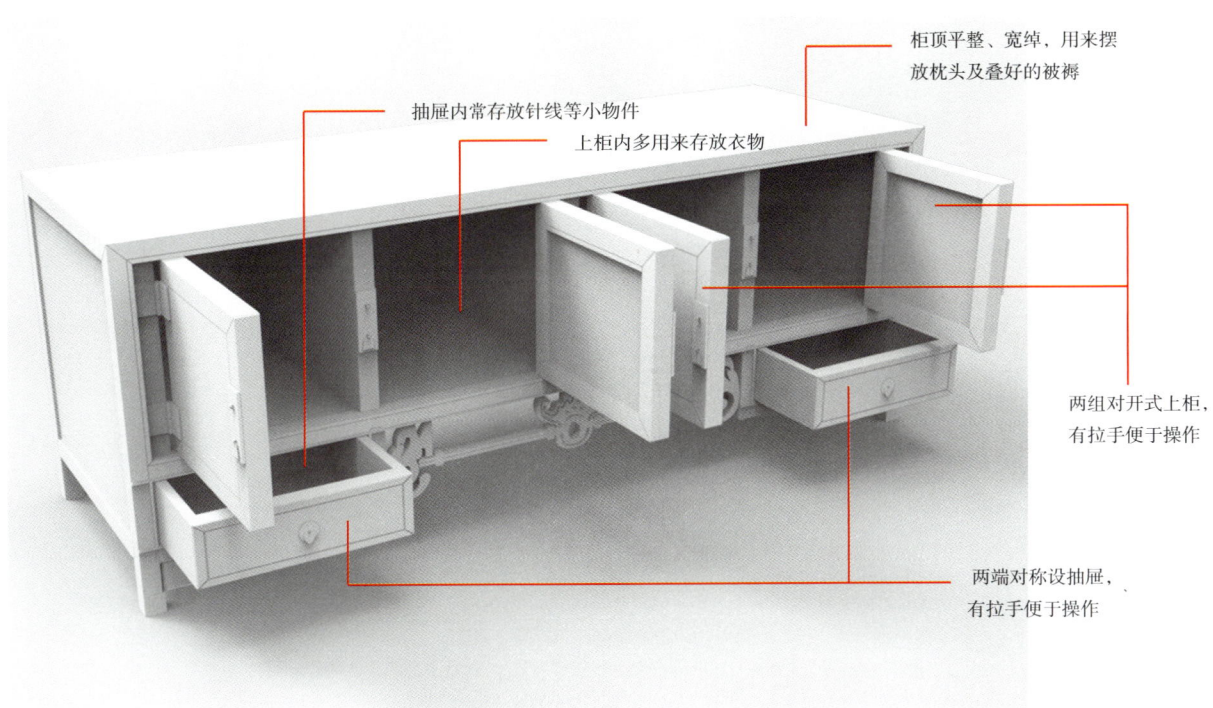

图四　锡伯族炕柜使用示意图

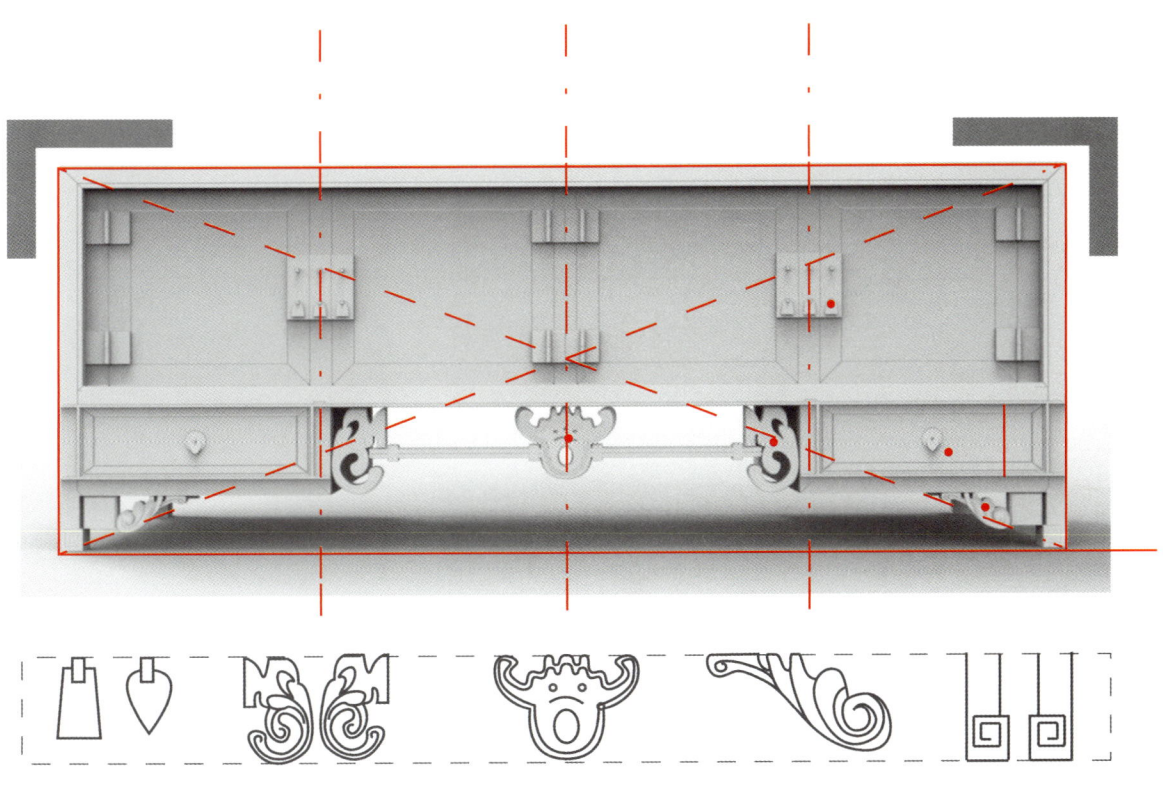

● 细部装饰

图五　锡伯族炕柜视觉分析图

第四章　锡伯族传统生活用具

091

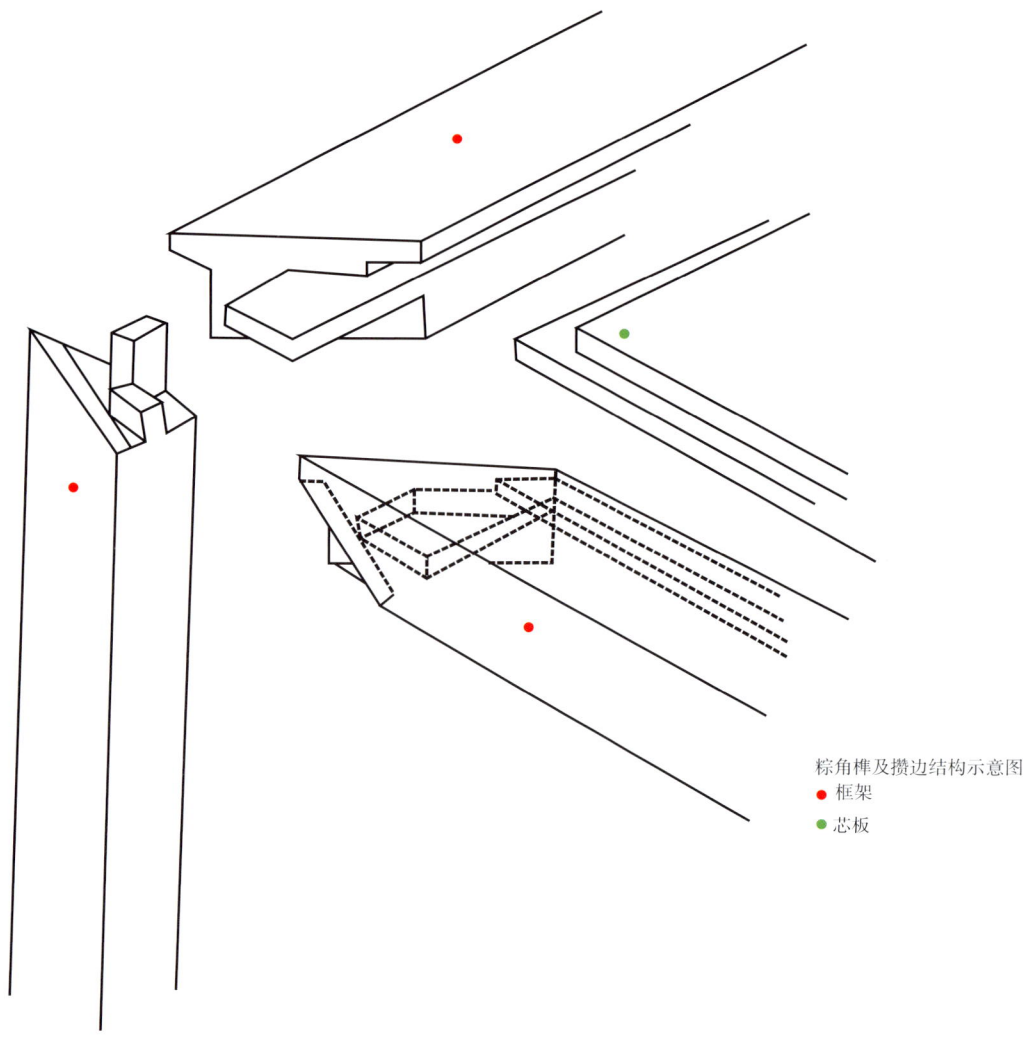

图六　锡伯族炕柜棕角榫及攒边结构示意图

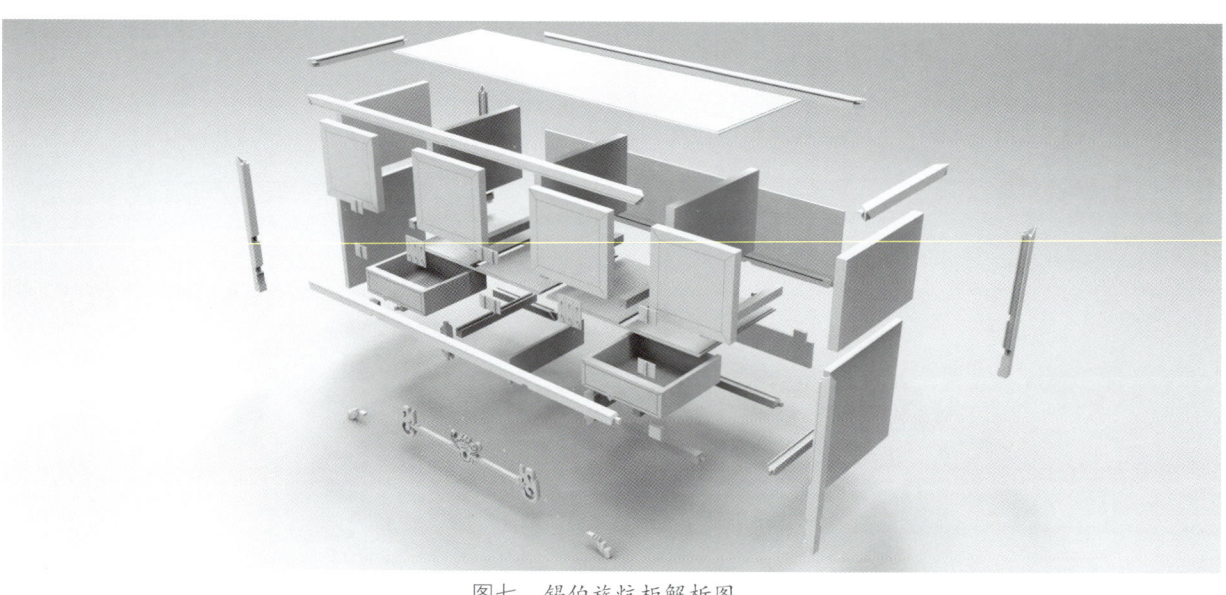

图七　锡伯族炕柜解析图

锡伯族木床

图一　锡伯族木床主图

锡伯族祖先生活在寒冷的东北地区，火炕是日常起居的必备设施。后伴随着与其他民族的文化交流不断深入，以及生活水平的提高、生活条件的改善，床具逐渐走进了锡伯族人的生活。

本案例之木床整体造型简洁、明快，细节装饰较为考究。传统木床床体多采用框架式结构，四面床围框架与腿部榫卯相连，稳定性好，安全性高。横向框架间设横枨若干，其上可铺排骨板或整床板，保证支撑力及舒适性。旋木制床腿造型优雅端庄又不失曲线变化，使木床简洁中亦显古典韵味。

床头与床尾造型及装饰统一，适于多位置多角度摆放。

床头、床尾及四立柱部分是本木床装饰设计的重要部位。床头、床尾设计为上下两层。上层框架中间部位凸出抹圆，两侧立柱出头。中心为抽象蝴蝶镂空雕刻，精致、美观，构成观者视觉焦点。蝴蝶主体顶端两须线条弯曲，相交于顶部外凸弧线。二层则利用简练的抽象几何线条进行装饰，与上层蝴蝶图形形成了视觉对比。

旋木艺术是新疆少数民族民间工艺的一大特色，在家具及器皿设计制作中多有应用，它特有的曲线造型反映了少数民族追求动态美的审美特征。旋木造型在木床腿部的运用丰富了床的视觉感受，静中有动，意味无穷。

蝴蝶图形是锡伯族最具代表性的图形艺术之一，象征着和平、美好，应用在日日使用的床具装饰上，形神合一，表达了锡伯族人对美好生活的向往。

图片来源
图一至图五　陈洋　制图

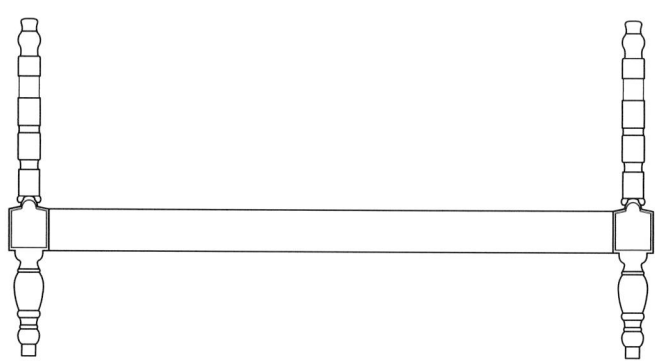
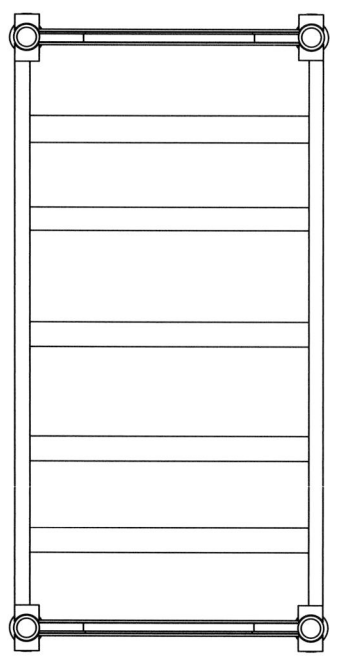

图二　锡伯族木床三视图

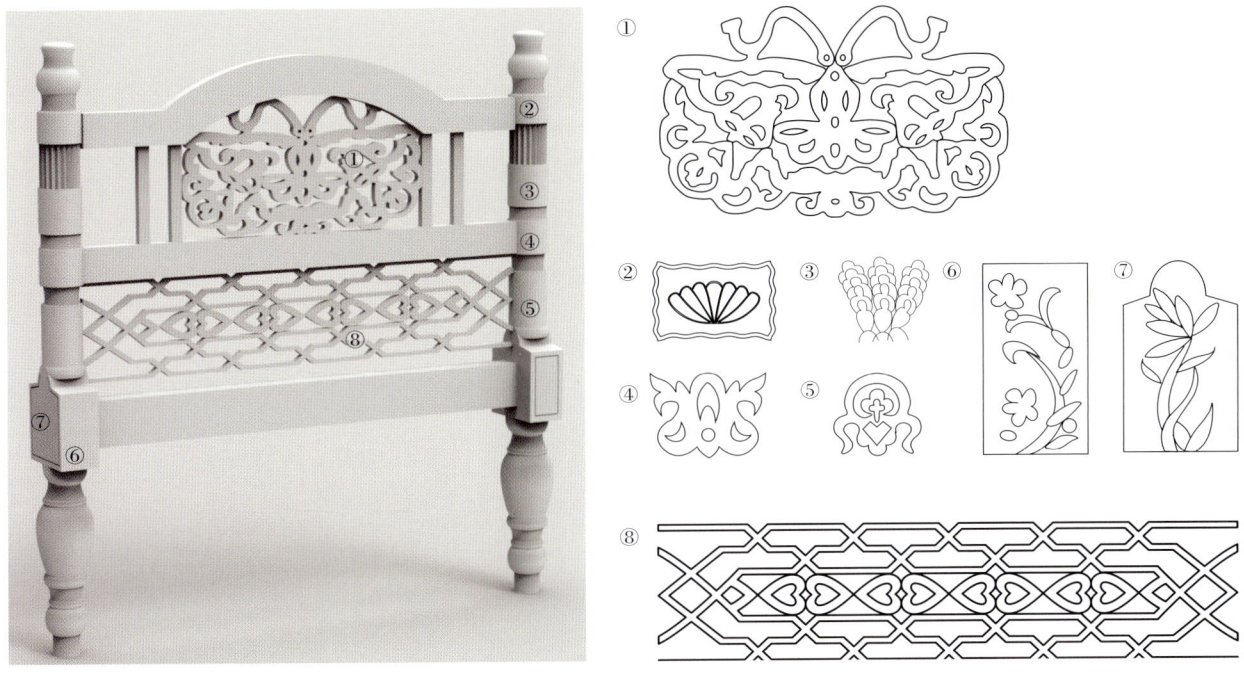

图三　锡伯族木床装饰图形

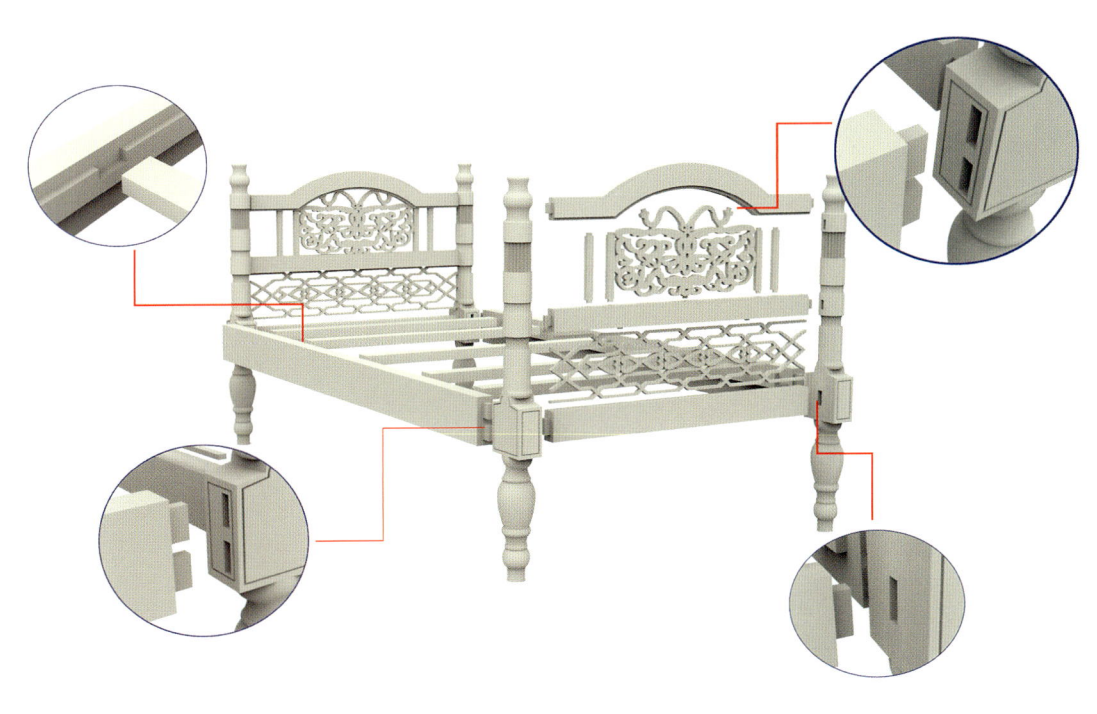

图四　锡伯族木床结构分析图

第四章　锡伯族传统生活用具

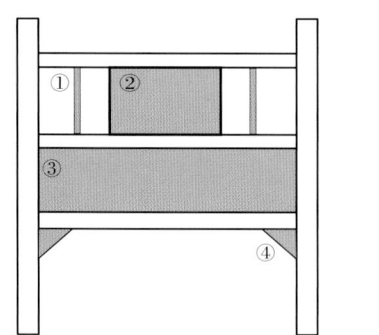
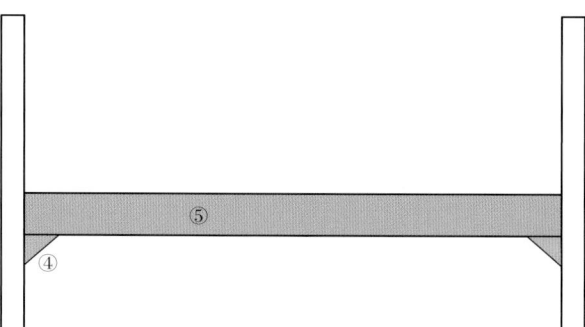

各部位常见图形：

图五　锡伯族木床其他常见装饰图形

锡伯族家具装饰

图一　锡伯族家具装饰主图

家具与人们的生活息息相关。对家具进行装饰与美化可以表达出人们对生活的热爱及追求，其装饰题材、形式及手法也体现出设计者、使用者独特的文化背景及审美内涵。作为一种特殊的物质载体，家具装饰设计中沉淀了浓厚的民族民俗观念。锡伯族传统家具装饰艺术是锡伯族人情感和审美的重要传达方式。

本案例为一组锡伯族传统炕柜。整体来看，这组炕柜的装饰分为上部箱体及下部柜体两部分。其图形总体设计为左右对称。规整的蓝色线条明确划分了炕柜正面的装饰空间，上部箱体被划分为中心矩形区域及边框区域。中心矩形区域宽度与下柜抽屉部位总宽相同，髹明亮的大红色底漆，边框部位则与下部家具主体色彩保持一致，为沉着内敛的黑色。抽屉边缘饰蓝色细边框，与上部蓝色线条相呼应。这种分割及用色方式很好地矫正了炕柜形体上大下小、头重脚轻的先天"缺陷"，使之呈现出协调的视觉感受。具体来看，箱体中心部位的装饰以花草为主，牡丹、石榴花、莲花等多种花卉层叠出现，色彩层次丰富，远近虚实不同。多种花叶纳于一倒梯形花盆中，形成下收上放的生长弧线，自然舒展，生机勃勃，突破了画面的整体对称构图，使整体更生动。箱体上沿

第四章　锡伯族传统生活用具

两端为两只彩绘凤凰,长尾自然拖曳至两侧边缘,很好地填充了边框空间。凤凰头首相对,中间为一组彩蝶振翅欲飞,画面丰富饱满。柜体部分的装饰题材也是花卉与动物形象相结合:抽屉部分装饰有花草图形,与上层盆花相呼应;望板部分则雕刻、彩绘并用,双虎戏莲栩栩如生。

锡伯族传统家具中的装饰题材种类多样,常见的有神灵类、植物类、动物类、几何图形等,也有比较独特的图形,如书籍宝典类等。其作用多为装饰、辟邪、祈福并举,如上述双虎戏莲,图形对称均衡,双虎形态生动、线条流畅,极具美感,但此图形装饰的目的不仅仅在于其形式,更在于其辟邪祈福的寓意。虎在锡伯族文化中象征威力、平安。在民间,虎还被看作孩子的保护神灵,能执搏挫锐、吞噬鬼魅。因此,虎的形象出现在炕头就更有其"实际意义"了。再如,牡丹花象征富贵,莲花象征高洁,也有辟邪之用,石榴、葵花象征多子,仙鹤象征健康长寿,二龙戏珠、龙凤呈祥等也都是兼装饰与象征意味于一身的装饰图形。从这些图形中可以感受到锡伯族文化的独特性,也可以看出其与北方汉民族文化的交叉融合。锡伯族人对民族、家族以及生命繁衍延续的祈盼,对安定幸福的追求,都在这些装饰艺术中得以展现和延伸。

图片来源
图一至图十 卢扬 制图
参考文献
[1] 钱秋彤,莫合德尔·亚森.锡伯族民间图案文化内涵和艺术特点[J].艺术与设计,2012(8):98-99.
[2]《锡伯族民间图案集》编纂委员会.锡伯族民间图案集[M].乌鲁木齐:新疆美术摄影出版社,1994.

图二 锡伯族家具装饰线描图

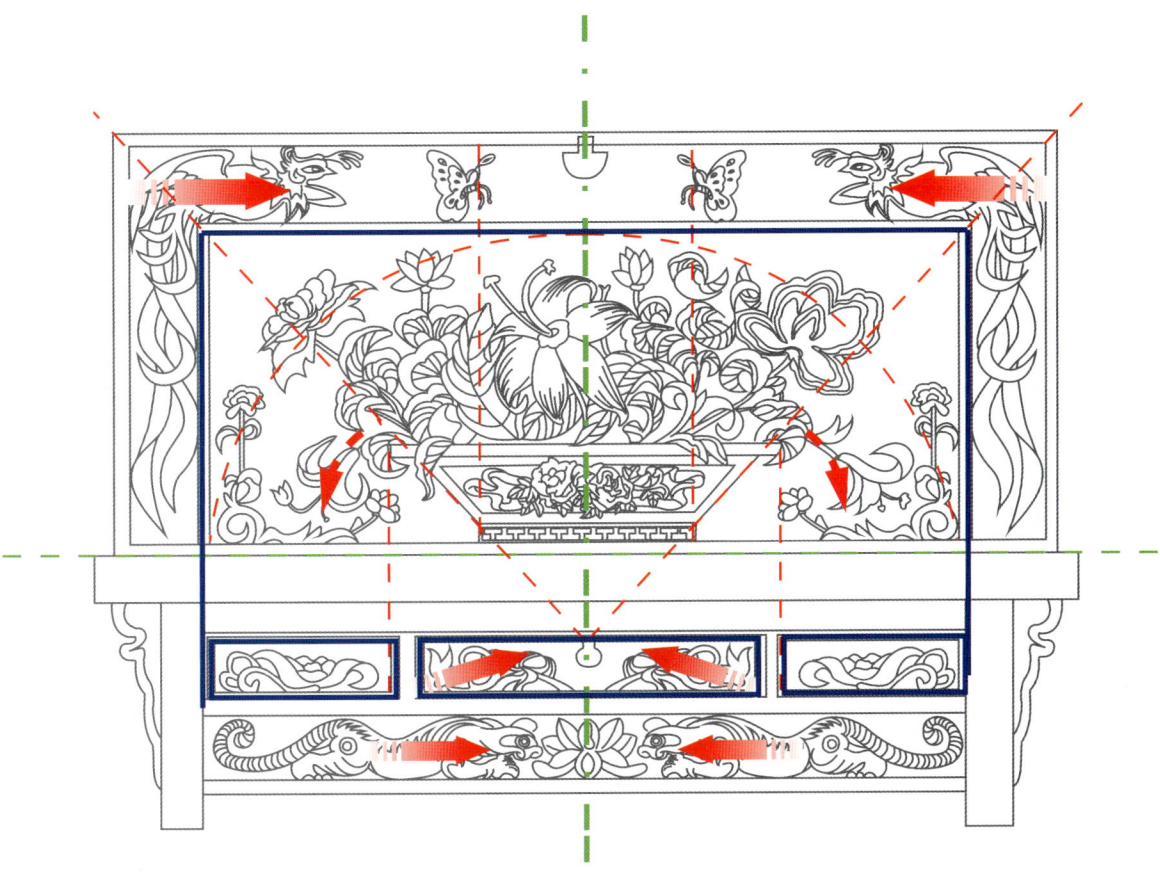

图三 锡伯族家具装饰布局分析图

图四 锡伯族家具装饰色彩分析图

第四章 锡伯族传统生活用具

图五　锡伯族家具·炕柜装饰图形1

图六　锡伯族家具·炕柜装饰图形2

图七　锡伯族家具·炕桌装饰图形1

图八　锡伯族家具·炕桌装饰图形2

图九　锡伯族家具·立柜装饰图形

图十　锡伯族家具·衣架装饰图形

第四章　锡伯族传统生活用具

锡伯族梳妆箱

图一　锡伯族梳妆箱主图

梳妆箱是妇女存放梳理和化妆用品的小箱子。由于梳妆箱几乎为女性专用产品，故其造型、色彩及装饰均体现出较强的女性特征。同时，作为传统婚礼筹备过程中的重要物件，梳妆箱的色彩及装饰也多围绕婚礼主题展开。

本案例之梳妆箱为几何方体，造型单纯，结构简单。它由箱盖、箱体、合页、回转承架及锁扣几部分组成。箱体较深，其内由一隔板分开，便于分类存放和整理各类发饰及梳妆用具等。回转承架可有效控制箱盖打开角度，便于使用。锁扣较为精巧，为蝴蝶造型，箱盖合拢后锁扣扣合，蝴蝶也合为一体。锁扣一般为铜质，和梳妆箱的木质主体形成鲜明对比。按照传统木作工艺，箱盖及箱体均由五块木板榫卯插接而成，加工难度较大，但较之现在常见的粘接方式更为结实耐用。箱盖及箱体内侧四周安装有加固木条，进一步保障了其结构的稳定性。

梳妆箱内表面为木材原色，保留了木材本身的纹理，自然质朴。外表面整体髹大红色漆，喜庆明艳，寓意吉祥如意，也契合婚礼的热烈气氛。梳妆箱箱体四周均有装饰，侧面饰有鸳鸯、莲花莲实，正面为花开牡丹。《禽经》载："鸳鸯，朝倚而暮偶，爱其类。"鸳鸯在传统文化中常象征夫妻恩爱，忠贞不渝。莲花和莲实，比喻连生贵子。牡丹也是婚礼用品的常见装饰题材，象征生活美满、富贵无忧。图形四周饰以方形盘长纹，贯穿箱盖和箱体，巧妙地将梳妆箱的两个视觉部分整合在一起。锡伯族人以物寄情，精美的梳妆箱表达了对新人的美好祝福。

图片来源

图一至图五　韩鹏　制图

参考文献

《锡伯族民间图案集》编纂委员会.锡伯族民间图案集[M].乌鲁木齐：新疆美术摄影出版社，1994.

图二　锡伯族梳妆箱线描图

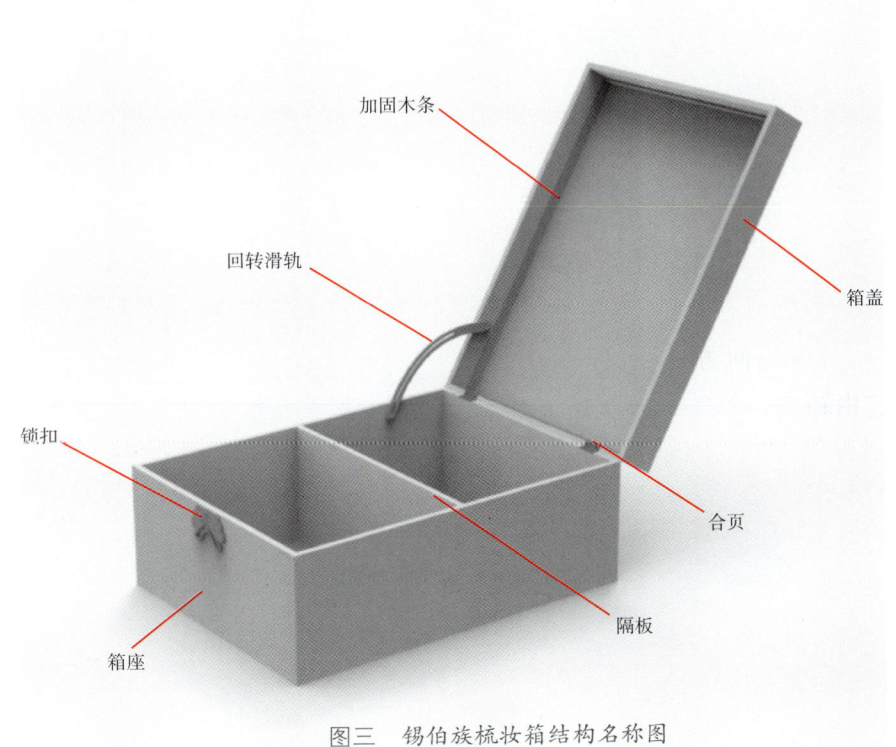

图三　锡伯族梳妆箱结构名称图

第四章　锡伯族传统生活用具

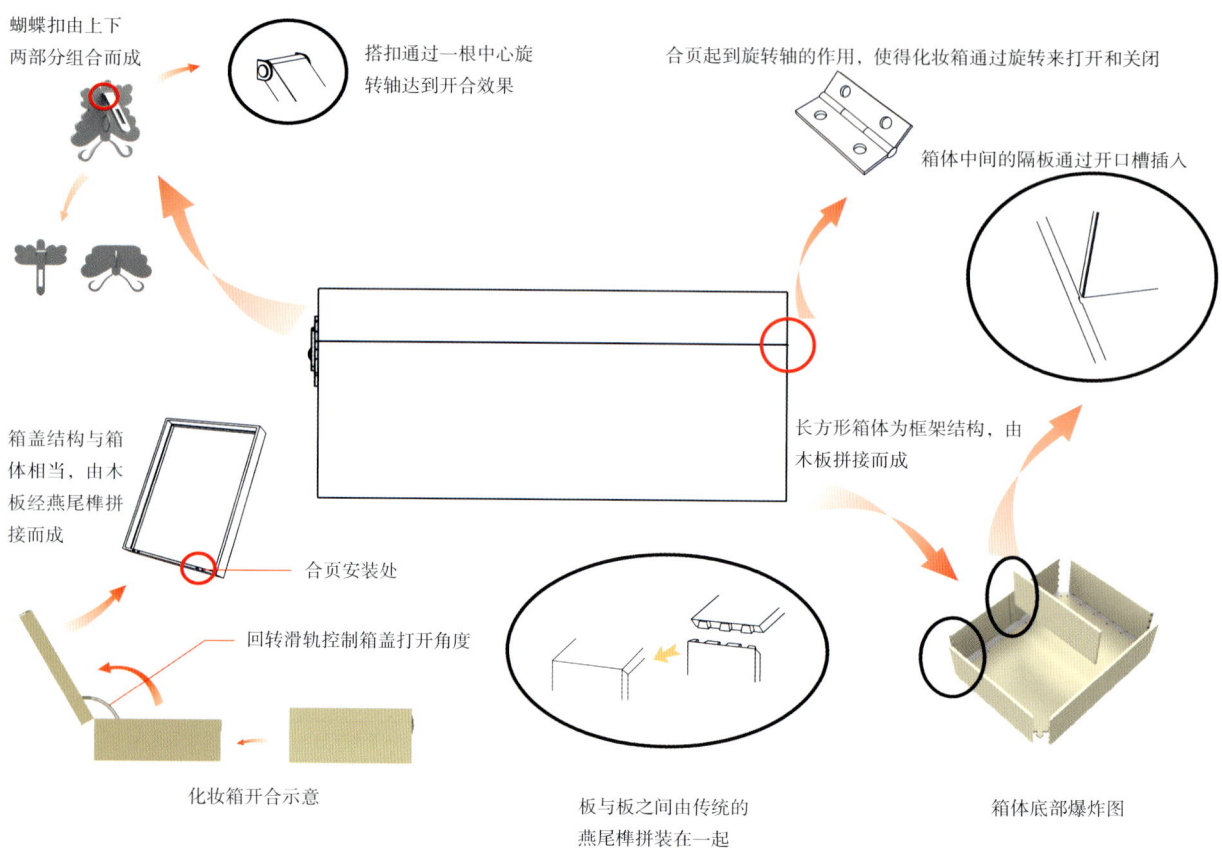

图四 锡伯族梳妆箱结构分析图

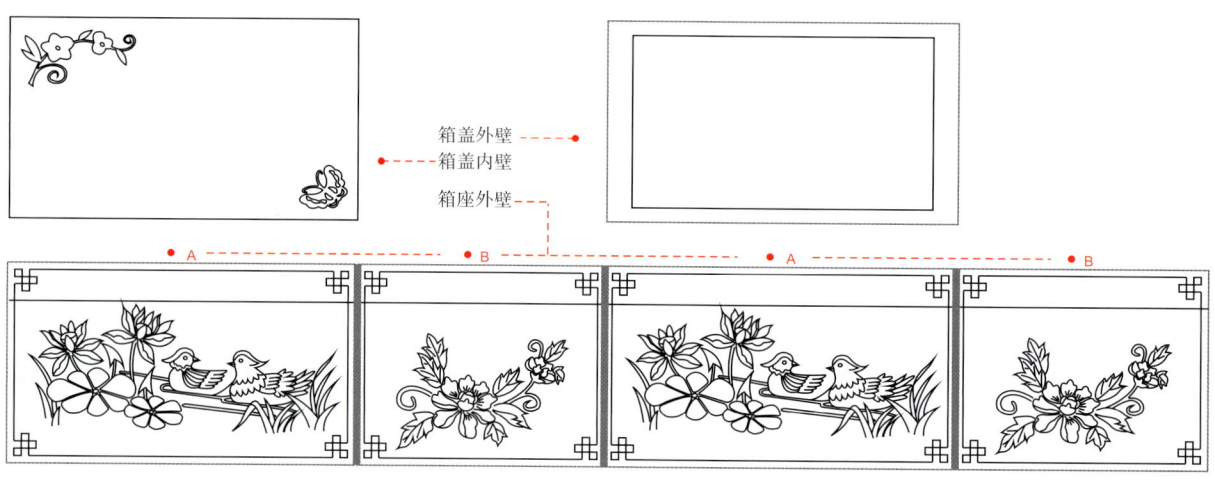

图五 锡伯族梳妆箱装饰图形

锡伯族镜框镜架

图一 锡伯族镜框镜架主图

镜框镜架是传统家居环境中的重要摆件，与其他家居产品一起共同营造舒适、美好的生活氛围。传统镜架常见金属质和木质两种。传统金属镜架视觉感受轻盈，造型较为灵活丰富。木质镜架造型较为统一，整体端庄大方。

本案例为成套木质镜框镜架。两个部分相互独立，但又紧密联系在一起。镜架两侧支架内侧设凹槽，镜框由此插入摆放。大多数情况，这种类型的镜架与镜框都成套设计制作，以保证摆放后位置精确，风格一致，和谐美观。

本案例整体造型简洁大方，端庄典雅。镜架采用工字形结构，保证了足够的稳定性。两侧支架高度适宜，固定配套镜框。支架顶端设计为云朵造型，与其表面雷纹装饰巧妙地融为一体。底座两端也做了同样设计，层次云朵造型内配雷纹装饰。镜框为规整长方形，四周木框榫卯相连，结构牢固。边框满饰连枝花卉，使镜框整体视觉感受丰满精致。底座中心板上也有相应装饰，中心为牡丹、石榴等具象图形，两侧与镜框周围相统一，为抽象植物纹样。

镜框镜架在传统锡伯族家庭中有自己独特的地位，集实用功能与装饰功能于一身。镜框镜架通常摆放在西屋西炕上的箱或桌上，有足够的视觉关注度，是家庭里重要的摆件之一。

图片来源
图一至图五　韩鹏　制图

参考文献
《锡伯族民间图案集》编纂委员会.锡伯族民间图案集[M].乌鲁木齐：新疆美术摄影出版社，1994.

图二　锡伯族镜框镜架线描图

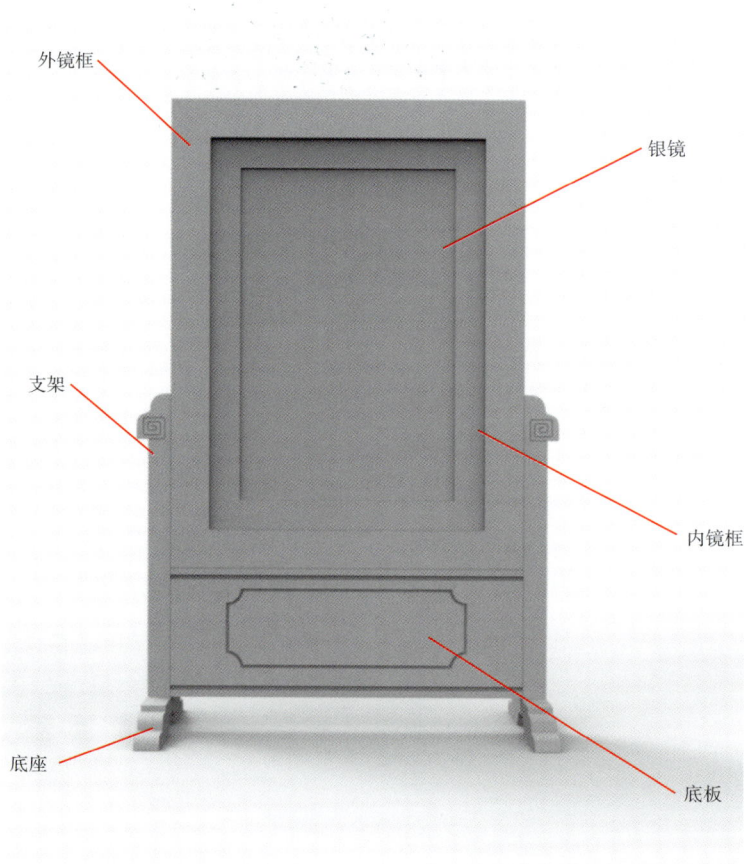

图三　锡伯族镜框镜架结构名称图

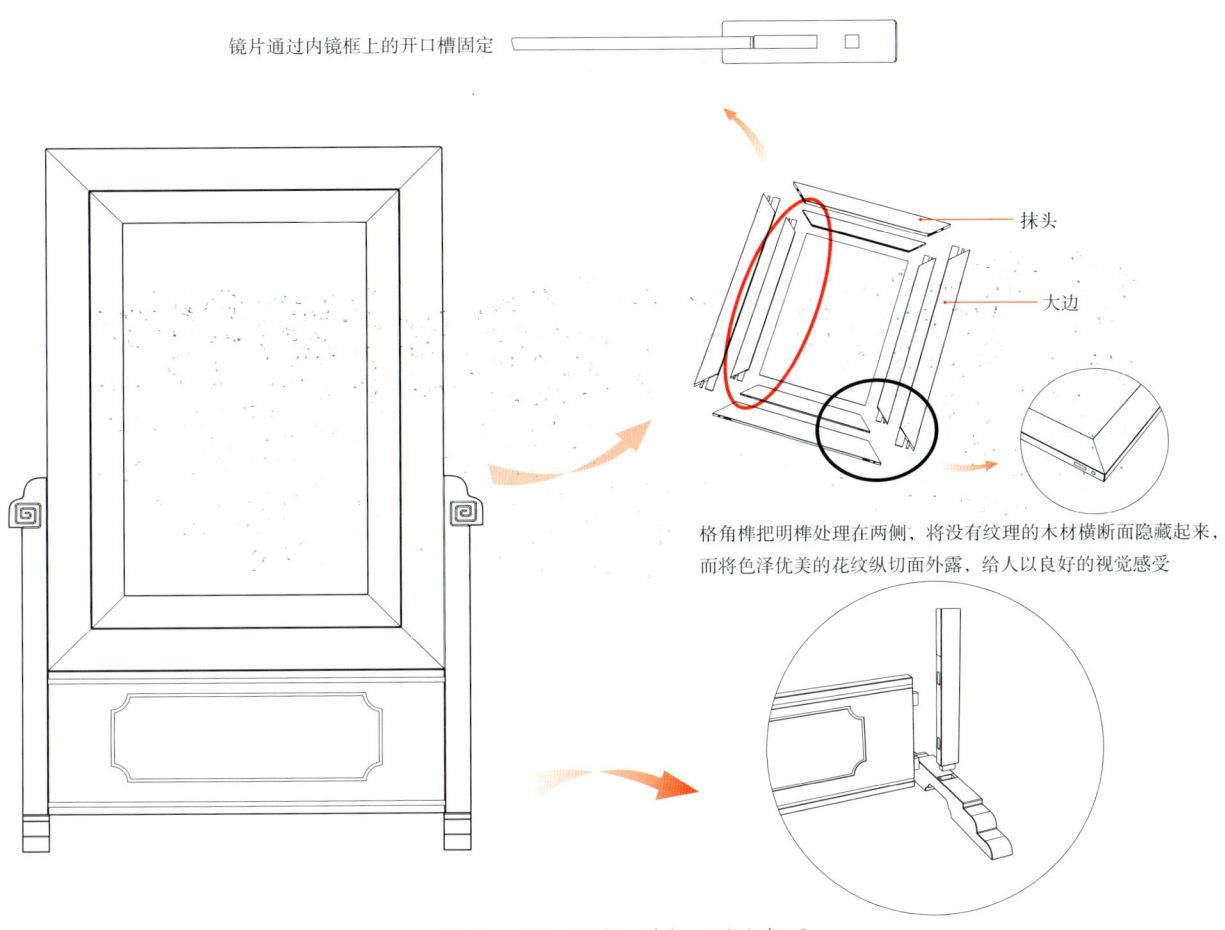

图四　锡伯族镜框镜架工艺分析图

图五　锡伯族镜框镜架装饰图形

第四章　锡伯族传统生活用具

锡伯族悠车子

图一　锡伯族悠车子主图

悠车子即摇篮，也叫邮车子、腰车子，有的地区叫炕车子、晃车子。悠车子状如船，首尾各装两环，以长皮条或绳穿于环内，悬于梁上。东北有"三大怪"："大姑娘叼烟袋，窗户纸糊在外，养活孩子吊起来。"其中所谓的"养活孩子吊起来"，描述的就是将婴儿放在悠车子中哺育的场景。一般悠车子悬挂在炕上方，高度会高于炕沿，这样媳妇或婆婆就可以坐在炕沿上，手里一边纳着鞋底子，一边推着悠车子，嘴里哼着摇篮曲，既照顾了孩子，还不耽误做活计，十分方便。东北地区传统锡伯族、满族和部分汉族家庭都常使用悠车子。

悠车子大多为木质，选料较为讲究。最佳的选择是榆木、松木等结籽多的树木，隐喻子孙繁盛。有的家庭会选择柳木来制作悠车子，"柳""留"谐音，取"留"意，希望孩子可以平安地留在世上，不被灾祸夺走。雷击木常被用来做辟邪物件，所以也有人会为辟邪保安康而选用雷击木来制作悠车子。

普通家庭图方便省事，有时也会利用家中现成的筛板圈成车体。制作时，先将薄木片经水汽充分熏蒸后弯成近似椭圆形的车帮，接头处用皮绳或铜钉连接牢固，再在底部安装横梁和底板，做好的悠车子两头微微上翘，形如小船。车帮上沿的中前部还要安"车弓子"，其长宽均能容下裹了介子（东北方言中将包裹婴儿的布片称为介子）的婴儿躺在其中，高度上既要避免婴儿翻出悠车子，又要便于家长照看婴儿。最后在悠车子的四角装上铁环，穿上皮绳，拴上车钩子，悬挂在炕上方的"子孙椽子"上即可。

比较讲究的家庭，常在车身外侧用红黄油漆刷底色，并绘制龙凤、莲花等吉祥图案或"长命富贵""九子十成"之类的吉祥文字，使悠车子既美观又有好寓意。悬挂起来的悠车子离地约三四尺，为避免危险，使用时要将孩子用布包起来，再将孩子胳膊肘、膝盖、脚踝等处用布带捆扎。同时，为避免孩子哭闹，吸引其注意力，悠车子上多系小铃铛、花朵或其他小玩具，既可用来逗哄孩子，又增添了装饰效果。

传统的悠车子里一般不铺棉花褥子，而是将盛装有谷糠的垫子（俗称"糠口袋"）铺在孩子身下，据说其利水去火，婴儿躺着舒服且不容易生病。悠车子内用的枕头也一样，多用谷糠填装，且刻意装得较为硬实，一是取其吉祥意义，二是希望孩子可以躺出"扁头"（在北方地区，许多老人认为扁头更加漂亮）。

图片来源
图一　张先生　摄影
图二至图六、图八至图十一　王筱然　制图
图七　《锡伯族民间图案集》编纂委员会.锡伯族民间图案集[M].乌鲁木齐：新疆美术摄影出版社，1994：p95.

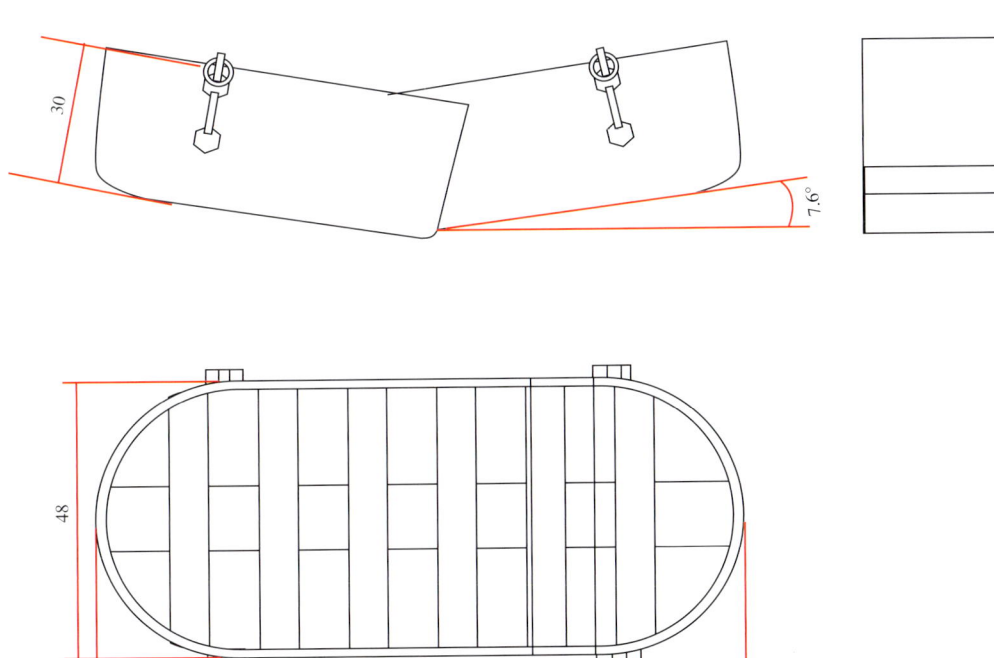

图二　锡伯族悠车子三视图、尺寸图（单位：cm）

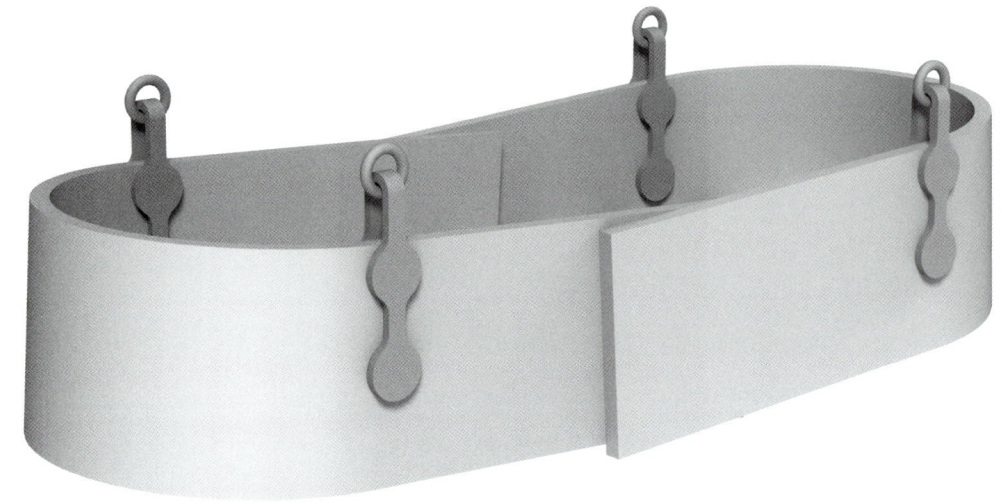

图三　锡伯族悠车子复原模型

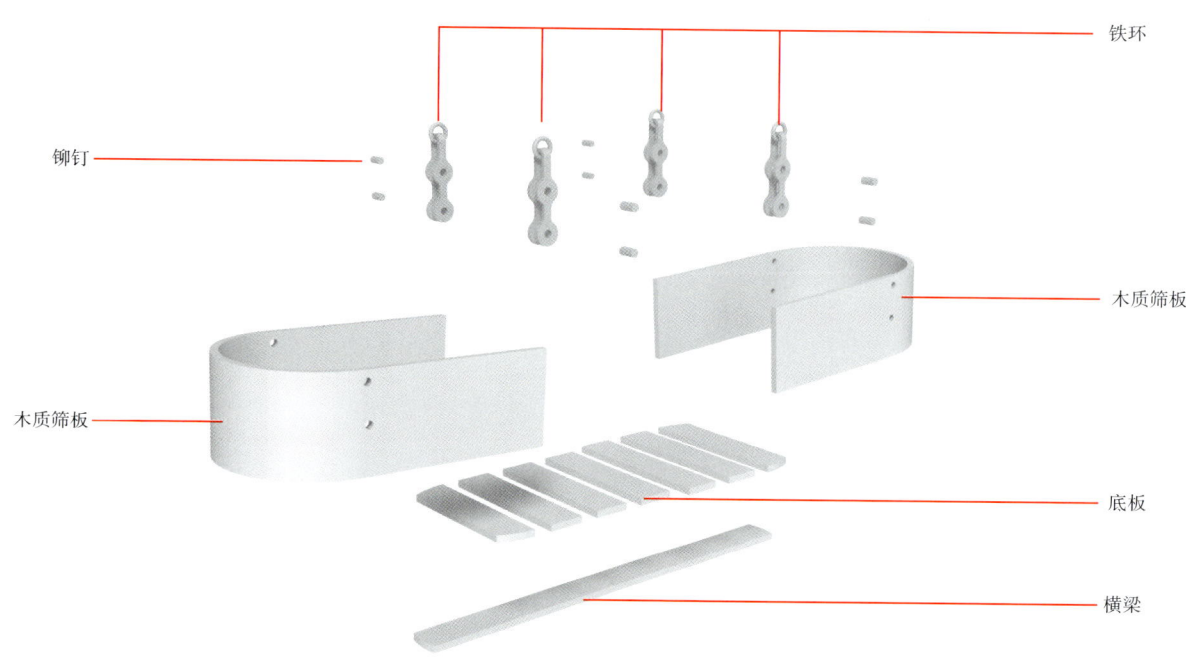

图四　锡伯族悠车子结构名称图

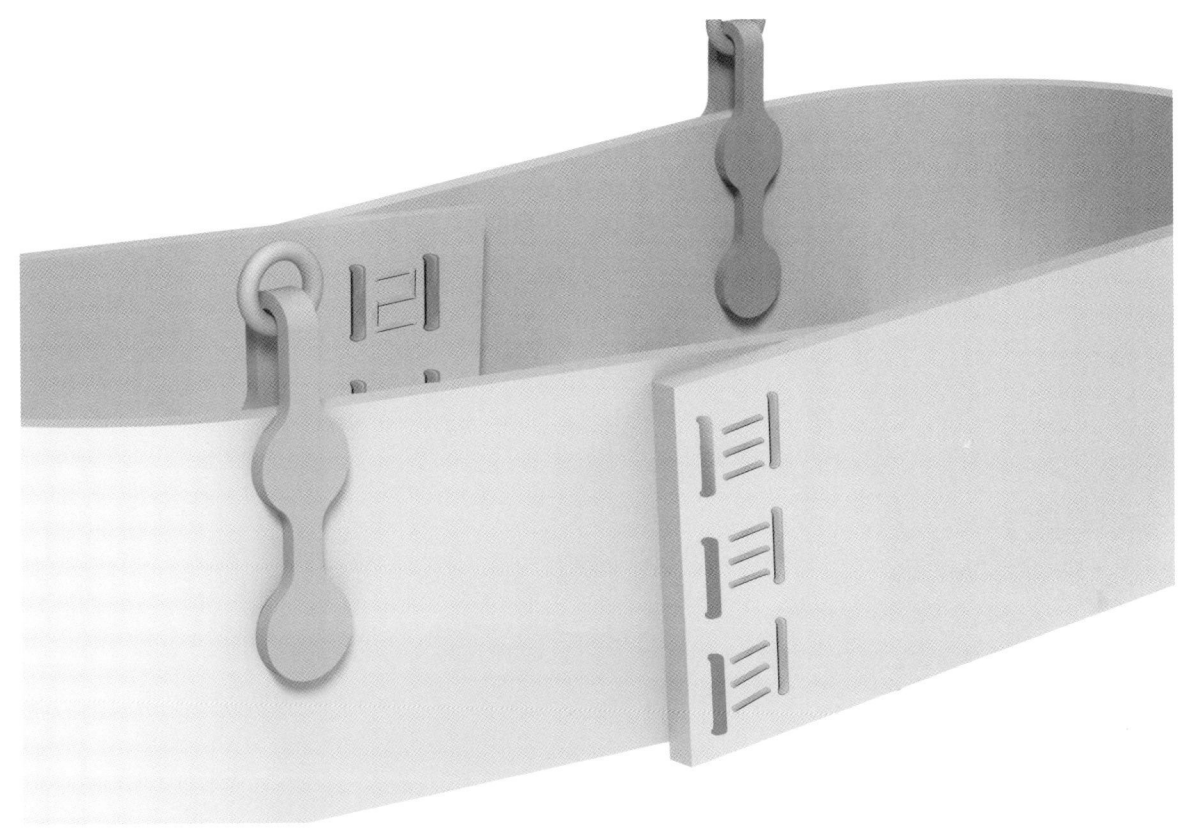

图五　锡伯族悠车子筛板连接示意图

图六　锡伯族悠车子常见装饰图形

第四章　锡伯族传统生活用具

图七　锡伯族悠车子效果示意图

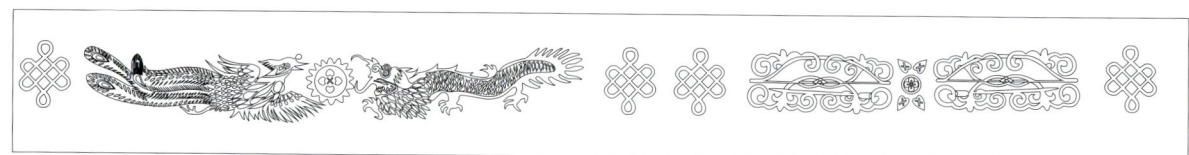

图八　锡伯族悠车子表面纹样展开图

图九　锡伯族悠车子使用情境图1

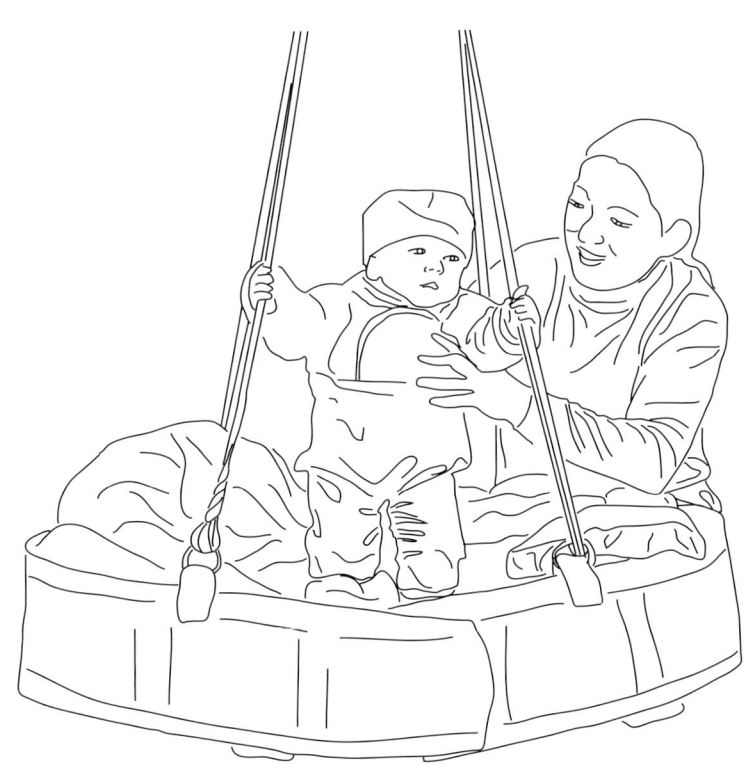

图十　锡伯族悠车子使用情境图2

第四章　锡伯族传统生活用具

113

图十一　剪纸中的悠车子

锡伯族双管苇笛

图一 锡伯族双管苇笛主图

苇笛是锡伯族传统民间吹奏乐器，锡伯语称"吾尔呼斐查库"。苇笛制作简便，容易吹奏，曾流行于新疆伊犁哈萨克自治州察布查尔锡伯自治县。

苇笛属中国气鸣乐器中的簧振管乐器，其声音的激发依靠簧片的振动。簧片一般由狭长而薄的金属片、木片、竹片或其他自然材质制成，一端固定，另一端可振动。吹奏时，气流冲击簧片，簧端偏离原始位置，但同时被固定的另一端及本身的弹力所拉回，如此反复。以芦苇为材料做成的双簧片，被吹奏者两唇包含，当气流快速通过两个振动片时，哨片内外产生的压强差有迅速关闭哨片口端之势；当气流中断时，振动片因弹力拉回至原来的位置，气流又迅速通过哨片，两隙产生压强差，如此周而复始，形成哨片振动，进而产生曲调。

此案例中苇笛长约25厘米，双管双簧，两支苇管各凿有六眼音孔，音孔成对并置，孔距不等。苇笛整体包括两部分：一部分是哨嘴，一部分是管筒。制作时先选两根同样粗细的芦苇，截取约21厘米，分别在两根苇管上开音孔，然后将两根苇管并排捆绑，苇笛的管筒便制作完成。制作哨嘴时，同样选两根粗细相当的芦苇（较管筒芦苇略细），将其截成4厘米长短，分别削出一个同样大小的簧片，哨嘴便也制作完成。最后，将两个哨嘴分别插在管筒上，就做成了一只完整的苇笛。演奏苇笛时，口含双管簧头，双手持管并控按管孔竖吹，常用于独奏自娱。

从功能设计角度看，锡伯族苇笛采用了双簧双管设计，改善了形制细长小巧的气鸣乐器音量较低的先天不足，音量倍增。吹奏时利用舌头的抖动和喉管气力把握，音色圆润柔和，悠扬美妙，双管齐奏，具有复调色彩，适宜在田野间吹奏。它的音域从 a 到 a^2，有两个八度。

从造型上来看，等长并置的芦苇双管，加之其上阵列排布的数对笛孔，形成较强的秩序感。上部哨嘴与下部管筒子母贯接，形成纵向视觉层次。哨嘴部分位于苇笛整体约 1/5 处，视觉重心提升，也使小小的苇笛造型更丰富。

同时，作为传统锡伯族人的一种简易娱乐器具，苇笛制作者就地取材，因材施艺，在田间地头劳作之余，利用手边易得之材料，简单加工制成乐器，无须过多技巧便可吹奏，易学易做零成本，在享受制作过程的同时娱己娱人，带来不俗的精神享受。

图片来源
图一至图六　宋泽坤　制图

参考文献
[1] 段蔷. 新疆民族乐器制作图鉴[M]. 乌鲁木齐：新疆美术摄影出版社，新疆电子音像出版社，2009.
[2] 曾遂今. 中国乐器志气鸣卷[M]. 北京：人民音乐出版社，2010.

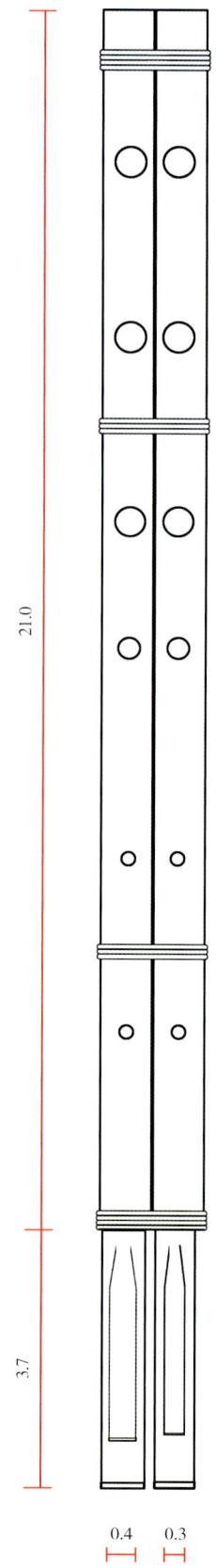

图二　锡伯族双管苇笛尺寸图（单位：cm）

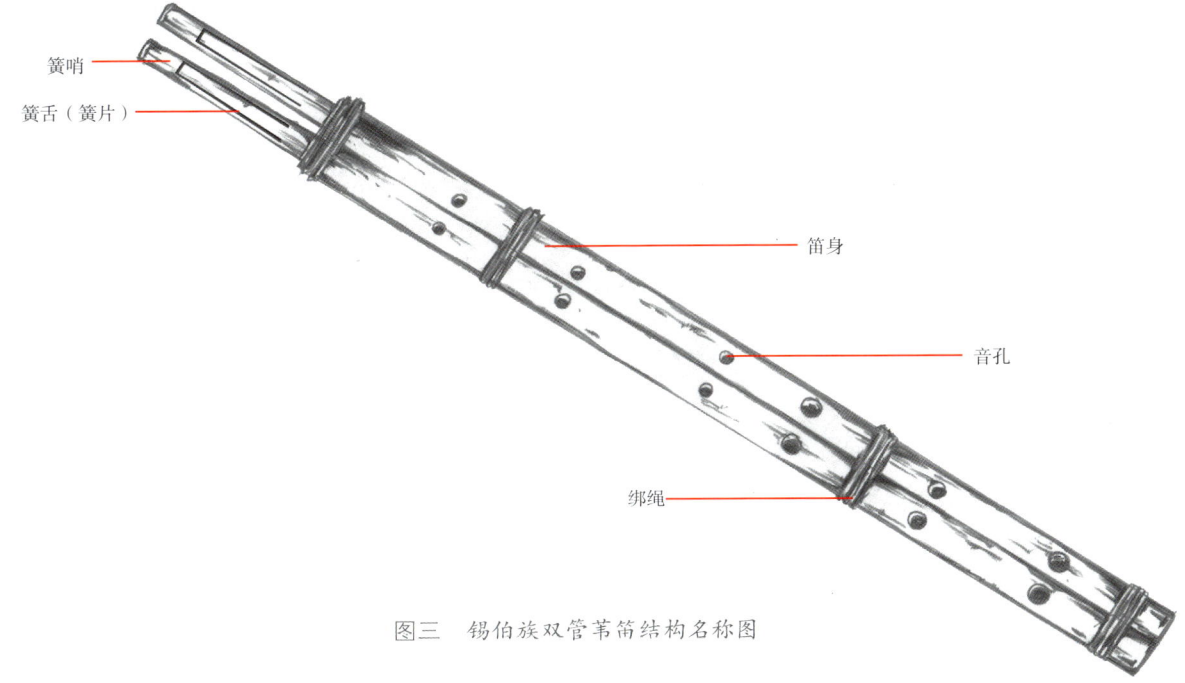

图三　锡伯族双管苇笛结构名称图

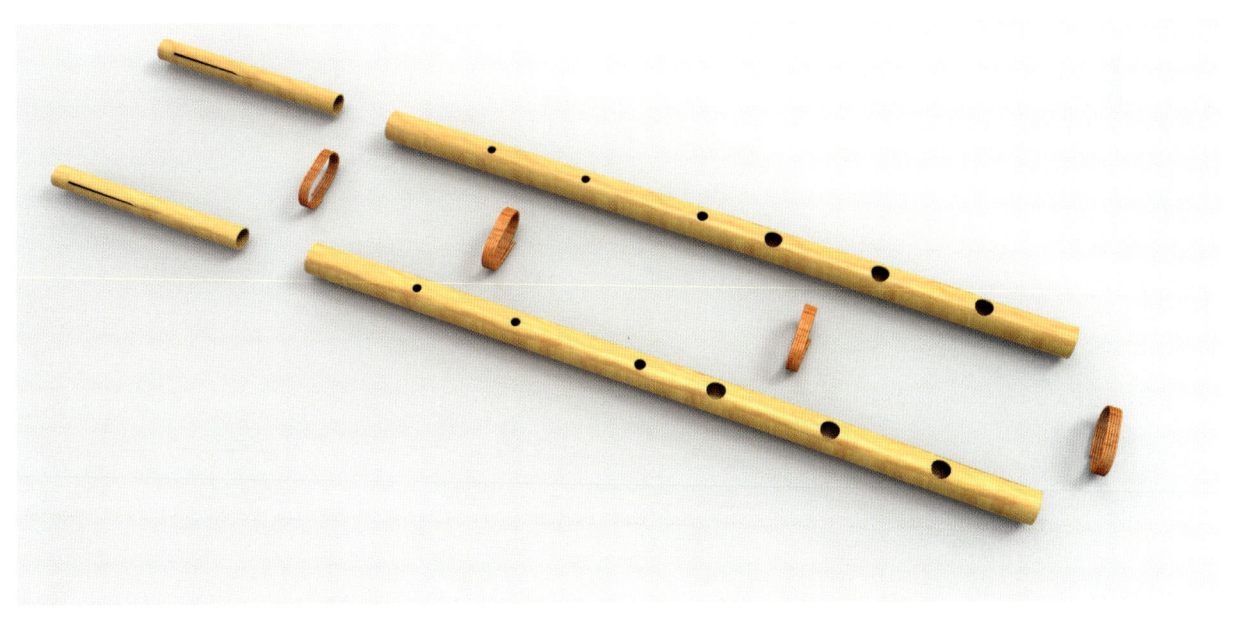

图四　锡伯族双管苇笛解析图

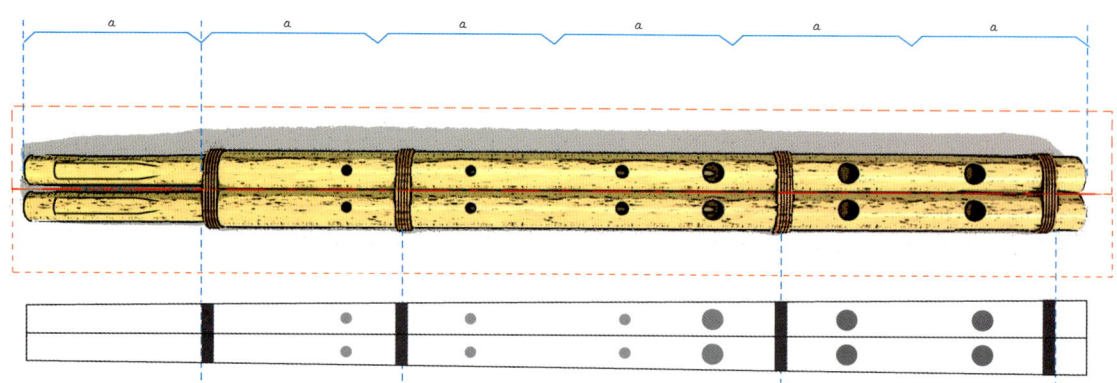

图五　锡伯族双管苇笛视觉分析图

图六　锡伯族双管苇笛使用情境图

锡伯族东布尔

图一　锡伯族东布尔主图

弹拨乐器指用手指、拨子拨弦或用琴竹击弦而发音的乐器。中国弹拨乐器历史悠久，种类形制多样，是极富特色的一类弦乐器。东布尔，本为象声词，在锡伯语中并无明确语义，泛指弹拨乐器发出的声音，现用来指代锡伯族具有代表性的弹拨弦鸣乐器。其形制单纯独特，一般认为是锡伯族与汉族及其他少数民族文化交融的产物，其琴头部分具有汉族三弦的典型特征，共鸣箱则表现出哈萨克族阿肯东布拉的基本特点。作为锡伯族特有的弹拨乐器，东布尔流行于新疆维吾尔自治区伊犁哈萨克自治州察布查尔锡伯自治县和霍城、巩留等地。

东布尔由琴箱（共鸣箱）、琴杆和琴头三部分组成。制作方式无统一规范，多数东布尔长度在70厘米—110厘米之间，形制细长。

琴箱多呈扁长方体，其框架一般用四块梨木或杏木、核桃木等板料拼接胶合而成，两面蒙以松木、云杉或红柳木薄板。面板中上部开有一个小圆形音孔，孔径一般为2厘米—4厘米，圆形音孔下方置一木质桥形琴马。琴杆多采用长条状的杏木、桑木制作，下部略宽，向上逐渐内收。截面加工成为半圆形，前平后圆，前面为按弦指板，不设品位，上端设有山口，下端插入琴箱的方孔中。琴头多与琴杆同质，造型扁而宽，呈铲形，向后弯曲，下部开通底弦槽，两个硬木质弦轴分列其侧，也有单侧并置设计，轴体呈提琴弦钮式。张两根弦，早期东布尔使用羊肠做弦，现多用丝弦。传统的羊肠弦较钢丝弦有足够的延展性，易于旋轴调音。东布尔的两弦按四度或五度音程关系定弦，常定弦为：b、e^1；d^1、g^1 或 c^1、g^1；d^1、a^1，音域有两个八度。

东布尔演奏方式与三弦相似，均属竖式弹拨。使用时将琴杆斜于胸前，琴箱置于腰部右侧，琴头斜向左上方，弹奏者左手持琴按弦，右手五指弹弦发音，指尖同时弹拨里、外两弦，外弦演奏旋律，里弦奏出和音，偶尔里弦也演奏旋律。

东布尔形制单纯，以主案例桨形东布尔为例，其造型整体呈窄长条状，正面顶部线条外张，琴杆与琴箱弧线相接，视觉线条连贯流畅。两扁圆柱形弦钮交错分列琴头两侧，弦轴为水平细圆柱，构成琴头部位的视觉中心。侧面线条挺直，琴头部位转折向后延伸，与琴箱后侧面线条相呼应，整体性强。

东布尔的装饰主要体现在零部件造型及琴箱正面，花朵、蝴蝶及弓箭图形较为常见。抽象花朵造型的琴头及弦钮与琴箱表面的蝴蝶及弓箭图形遥相呼应，相得益彰。由于蝴蝶对于锡伯族的特殊意义，蝴蝶形态也常直接用于东布尔琴箱的立体造型中。

图片来源
图一　许凯恩、谢翩翩　制图
图二至图四　许凯恩　制图
图五、图六　谢翩翩　制图
图七　李齐忠　制图

参考文献
[1] 段蔷.新疆民族乐器制作图鉴[M].乌鲁木齐：新疆美术摄影出版社，新疆电子音像出版社，2009.
[2] 中央民族学院少数民族文学艺术研究所.中国少数民族乐器志[M].北京：新世界出版社，1987.
[3] 石砚馨.新疆伊犁察布查尔县锡伯族乐器的调查研究[D].新疆师范大学，2012.
[4] 王健.从锡伯族民间乐器谈民族影响与融合——以东布尔与默克那为例[J].新疆艺术学院学报，2014（3）：1-6.

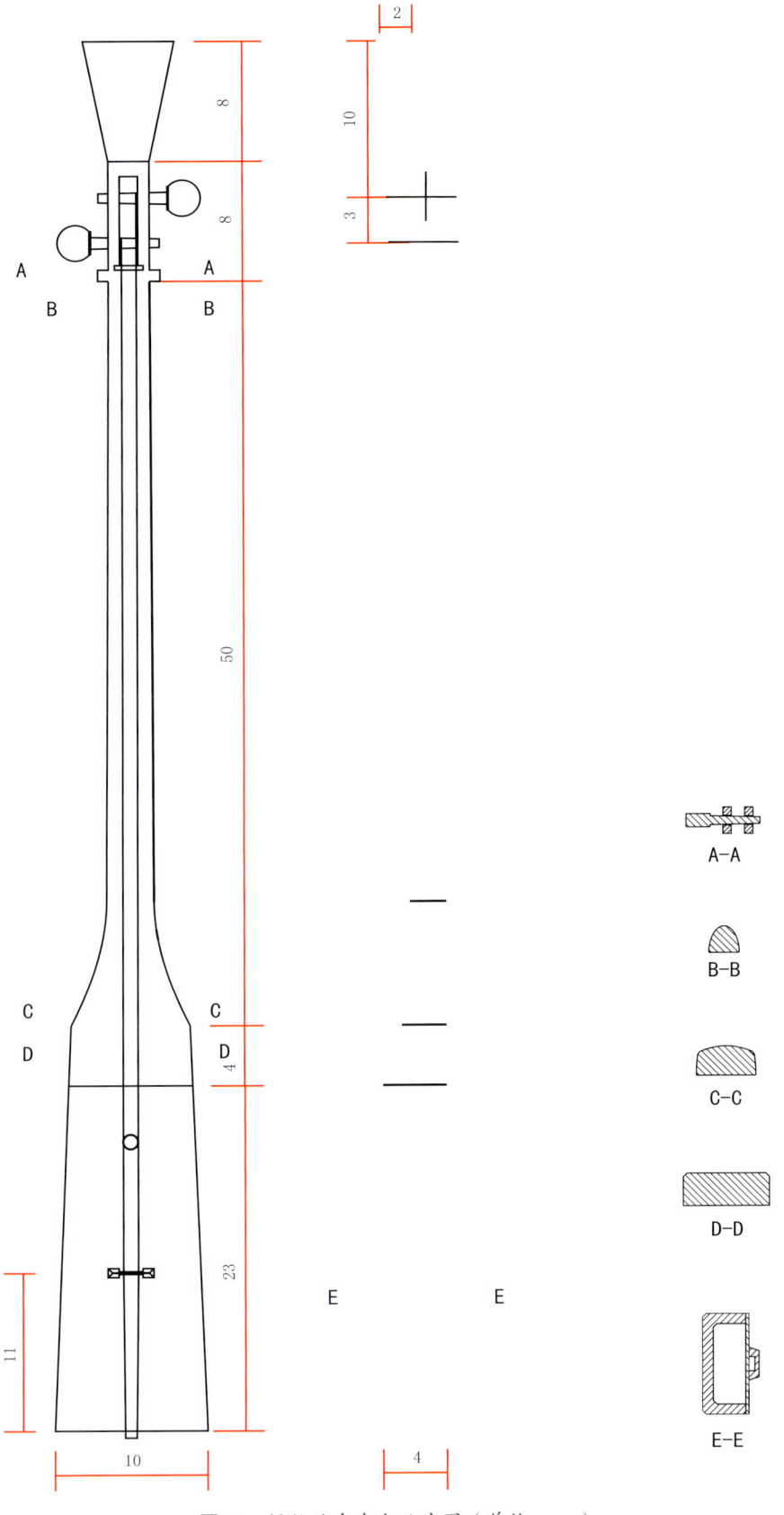

图二　锡伯族东布尔尺寸图（单位：cm）

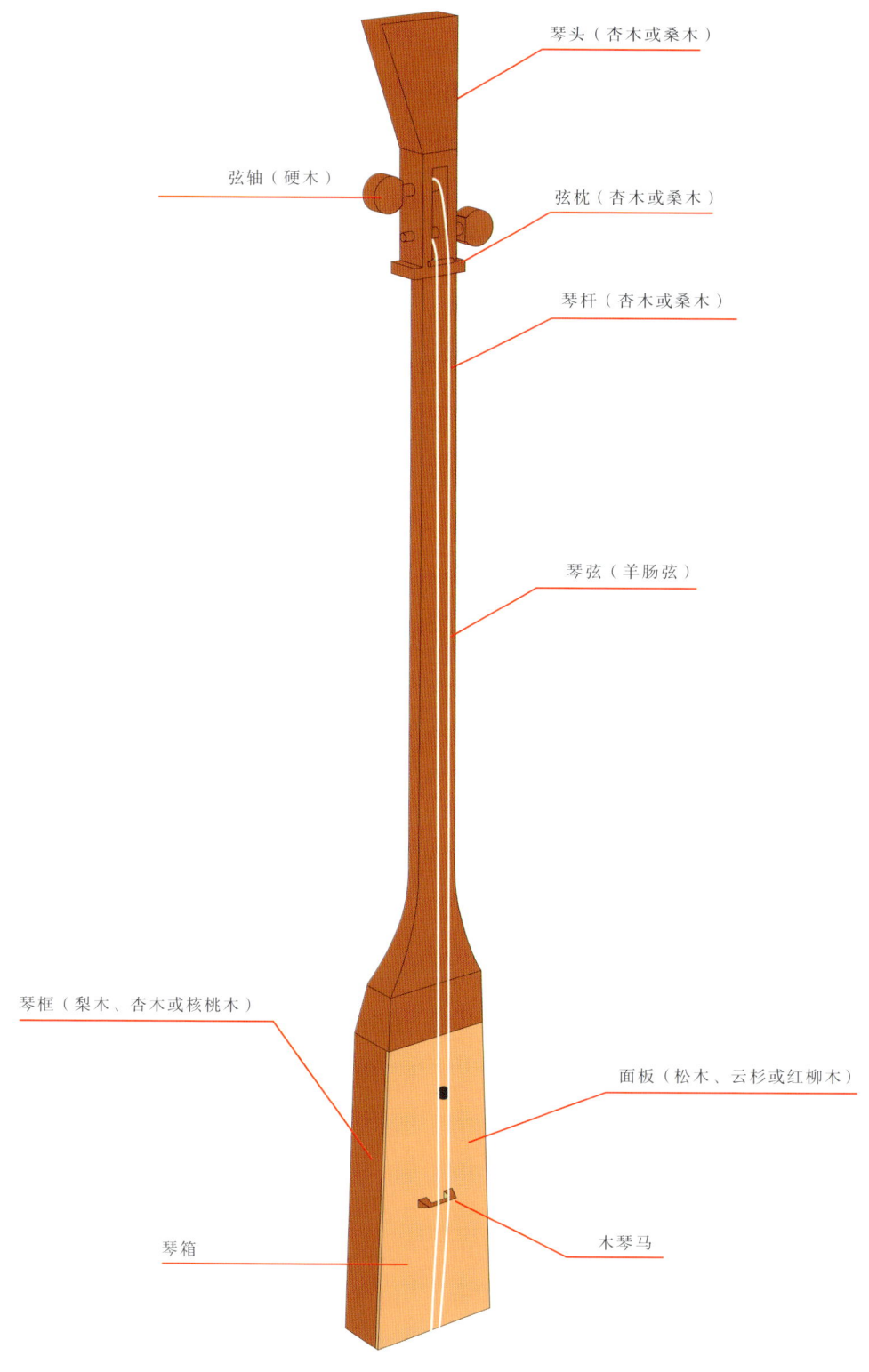

图三　锡伯族东布尔结构名称图

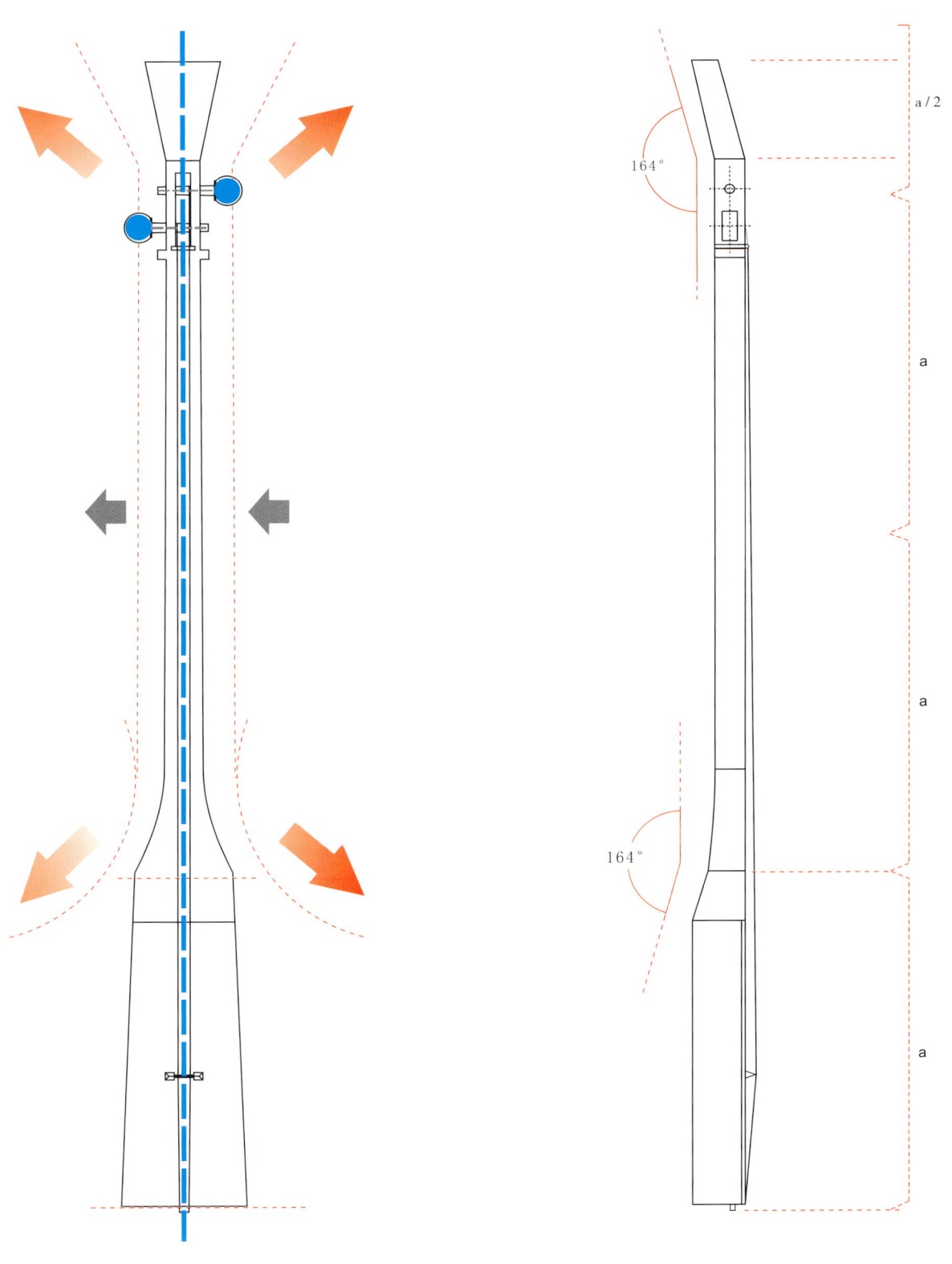

图四 锡伯族桨形东布尔形体比例分析

图五 锡伯族方形东布尔

中国少数民族设计全集·锡伯族

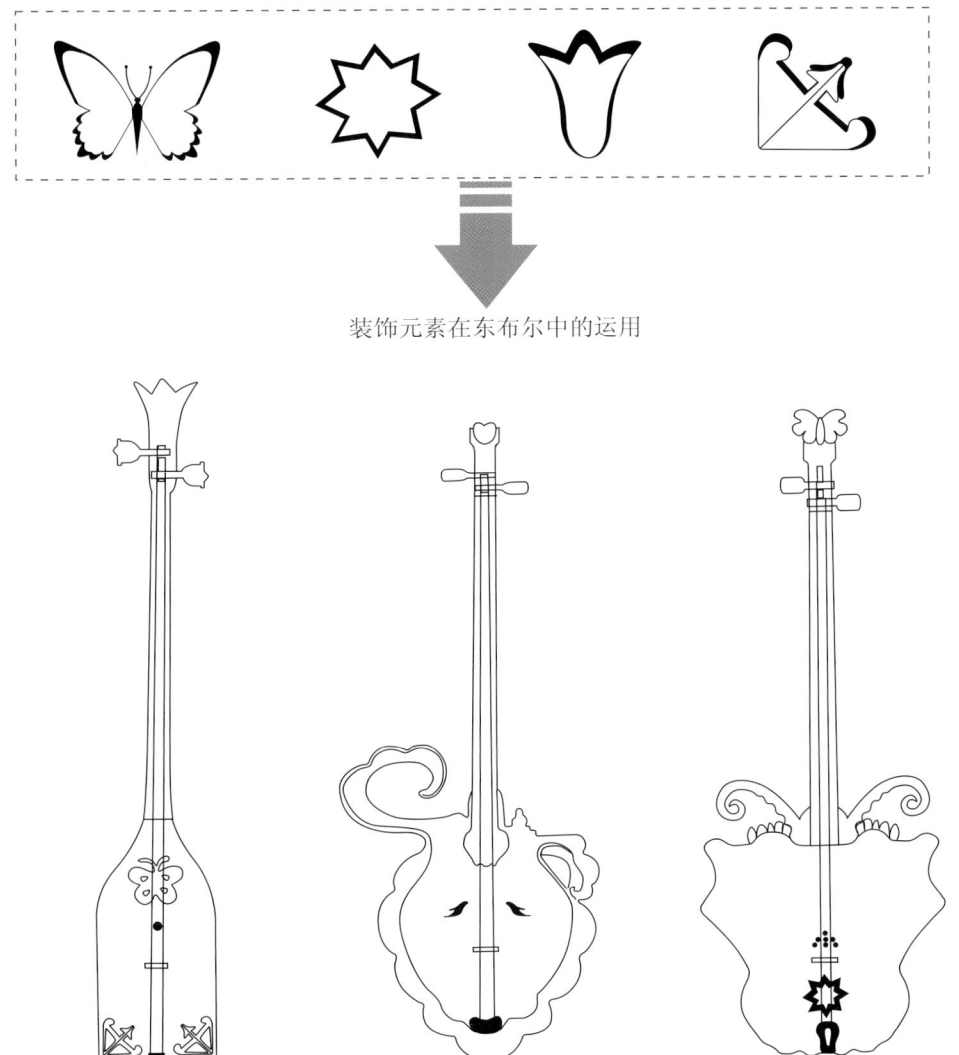

图六 锡伯族东布尔装饰效果示意图

图七　锡伯族东布尔演奏示意图

锡伯族斐特克呐

斐特克呐，锡伯族弹拨乐器，是新疆伊犁察布查尔锡伯自治县文工队的音乐工作者在传统民间弹拨乐器东布尔的基础上，开发出的一种新型乐器。斐特克呐锡伯语意为"花儿开放"，亦为"弹奏乐"的同义词。

斐特克呐主要由琴箱（共鸣箱）、琴杆、琴头几部分组成。琴箱内嵌感应鼓，上安放木质琴马，琴杆设品位，琴头设弦轴，张四根钢丝琴弦。大多数斐特克呐总长在75厘米—85厘米。

斐特克呐在东布尔形制的基础上增大了共鸣箱，改板共振为膜板共振，即在共鸣箱内安置感应鼓，鼓膜常由蟒皮或马皮制作。独立安置的感应鼓底端置于共鸣箱底板上，利用周围厚硬、中间轻薄的物体能使音量放大的原理，改善了乐器音色，加强了音量，大大丰富了乐器音域与表现力。缩短并加宽了琴杆，这种改良设计使乐器使用者操作更舒适，换把幅度小，且高把位和低把位上都可以演奏较快和跳动幅度较大的旋律。指板增设品位，并改用齿轮弦轴，调音更细致精确。琴弦增至四根并使用钢丝琴弦，弹拨更有力。锡伯语将四根琴弦分别称为纳弦、多弦、伊弦和麻弦，即细弦、中弦、第三弦和粗弦之意。琴弦紧绷于指板品柱上，弹奏起来，音域宽广，音色纯正且明亮。多数斐特克呐还增设护弦板，增强对琴弦的保护，提高耐用性。改良后的斐特克呐既有东布尔发音圆润、柔和的特点，又具有清脆悠扬、雄浑激越的独特音色，使锡伯族乐曲演奏艺术表现力有了新的拓展，功能上的提升也使其成为现代锡伯族乐器中的重要类型。目前斐

图一　锡伯族斐特克呐主图

特克呐已成为新疆伊犁察布查尔乐队正式演出中最常使用的锡伯族乐器。

为突出锡伯族民族特色，设计者常在琴身上装饰蝴蝶和花朵图形，同时注重将装饰与功能完美结合，如斐特克呐共鸣箱上就常装饰有牡丹花叶造型，而音孔则隐置于花蕊及叶脉位置。共鸣箱的侧板也是重要的装饰空间，常饰以锡伯族人所熟悉和喜爱的弓箭图案。琴头作为视觉关注的重点，也常绘有蝴蝶图案或直接制作成舞动蝴蝶的造型。共鸣箱底部、琴弦外侧护弦板在保护琴弦的同时，常设计为"沙岩哈达"造型，象征锡伯族人英勇无畏的性格。

图片来源
图一至图六　张玉　制图

参考文献
[1] 吴言题，陈川.中国少数民族乐器大观[M].成都：四川人民出版社，1990.
[2] 石砚馨.新疆伊犁察布查尔县锡伯族乐器的调查研究[D].新疆师范大学，2012.

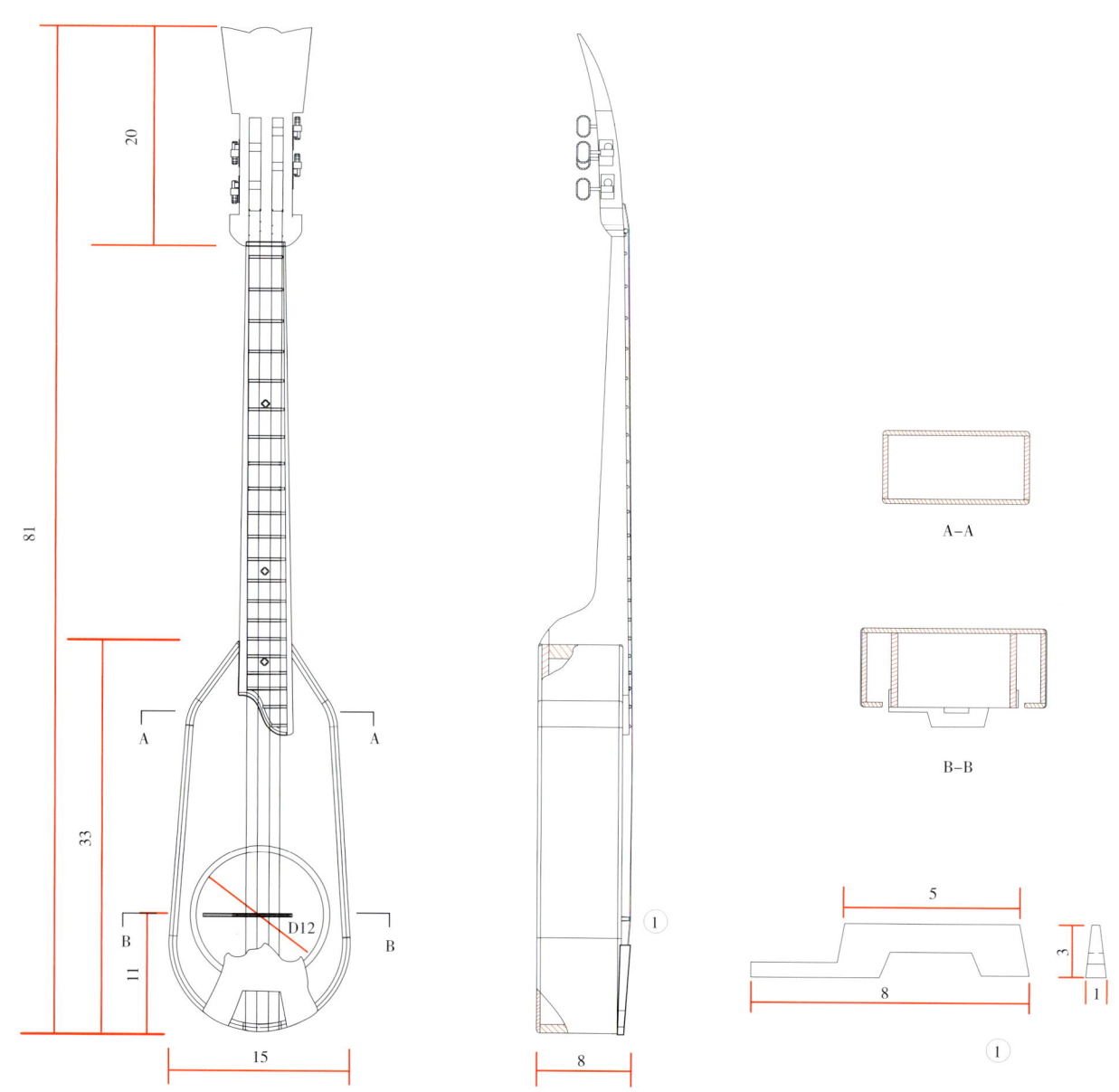

图二　锡伯族斐特克呐尺寸图（单位：cm）

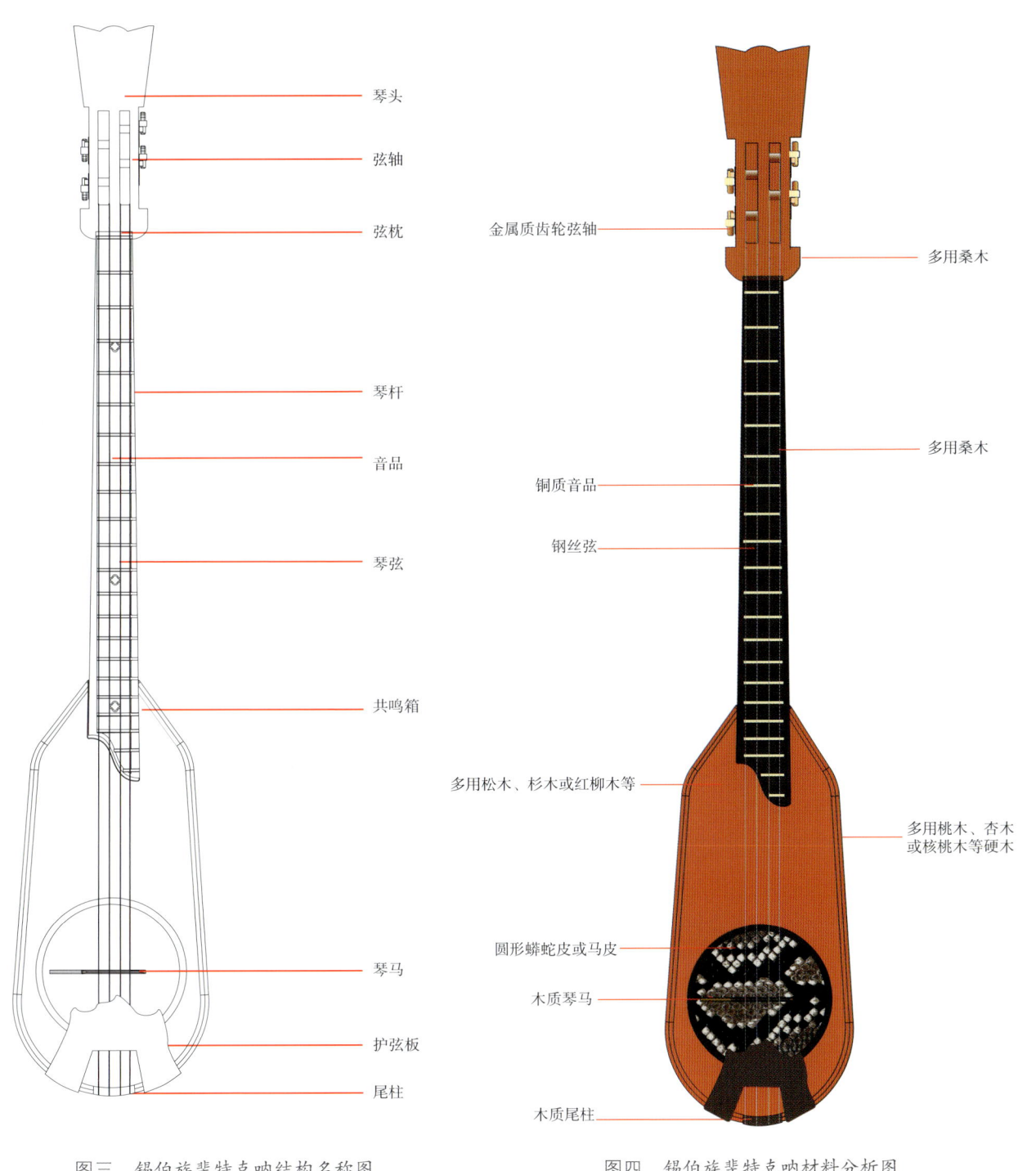

图三 锡伯族斐特克呐结构名称图　　　图四 锡伯族斐特克呐材料分析图

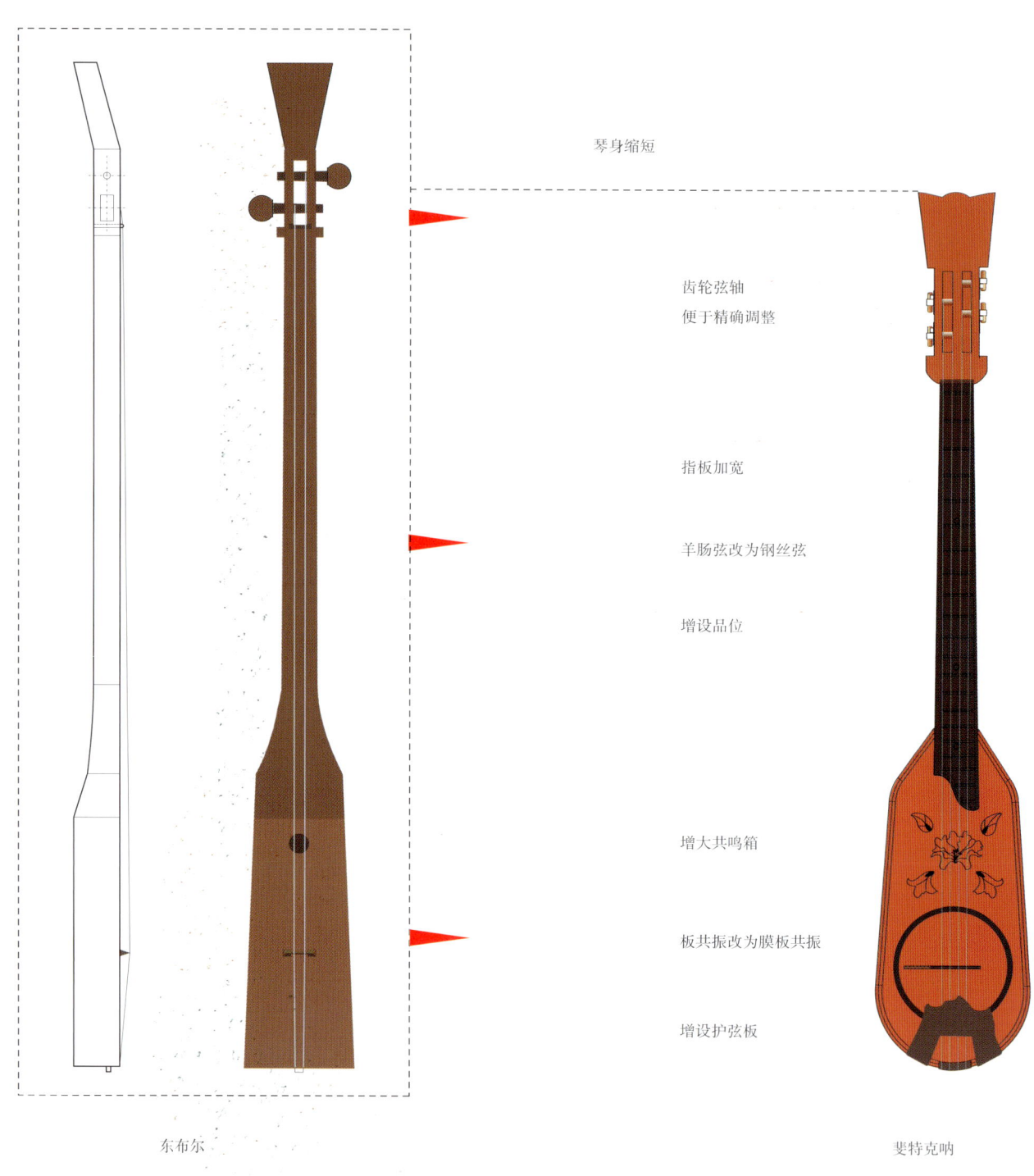

图五　锡伯族斐特克呐设计分析图

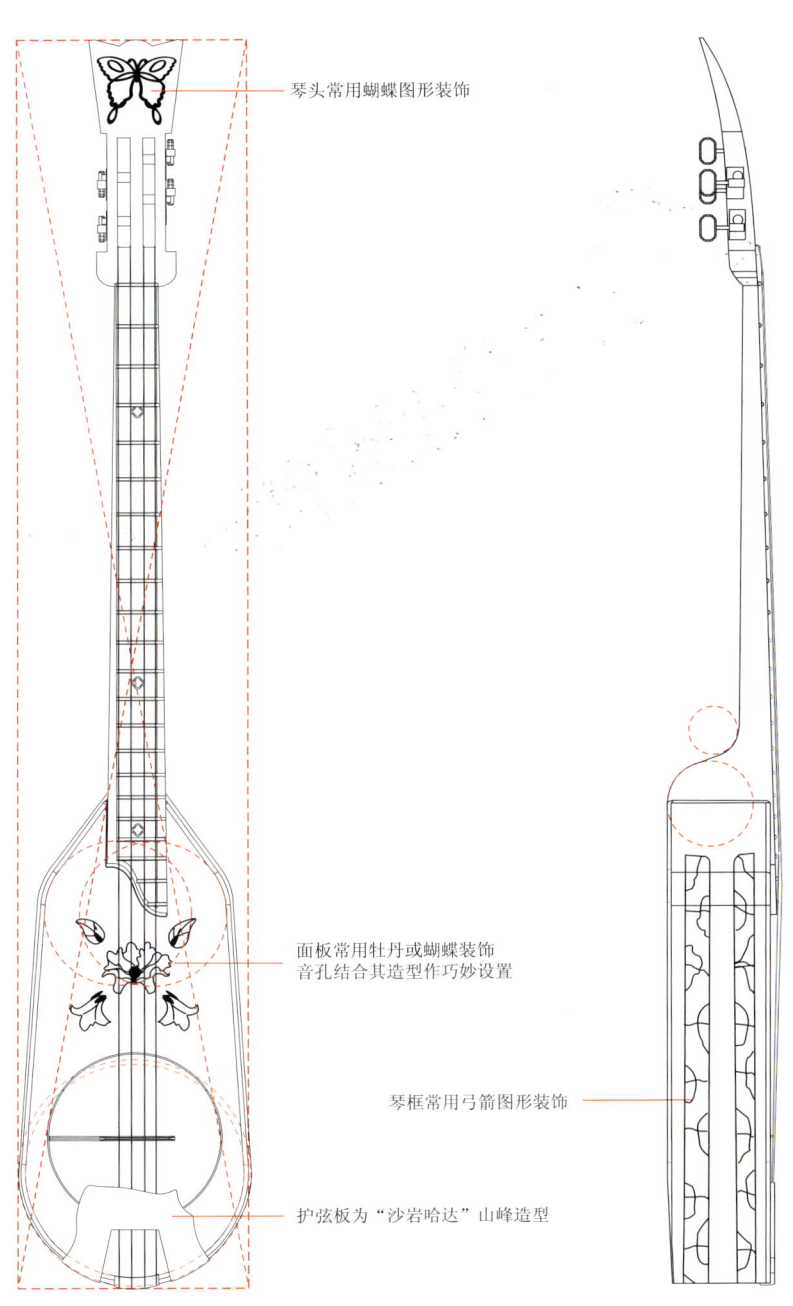

图六 锡伯族斐特克呐视觉分析图

锡伯族墨克那

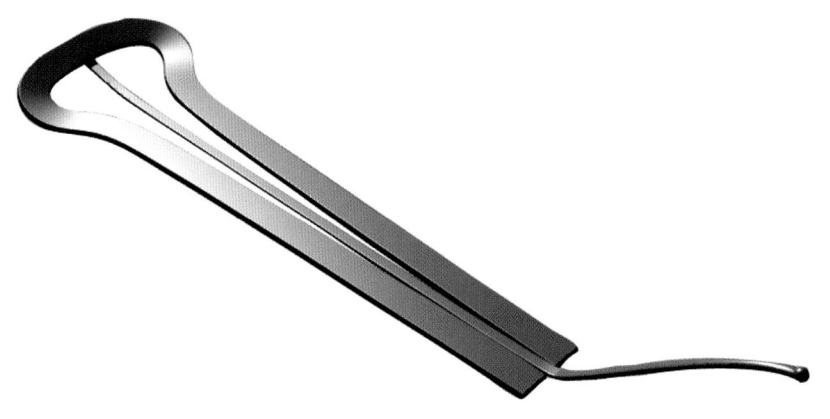

图一 锡伯族墨克那主图

墨克那又称口弦，锡伯语称"玛肯"，是一种体积小巧，将吹与弹奏融合在一起的小型金属乐器。类似乐器的历史可追溯至唐宋时期的"铁叶簧"。宋代陈旸在《乐书》中讲道："民间有铁叶簧，削锐其首，塞以蜡蜜，横之于口，呼吸成音。"后在乾隆敕撰的《清朝通典》中也有"口琴，以铁为之。一柄两股，中设一簧，簧端点以蜡珠，衔股鼓簧以成音"的记载。刘锦藻在《清朝续文献通考》中则有更详细的描述："口琴，用铁一柄，两股中设一簧，柄长三分，股长二寸九分；股本相距三分六厘，末相距七厘。簧长，随股末出股外，上曲三厘，点以蜡珠。横衔于口，以指鼓簧，转舌嘘吸以取音。"其中描绘的口琴与锡伯族流行的墨克那基本一致。

墨克那主体为铁质，由薄铁片弯曲成长约10厘米、宽约1厘米的钳形，其间伸出14厘米长的薄钢片，钢片首端多伸出少许，向后延伸，转翘45度，端头设一小圆钢球。演奏时，左手握口弦琴之尾端，横向置于唇齿之间含之，右手食指弹拨钢条之尖端部位，振动时发出声响，通过口唇控制产生曲调变化。墨克那音量较小，音域狭窄，上下音距不到5度，但音色婉转悠长，非常适合表现忧郁、思念、伤心等情感，是锡伯族妇女们喜欢吹奏的乐器之一。

类似乐器在其他民族也有使用，如新疆柯尔克孜族口弦与锡伯族墨克那形制基本相同，只是整体更纤细。在南方的一些少数民族中，也流行口弦，但其材质多为竹制或叶片，与之相较，铁质口弦结构更合理，功能更完善，稳定性更高，耐用性更强，体现出更多主观设计意识。

图片来源

图一　师晔兰　制图

图二至图五　宋修政、师晔兰　制图

图六至图七　师晔兰、宋修政　制图

参考文献

[1] 袁炳昌，毛继增.中国少数民族乐器志[M].北京：新世界出版社，1986.

[2] 石砚馨.新疆伊犁察布查尔县锡伯族乐器的调查研究[D].新疆师范大学，2012.

[3] 吴言廌，陈川.中国少数民族乐器大观[M].四川人民出版社，1990.

[4] 王建.从锡伯族民间乐器谈民族影响与融合——以东布尔与默克那为例[J].新疆艺术学院学报，2014（3）：1-6.

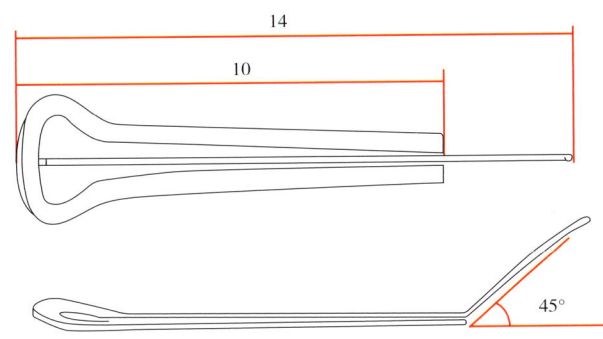

图二　锡伯族墨克那尺寸图（单位：cm）

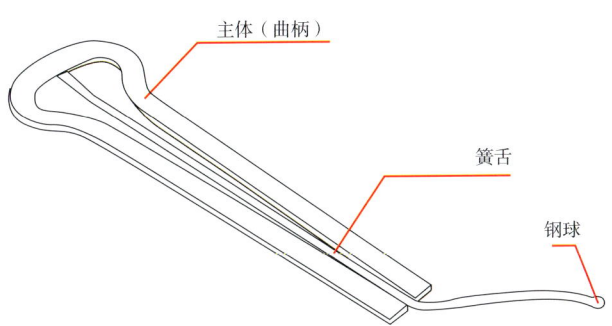

图三　锡伯族墨克那结构名称图

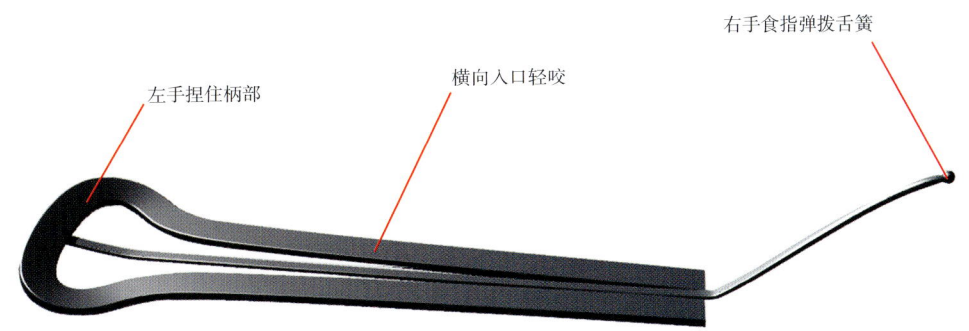

图四　锡伯族墨克那操作示意图

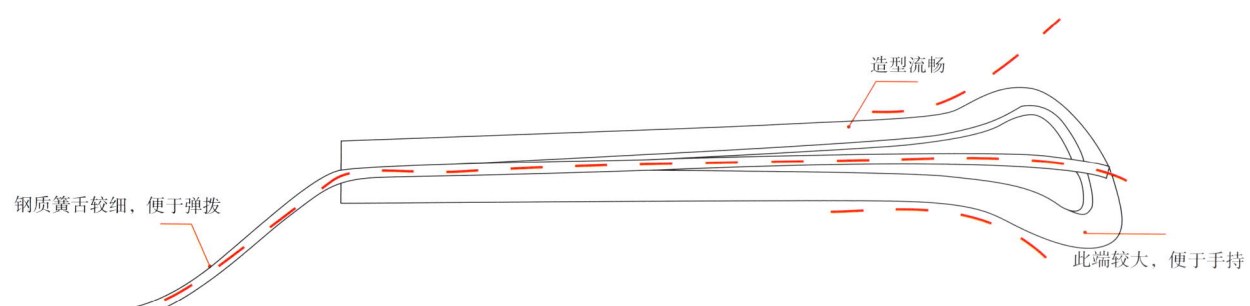

图五 锡伯族墨克那视觉分析图

图六 锡伯族墨克那收纳盒

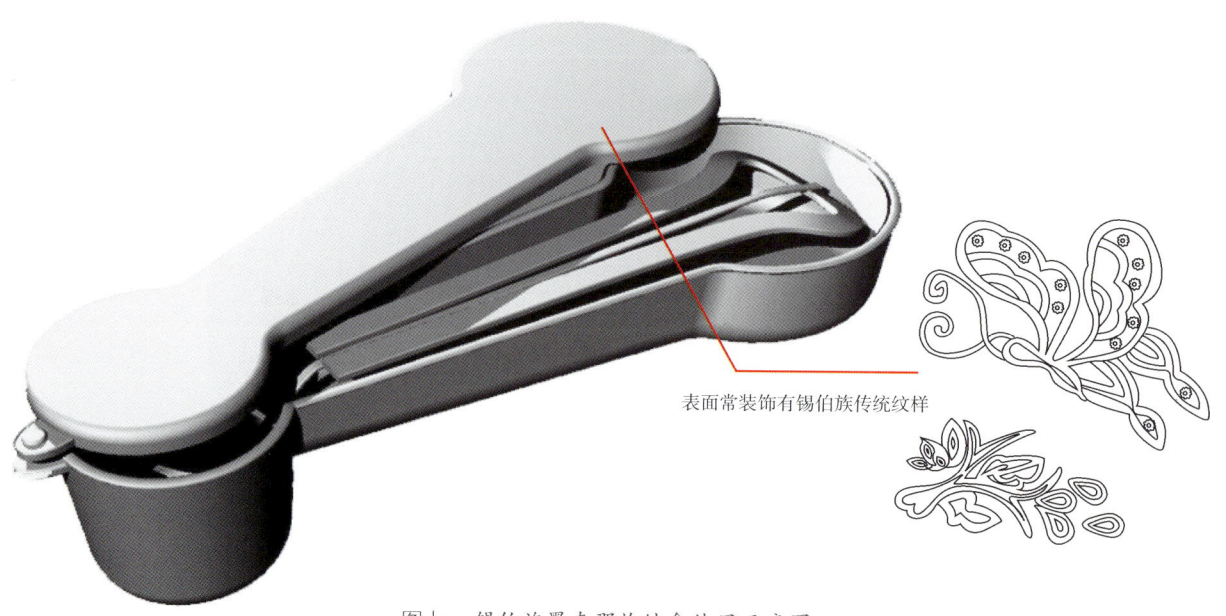

图七 锡伯族墨克那收纳盒使用示意图

锡伯族体鸣乐器

图一　锡伯族体鸣乐器主图

体鸣乐器是依照现代乐器分类法分类的一种乐器类型，与膜鸣乐器、弦鸣乐器、气鸣乐器、电鸣乐器并列。体鸣乐器多以具有一定强度或弹性的物质材料本身为声源体，在无其他媒介振动体的自由状态下受激而发声。体鸣乐器的发声方式以碰奏、敲奏较为常见，也有刮奏、摇奏、拨奏等方式。

锡伯族常见的体鸣乐器有佛里库、梆子拉库、空额勒等。

佛里库，是锡伯族特有的打击乐器，汉语名称来自锡伯语的音译，主要应用于舞蹈伴奏，在新疆伊犁察布查尔锡伯自治县境内分布、使用。制作佛里库，一般先用榆木或桑木制成梯形木框，中间再用约0.5厘米粗的钢条穿羊拐骨和扁平木珠各两串，对称固定在框架内。木珠也可用铁珠等代替，能发出清脆声音即可。最后，在梯形外框的较短底边外侧装上合适长度的木把手即完成制作。有时会在梯形中线位置装置圆木棒，以增加框架结构的稳定性。因锡伯族非常喜爱蝴蝶，故在制作佛里库时，锡伯族人常把木框外轮廓加工成写实或抽象的蝴蝶造型。演奏时，操作者手持佛里库手柄有节奏地摇动，串珠撞击出声，多在乐曲重拍中出现。佛里库演奏有一定的随意性，不记谱。

梆子拉库，又称拍板、响板，是锡伯族人常用的一种民族乐器，其名称是由汉语"梆子"一词转化而来，而今汉语多用其音译"梆子拉库",也主要应用于锡伯族舞蹈的伴奏音乐中。因梆子拉库是用木板相互撞击得声,故制作时多用桑木、枣木等常见硬木。其主体由两块木板制成,每块木板又分柄部和板部,两板撞击的一面一般制成平面,与之相对的外侧面一般会髹漆并雕刻上花纹。油漆颜色不拘,以红色为多,也可见到不做油漆装饰的案例。演奏时,单手执柄部,使两板相撞出声。演奏较随意,不记乐谱。

空额勒,又称为铃、碰铃,因其多有木手柄,所以也被称为柄铃,是锡伯族、哈萨克族等少数民族常使用的乐器之一,在新疆伊犁地区比较常见。空额勒一般成对出现,其形制大多是在钟形的小铃上装上木柄。铃的大小没有严格限制,木把手一般会根据铃的大小及形态进行制作。锡伯族人一般会将空额勒把手漆成红色,渲染出喜庆、活泼的视觉效果。演奏时,手持木柄摇铃得声,音质清脆。空额勒没有固定的形制标准及音高,大多是在乐曲的重拍上敲击和应,无乐谱。

图片来源
图一至图十二　李梦凡　制图

参考文献
[1]薛艺兵.中国乐器志·体鸣卷[M].北京:人民音乐出版社,2003.
[2]段蔷.新疆民族乐器制作图鉴[M].新疆:新疆美术摄影出版社,新疆电子音像出版社,2009.

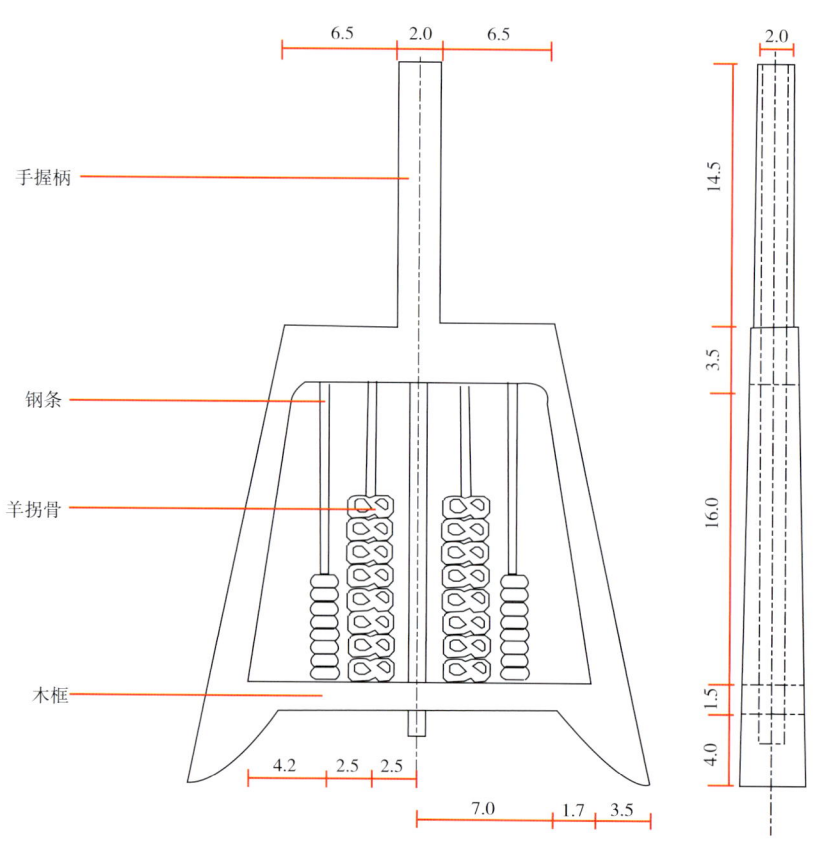

图二　锡伯族佛里库结构名称图、尺寸图(单位:cm)

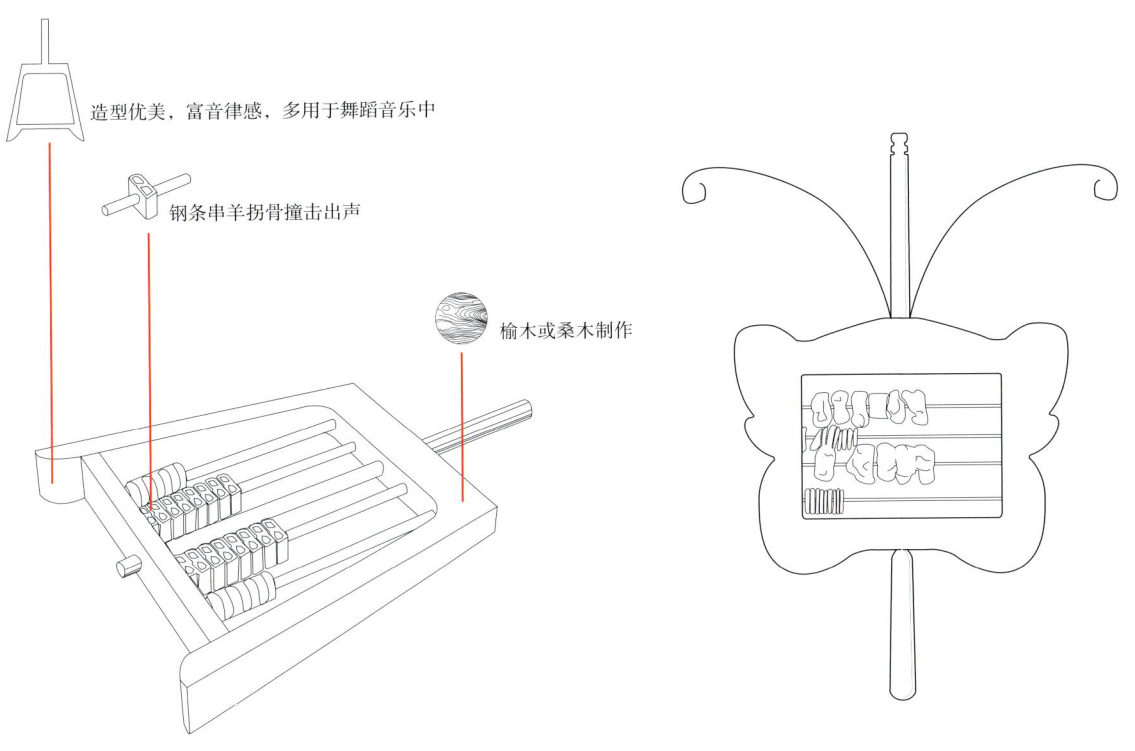

造型优美，富音律感，多用于舞蹈音乐中

钢条串羊拐骨撞击出声

榆木或桑木制作

用法：握手柄，上下摇动，撞击发声

图三　锡伯族佛里库解析图

图四　锡伯族其他佛里库

图五　锡伯族梛子拉库

第四章　锡伯族传统生活用具

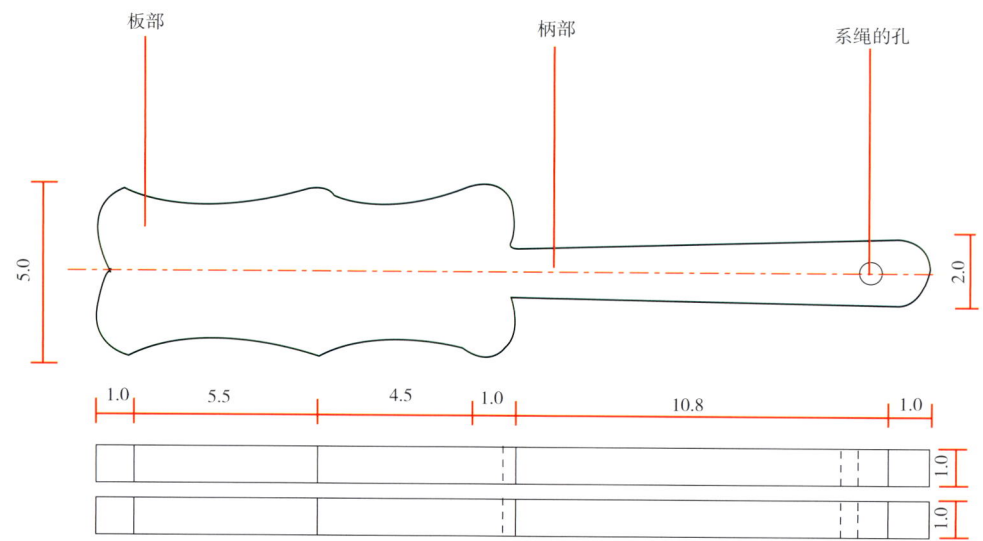

图六　锡伯族梆子拉库结构名称图、尺寸图（单位：cm）

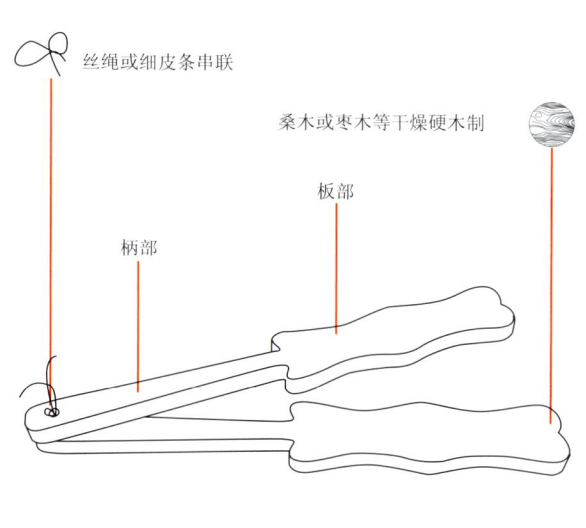

图七　锡伯族梆子拉库解析图

图八　锡伯族空额勒

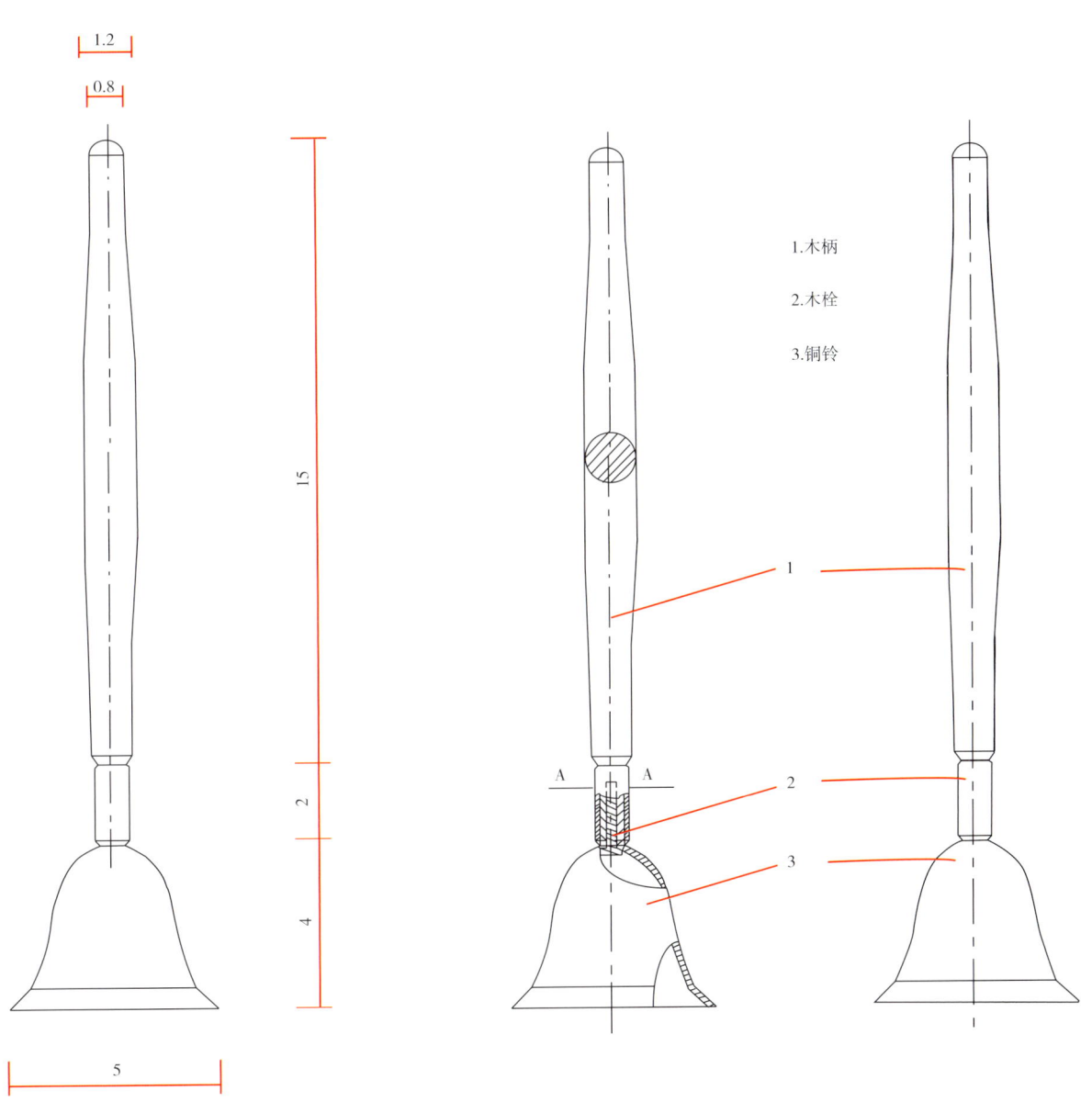

图九 锡伯族空额勒尺寸图（单位：cm） 图十 锡伯族空额勒结构名称图

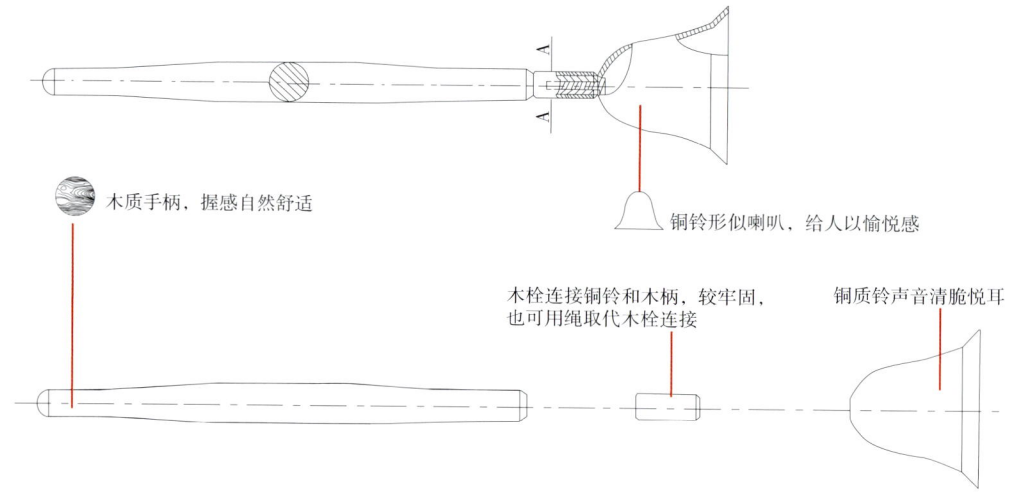

图十一　锡伯族空额勒解析图

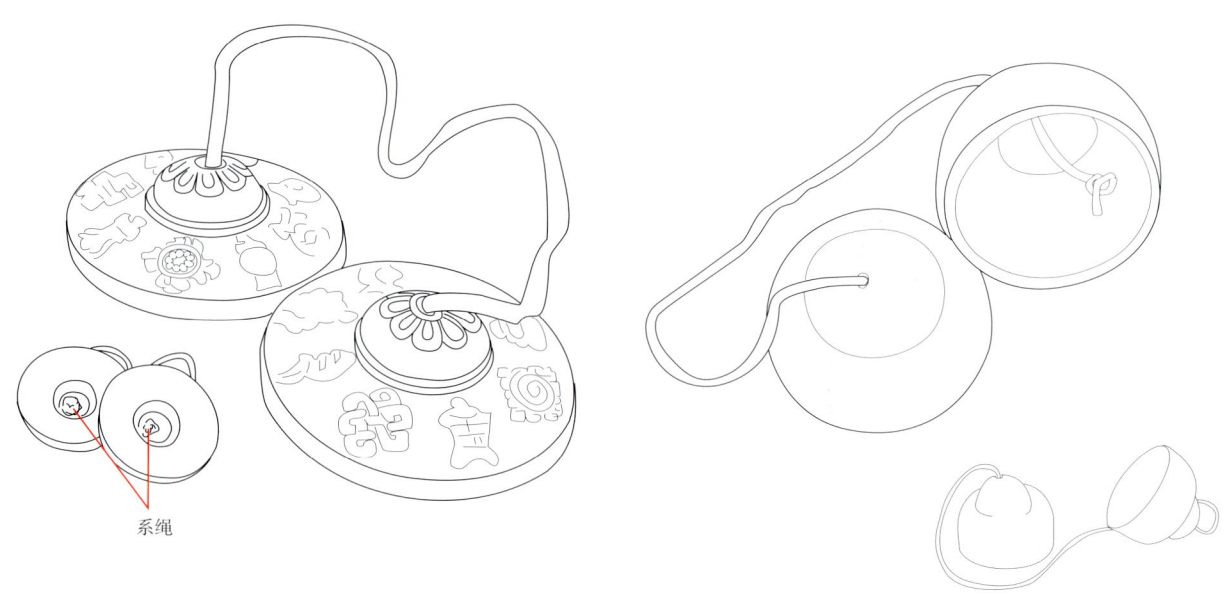

图十二　锡伯族其他空额勒

锡伯族绰尔屯

绰尔屯是锡伯族传统乐器,多用于独奏、合奏及舞蹈、演唱的伴奏,流行于新疆察布查尔锡伯自治县。绰尔屯主体由琴箱(共鸣箱)、琴杆、琴头、琴弓等几部分构成。

本案例之绰尔屯依据2000年测绘于丝路博物馆的图纸数字复原而成。传统绰尔屯一般选用柞木整体制作,有时也会用榆木等。这两种木料均属硬木,木质细密坚硬,木纹清晰自然。琴身一般无多余装饰,更注重各部分视觉比例。本件绰尔屯整体长约70厘米,琴弓长度与琴体长度相近,演奏时,动作舒展和谐。共鸣箱长度约为琴身总长的一半;弦轴位置较低,琴头较长,形为雀首,长度近琴杆的一半;琴脚小巧,位于底端;琴头顶端至琴箱两侧视觉连线恰形成一小角度扇形,整体比例匀称、端庄稳重。绰尔屯为四弦琴,琴弦由钢丝和铜丝缠成,音色丰富优美。琴身结构简单,琴首与琴杆以硬木弦枕为界一体相连。琴首下部开透空槽,槽左右两侧各设置两根弦轴,轴端做花朵造型。琴杆正面粘指板。琴箱正面为葫芦造型,侧面为矩形,整体透空凿挖而成,背板与面板分别覆于其上,两侧皆扁平。面板上立"兀"状琴马,琴马两侧开曲线音孔,与面板轮廓相得益彰。

图片来源

图一 张卫 制图
图二 张卫 徐凯恩 制图
图三 宋修政 制图
图四 任新宇 制图

参考文献

段蓄.新疆民族乐器制作图鉴[M].乌鲁木齐:新疆电子音像出版社,2009.

图一 锡伯族绰尔屯主图

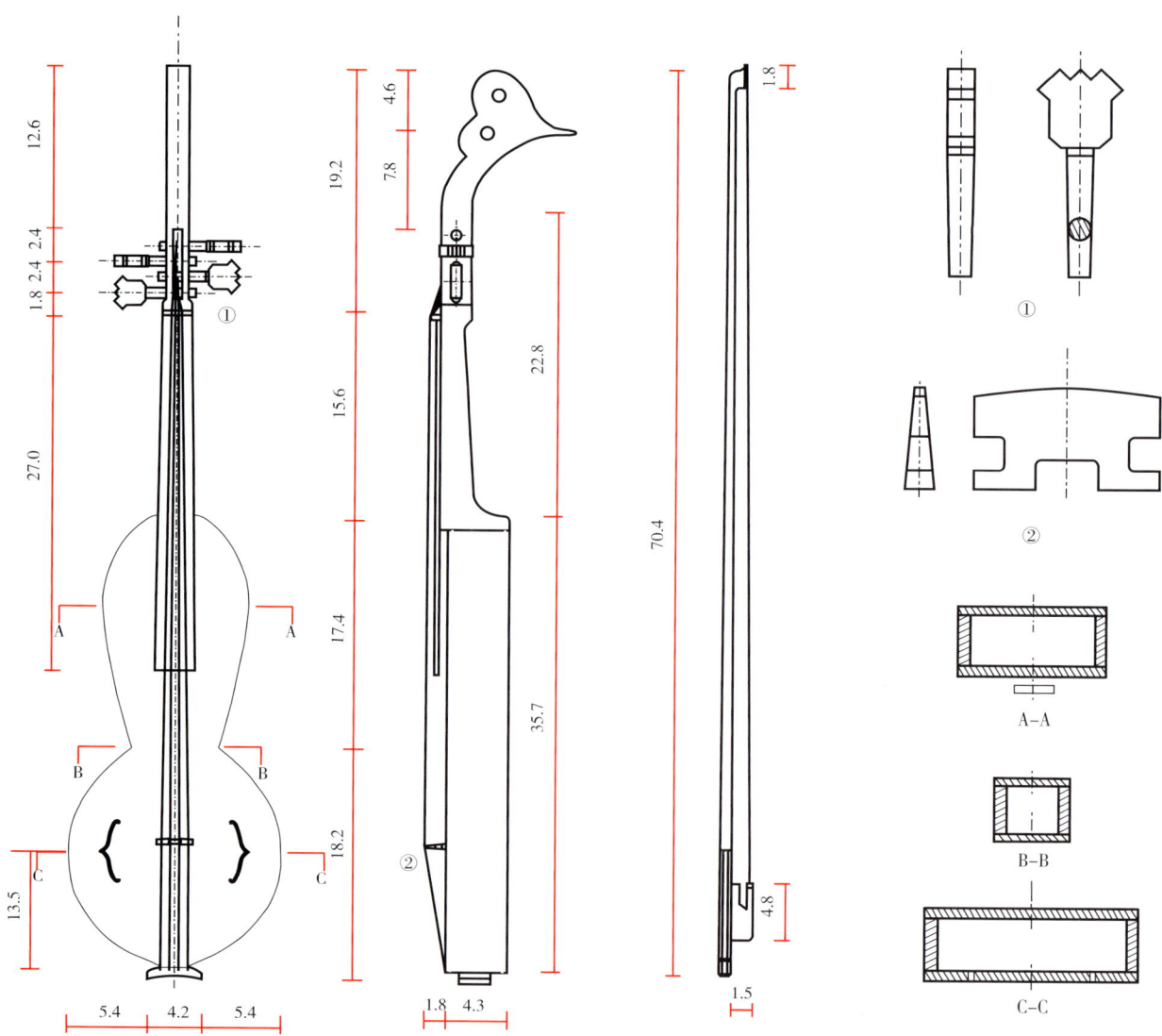

图二 锡伯族绰尔屯尺寸图（单位：cm）

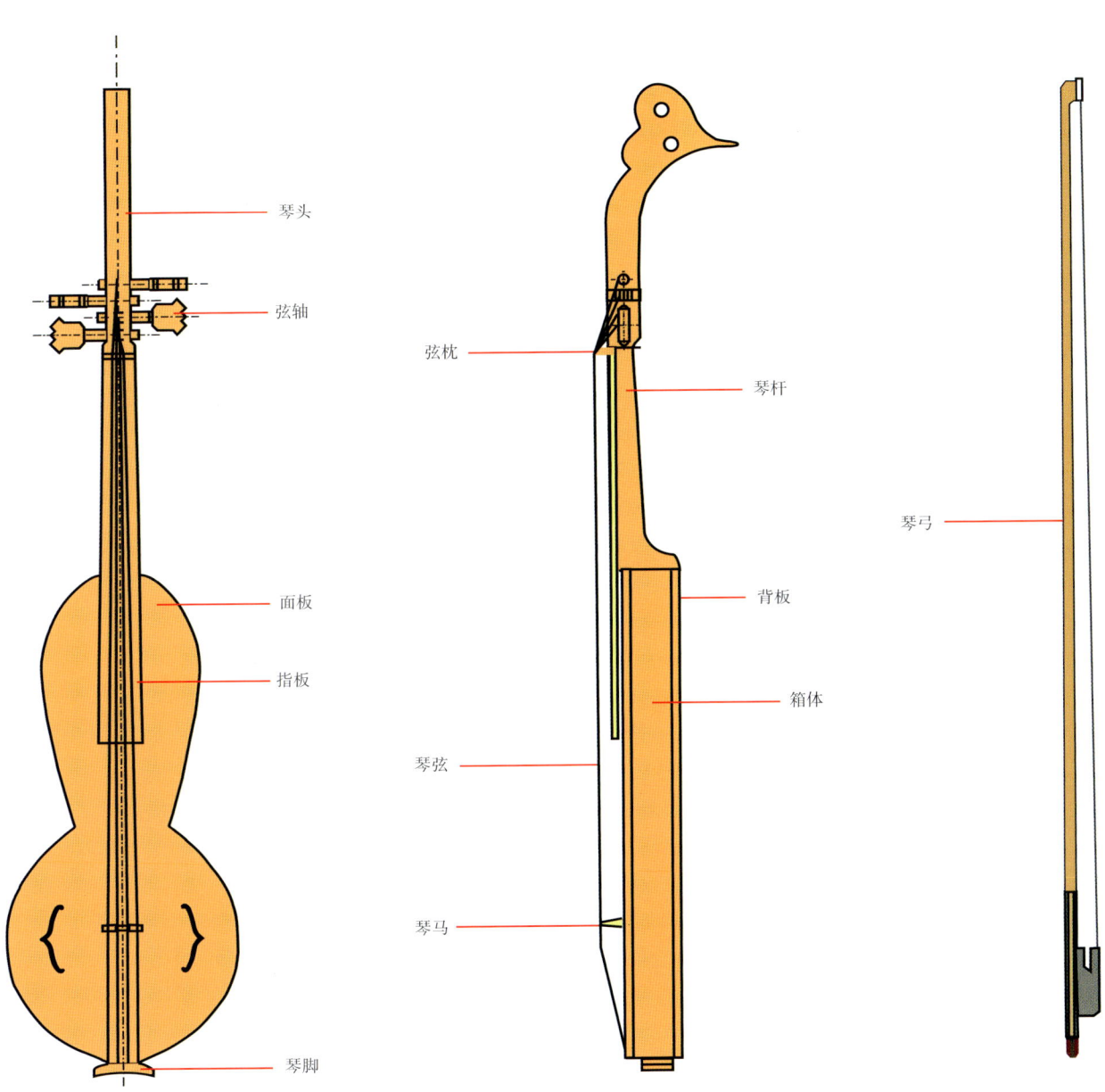

图三　锡伯族绰尔屯结构名称图

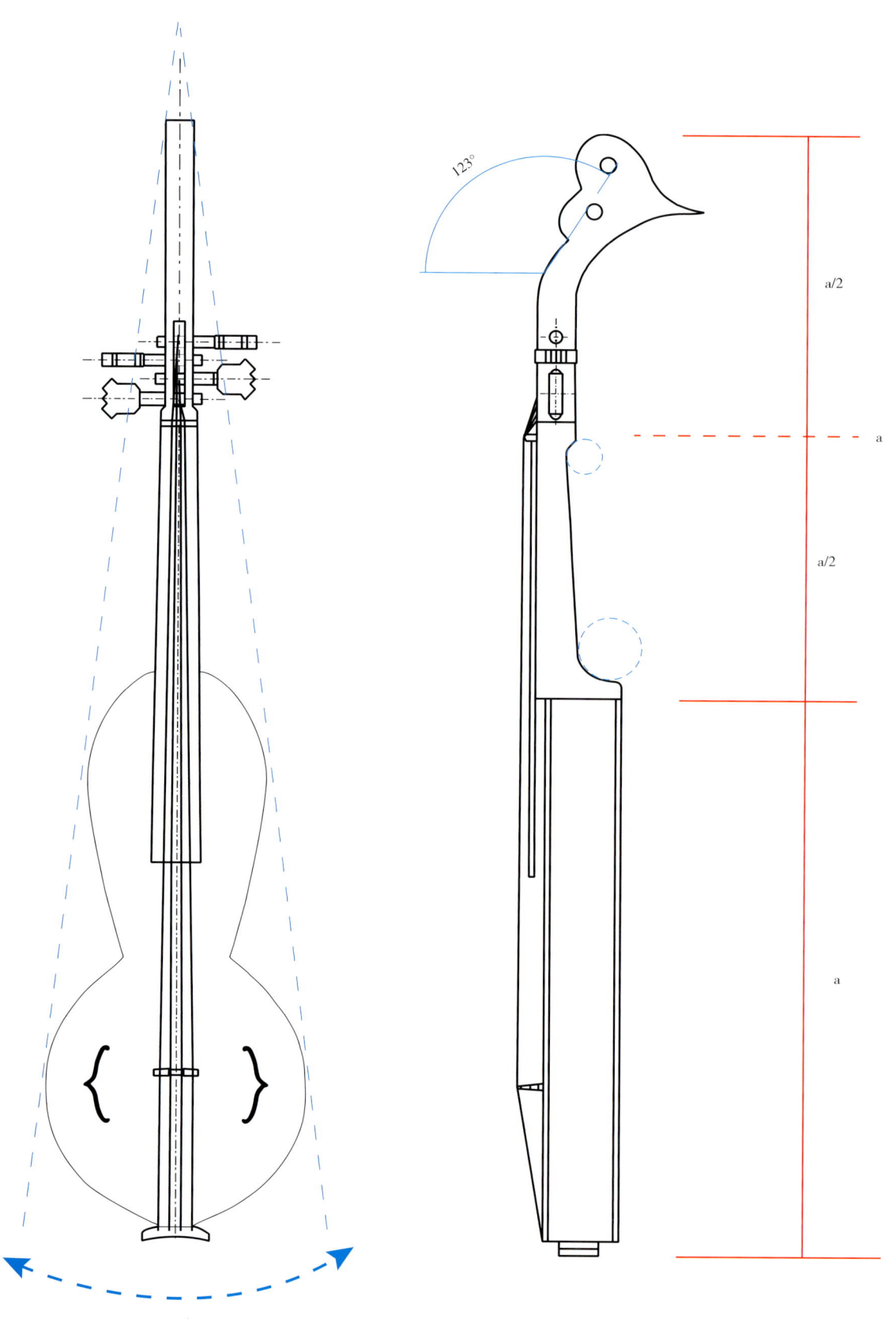

图四 锡伯族绰尔屯视觉分析图

锡伯族胡尔

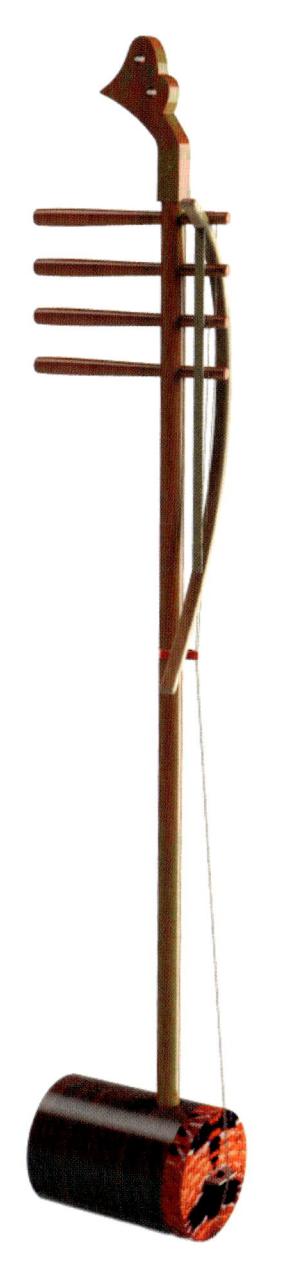

图一　锡伯族胡尔主图

胡尔，锡伯族应用乐器，应为四胡的一种变体。四胡为拉弦乐器，又名四股子、四弦或提琴，是北方多民族均有使用的一种古老的弓弦乐器，蒙古族称之为呼兀尔。《清会典》中详细记载了卫拉特蒙古宫廷音乐中的四胡及其形制："披帕·胡兀尔，即提琴(四胡)也。圆木为槽，冒以蟒皮，柄上穿四直孔以设弦轴，四弦共贯以小环(即千斤)，束之于柄。竹片为弓，马尾双弦，夹四弦间而轧之。"四胡应该是源于古代奚琴。宋代陈旸《乐书》："奚琴四胡本胡乐也。"清代用于宫廷乐队，称提琴。清代《律吕正义后编》："提琴，四弦，与阮咸相似，其实亦奚琴之类也。"

锡伯族对胡尔的使用也有比较长的历史。胡尔造型基本保持了四胡的特点，但也在制作过程中体现出了自己的特点，如多在琴头做适当造型或装饰，来满足本民族的审美需求。孔雀在锡伯族人的心中具有独特意义，他们认为，孔雀是一种吉祥鸟，可以化险为夷，消食化毒，所以在一些传统礼俗中常有孔雀形象出现。在乐器制作中也常使用孔雀形象，寓意吉祥平安。

本案例之胡尔即为雀首胡尔，主图参照丝路博物馆藏品复原而成。琴头为抽象雀首造型，侧面开有两圆眼，恰似点睛，秀丽生动。胡尔通体一般选用榆木、梨木、苹果木制作。琴杆上部为方柱体，左侧并列设置四个柱形弦轸，弦轸前端略粗，尾端渐细，恰如四根箭翎，与方柱形琴杆形成鲜明对比。弦轸以下，琴杆渐变为圆形，既提升了操作手感，也丰富了胡尔主体的线型变化。琴杆中部系软质千斤，末端直接插入琴筒，贯穿而出，一气呵成。本款胡尔琴筒为圆形，前端蒙马皮（今多蒙蟒皮），后端开琴窗。早期的胡尔常用肠衣弦或丝弦，现今常用钢丝弦。琴弓可用木料、柳枝或细竹作杆，弓杆弯度较大，两端系以马尾而成。马尾分为两束，间于一二、三四弦之间，音韵明亮。在传统的演奏形式中，演奏者坐定，将琴筒自然安放左腿上，左手持琴按弦，右手执马尾弓拉奏，妙音随之流淌。

图片来源

图一至图三　孙涵　制图
图四、图五　任新宇　制图

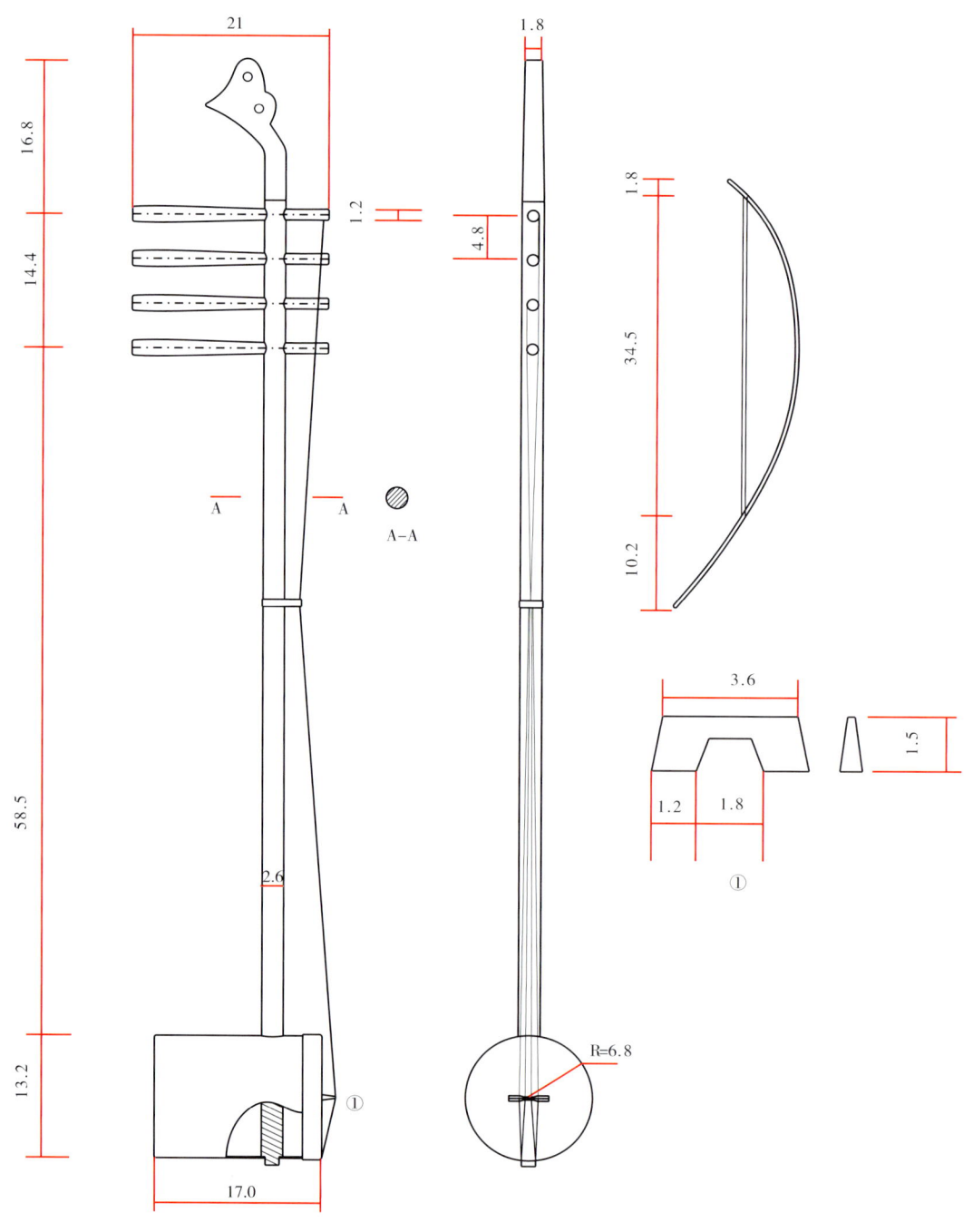

图二　锡伯族胡尔尺寸图（单位：cm）

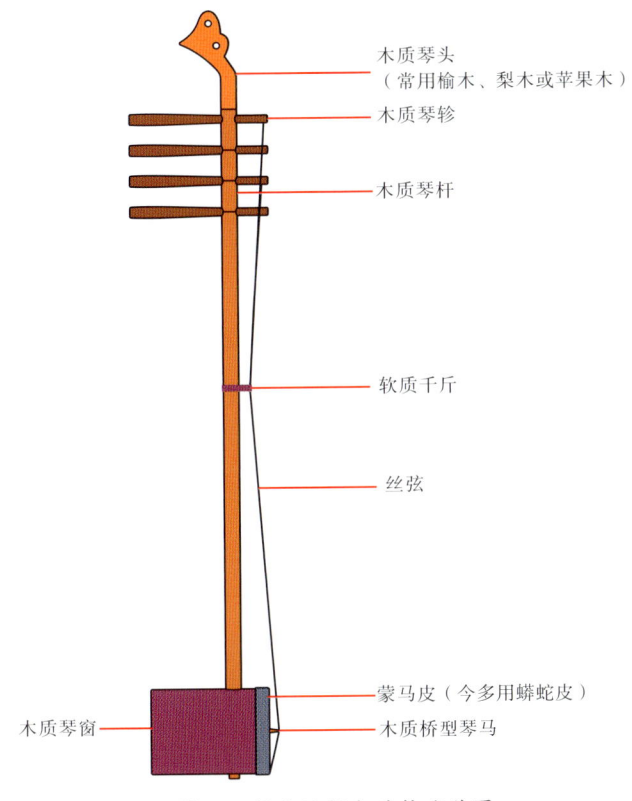

图三 锡伯族胡尔结构名称图

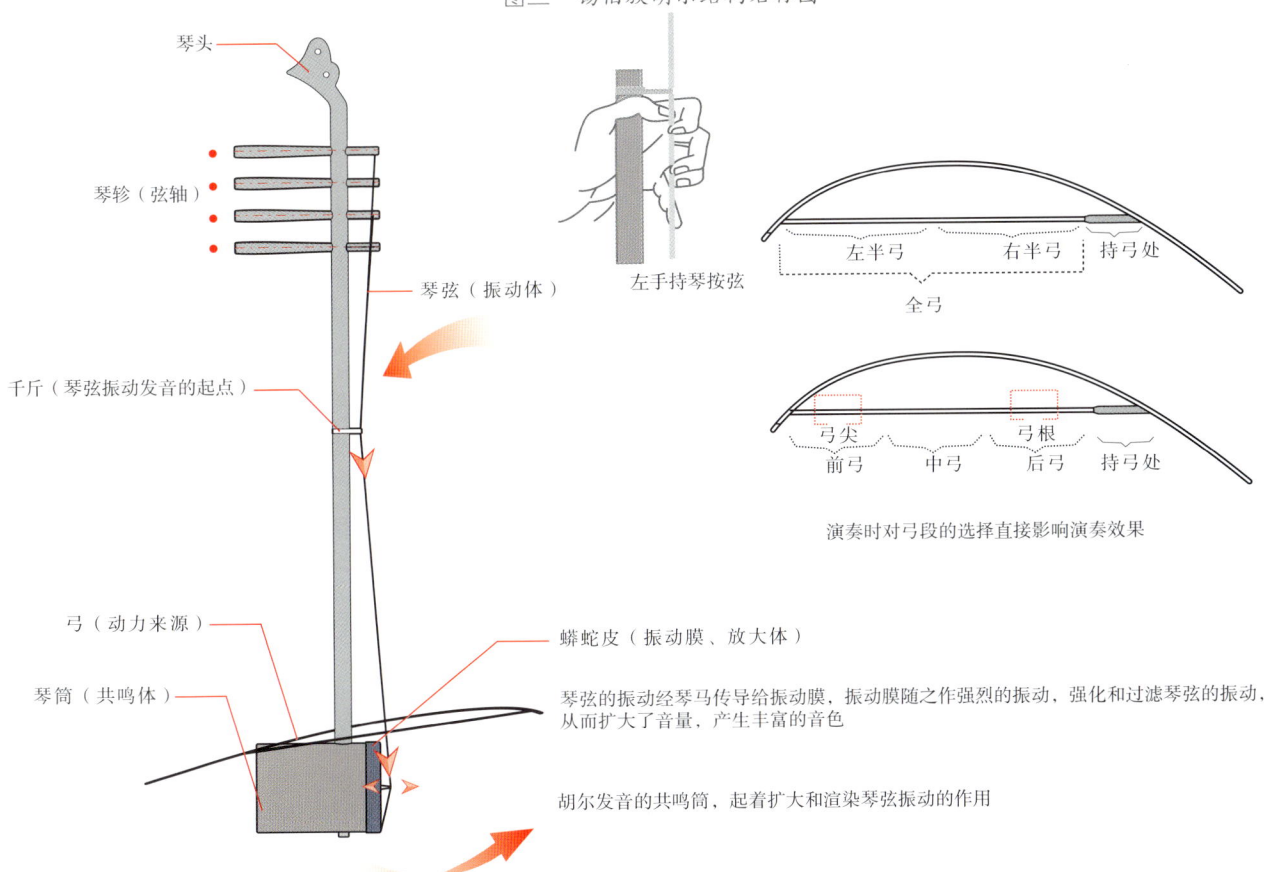

图四 锡伯族胡尔功能分析图

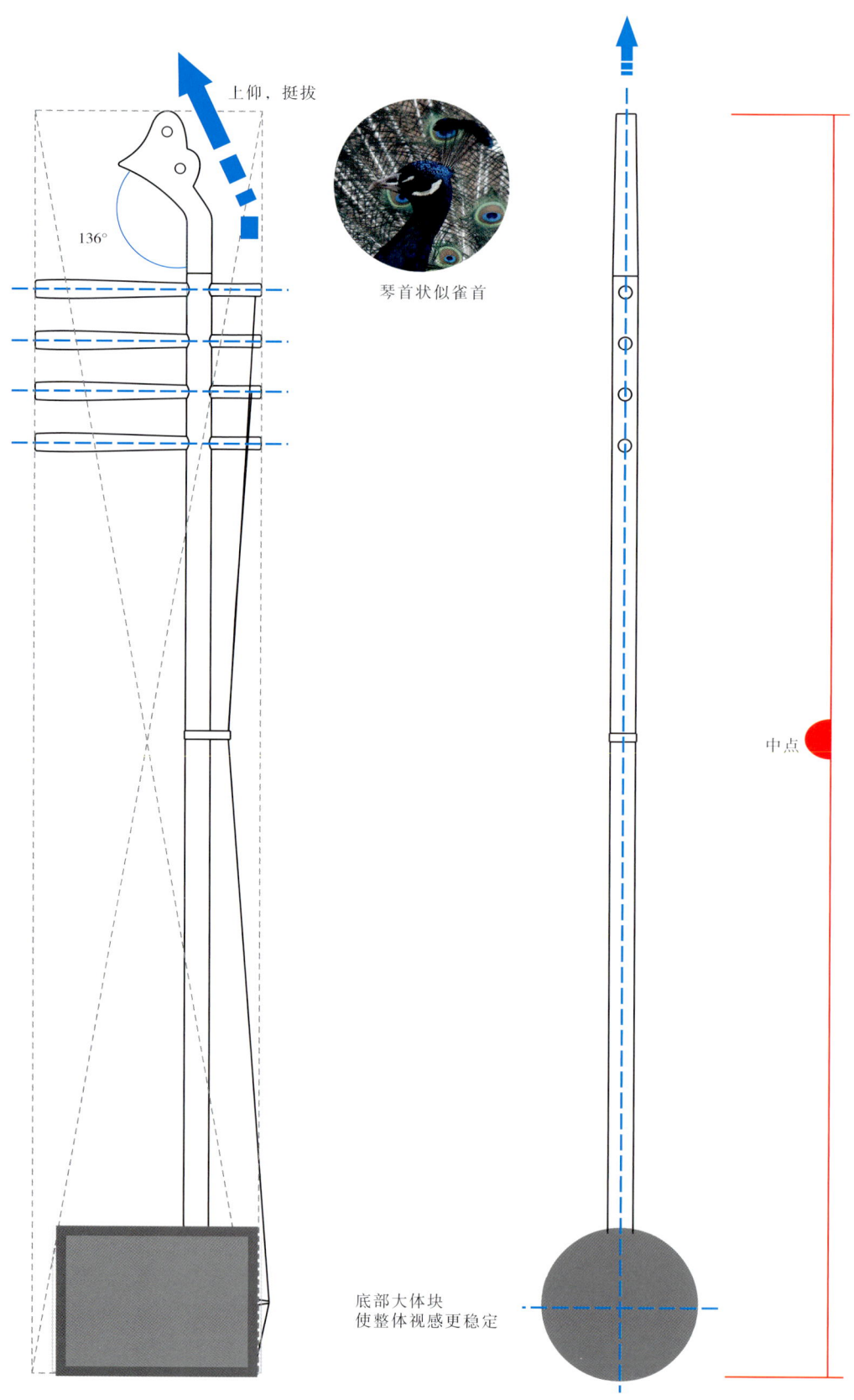

图五 锡伯族胡尔视觉分析图

锡伯族拉巴卜

图一　锡伯族拉巴卜主图

拉巴卜，锡伯族传统乐器。其渊源有多种说法，一般认为拉巴卜源于拉奏弦鸣乐器的先祖，即阿拉伯的拉奏式拉巴卜。拉巴卜在我国出现的最早记录约在宋代，早期的拉巴卜带有一个圆形的羊皮音箱，琴弓只是一根弧状的短棍，上面缠有马鬃或柳、枣树皮纤维。锡伯族拉巴卜多用于乐器合奏及歌舞的伴奏，其形制目前尚无统一规范。

本案例之拉巴卜基于乌鲁木齐丝路博物馆藏品数字复原。其总长度近100厘米，主体由琴箱（共鸣箱）、琴杆、琴头、琴弓等几部分构成。拉巴卜整体造型利落硬朗，琴杆挺直后倾，琴箱方正，中部硬拐收腰。琴首与琴杆以骨质弦枕为界一体相连，琴杆整体后倾，造型独特，演奏时视觉及操作体验较其他传统琴形更为独特。三叉状琴首似花似草，扁平且随琴杆后倾，其下开透空槽二，左右各设置二弦轴，弦轴端部加宽加大，更适合手动调节，花朵轮廓也为拉巴卜整体增添了一分柔和的色彩。琴杆上粘有指板，指板斜向延伸至琴箱上方。琴杆与琴箱为榫卯相接（辅以胶粘）。琴箱侧面为长方形框架拼接结构，背板用料多与琴体（多用柞木或榆木）相同。面板常选用天山云杉或白松。面板中部开曲线型音孔，下方置"兀"形琴马。拉巴卜琴弦最初多用肠弦、牛筋弦，今用金属弦，音韵更加柔美。

拉巴卜造型独特，是不同民族文化交流的结果。作为锡伯族传统乐器的重要组成部分，其制作与使用促进了锡伯族乐器的进一步丰富与发展。

图片来源
图一至图四　庄文浩　制图
图五　任新宇　孙涵　制图

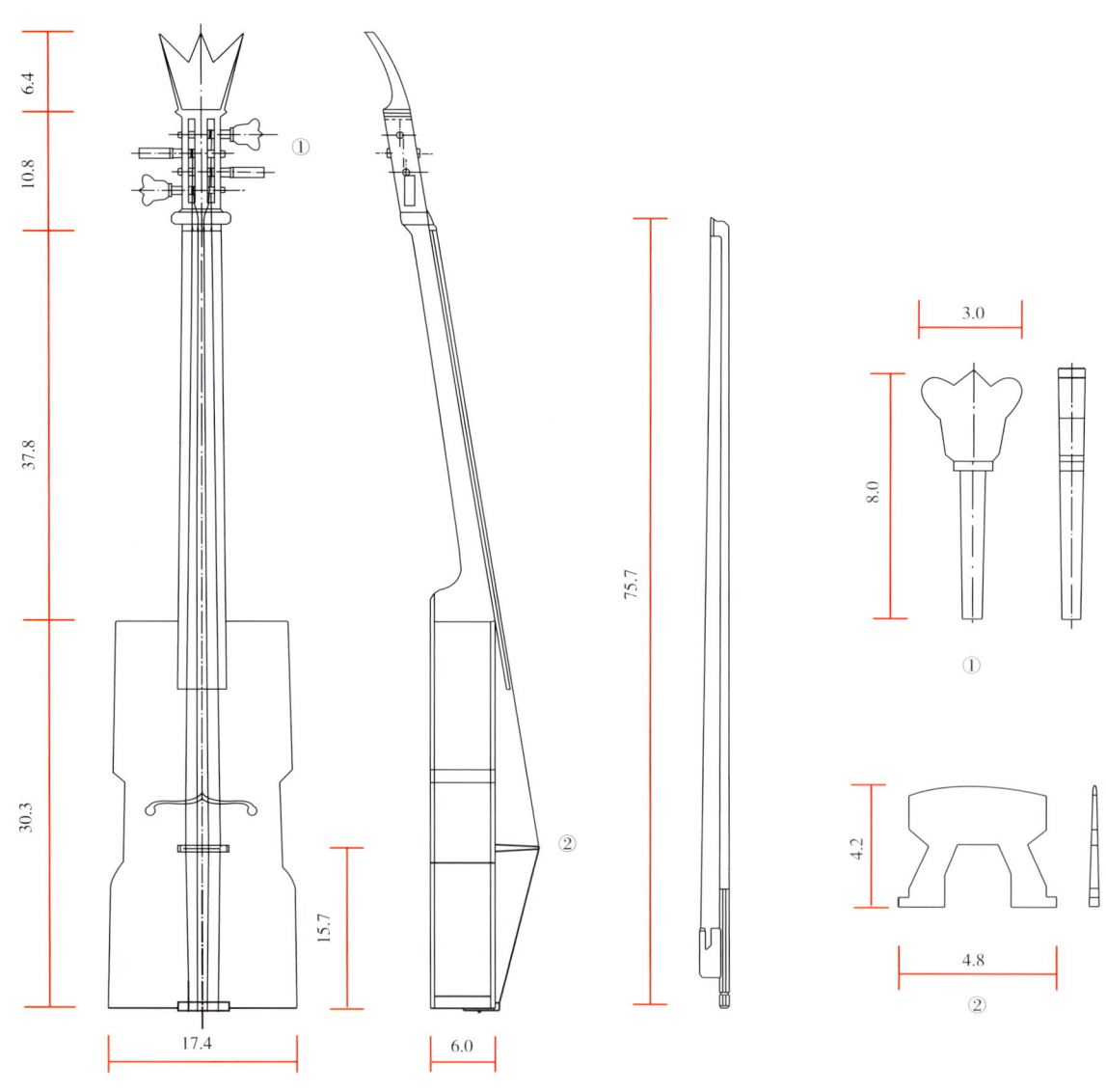

图二　锡伯族拉巴卜尺寸图（单位：cm）

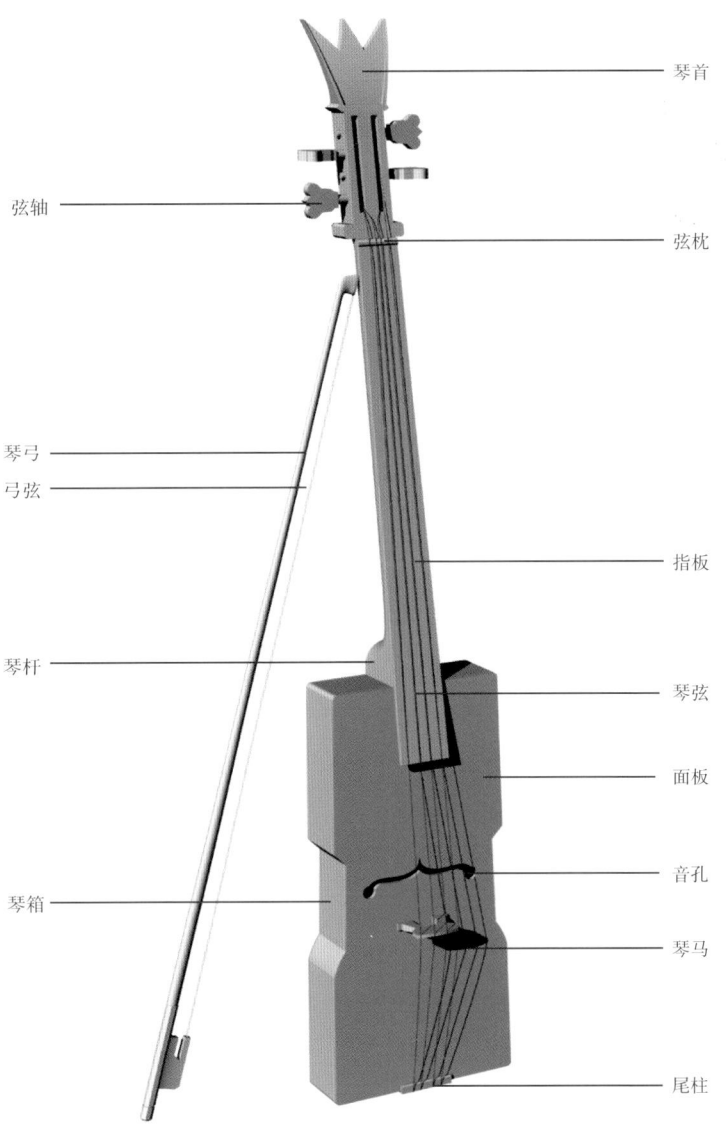

图三　锡伯族拉巴卜结构名称图

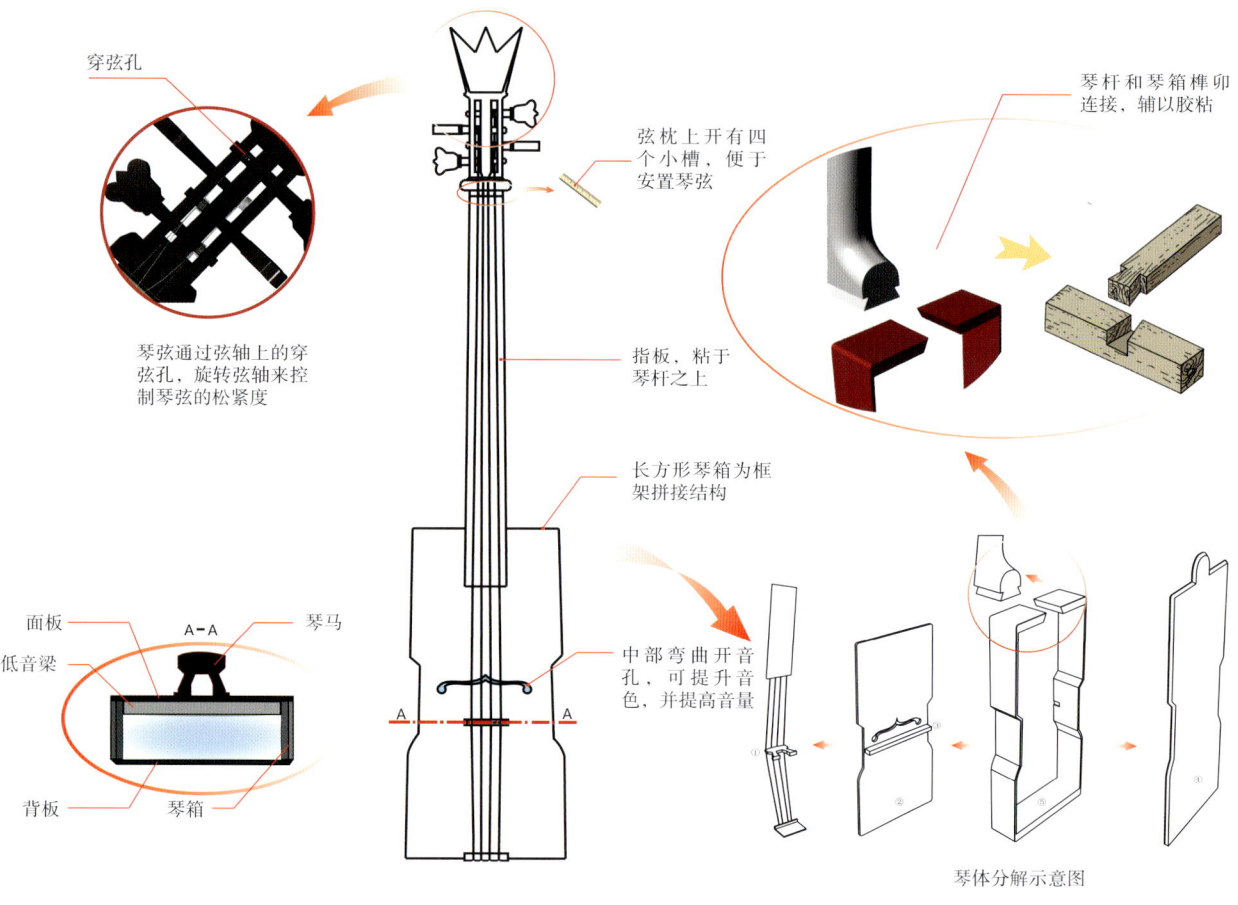

图四　锡伯族拉巴卜结构分析图

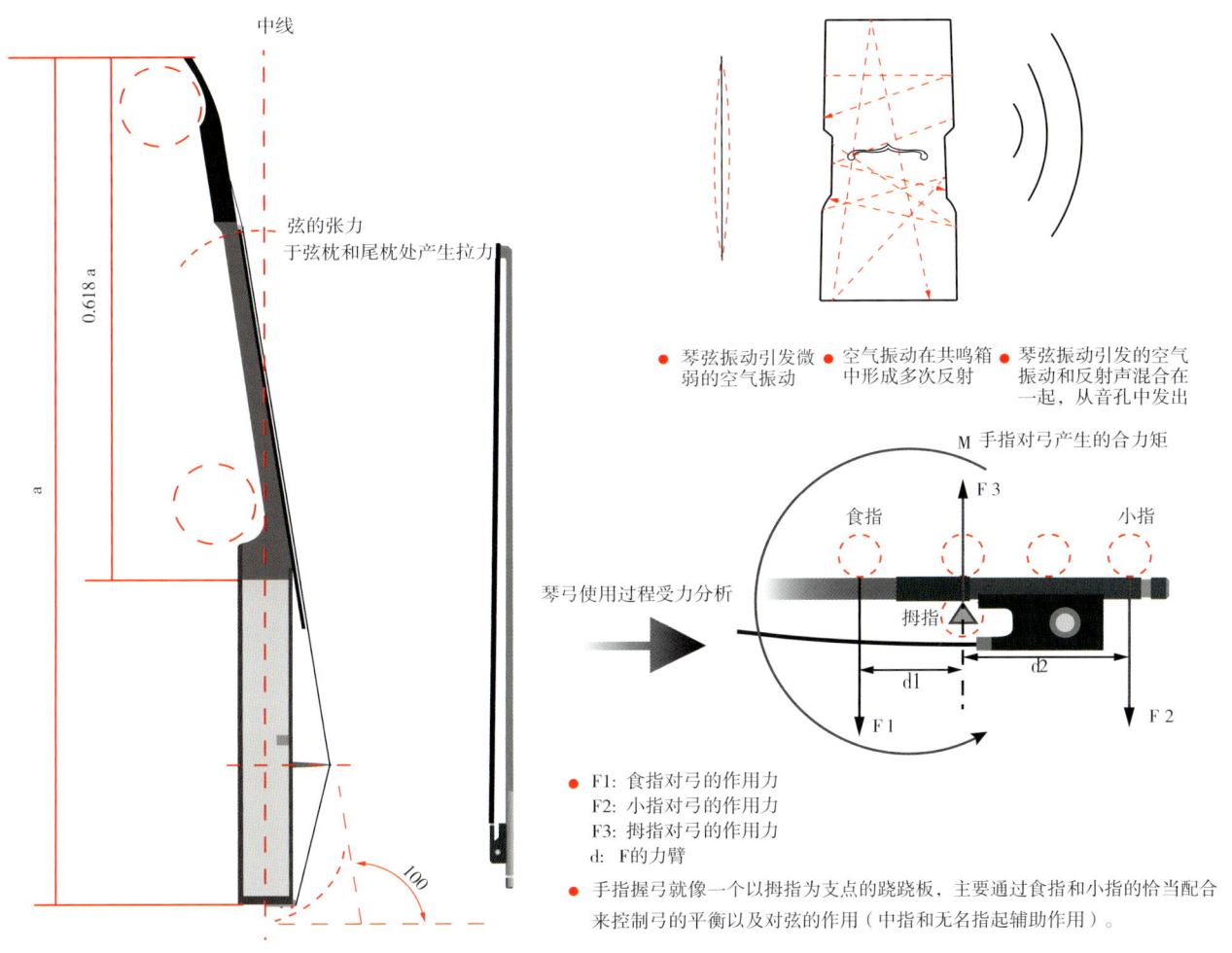

图五　锡伯族拉巴卜设计分析图

第五章 锡伯族传统生产工具

锡伯族农具

图一　锡伯族农具主图

农具，古称"农器"或"田器"，是从事农业生产的重要工具。中国作为一个农业大国，农具的发展状况直接影响农业的发展，进而影响国家的发展。在过去漫长的发展过程中，农具的质料及形制不断发展进步，出现了许多实用精巧的农具，成为前人创造性活动的重要成果。

锡伯族传统农具种类繁多，本案例选择了其中的基本类型：锄、铁锹和镰刀。

锄，是传统农具中最具代表性的一个类型，其发展演变集中体现了大多数农具的发展历程。从材质角度来看，锄的发展大致经历了几个阶段：石锄→青铜锄→铁锄→机械锄。本案例中为铁锄，从其造型看，该铁锄应为传统"鹤头锄"，可溯源至秦汉时期的锄形制。秦汉时期，锄在春秋时期的板锄的基础上，延伸出一个弯曲的鹤脖似的铁柄，柄的一端有圆孔，以便接柄。在此之前，板锄比较多见，有长条形、凹口形和六角形锄。板锄是在锄面上端打孔，以柄插入，用木楔加固。较之板锄，鹤头锄接柄更加方便。从图示分析可以看出，鹤头锄顶部延伸的铁管为半封闭式，插入木柄后，可以通过调节其闭合程度（直径大小），来控制木柄的松紧。铁管前端还有钉孔，可以根据需要进一步加固木柄。

铁锹，古谓之"臿"，从耒耜发展演变而来，也称铁锨。铁锹的安装方式与案例中的铁锄一致。该铁锹锹面较小且平，木手柄，柄端设有小横把手,更便于施力,主要用于翻土等劳作。

案例中的镰刀造型小巧,刃部为弯月形,手柄较一般汉族镰刀短,刀刃则长出寸许,更适合近距离拢物钩割。

锡伯族人热爱生活、注重生活细节的特点也体现在农具设计上,这三件农具上均设计有各种简洁的抽象几何纹样,无形中赋予了田间生活一份淡淡的诗意。

图片来源
图一至图三　韩鹏　制图
图四、图五　任新宇　制图
图六　章楷.中国古代农机具[M].北京:人民出版社,1985.

参考文献
章楷.中国古代农机具[M].北京:人民出版社,1985.

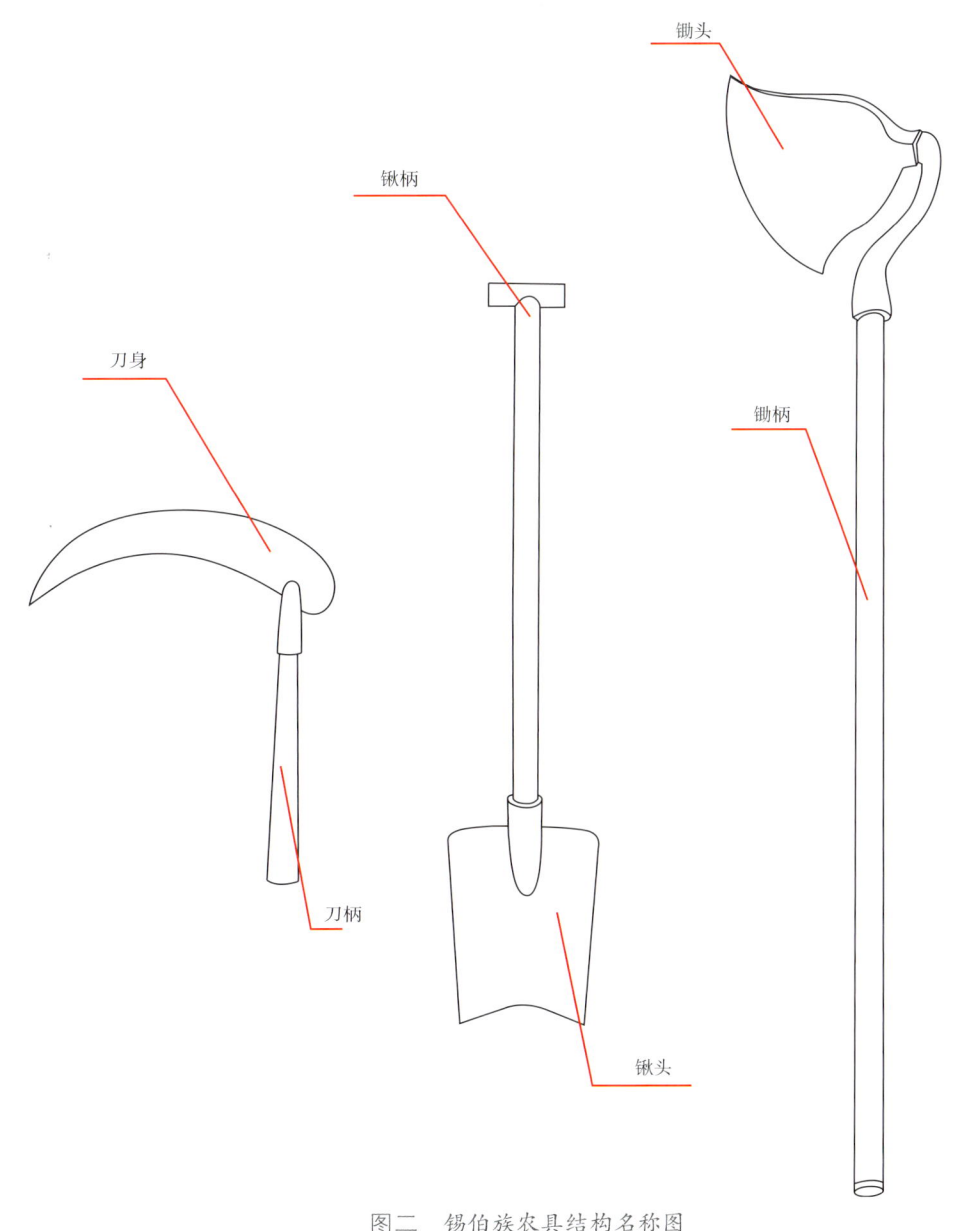

图二　锡伯族农具结构名称图

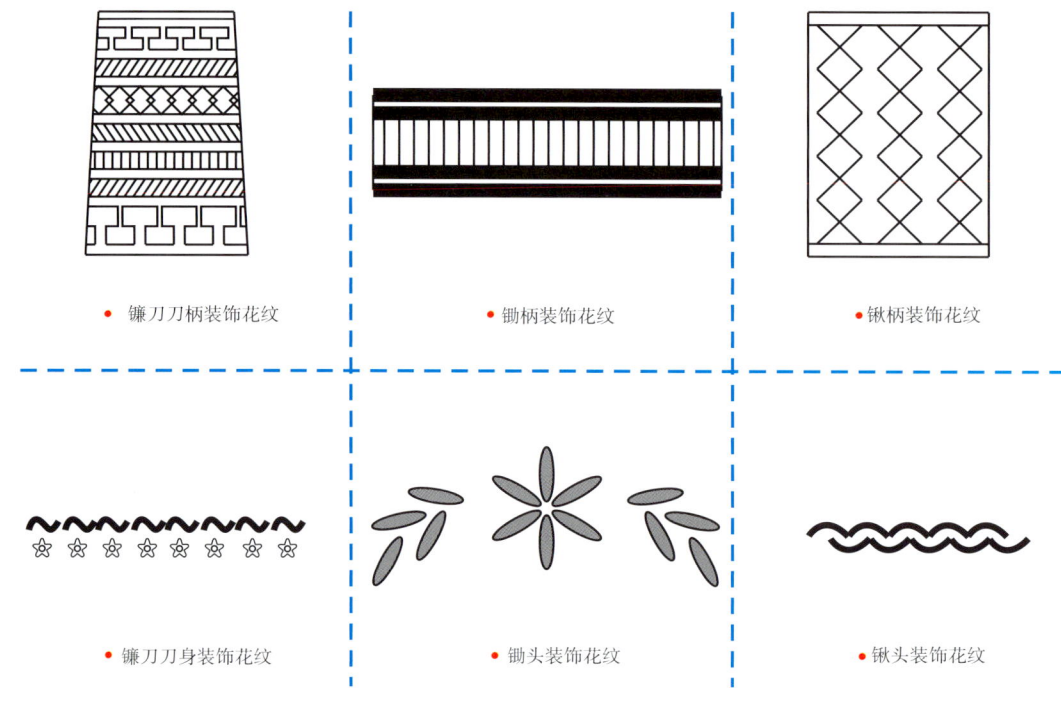

图三　锡伯族农具常见装饰纹样

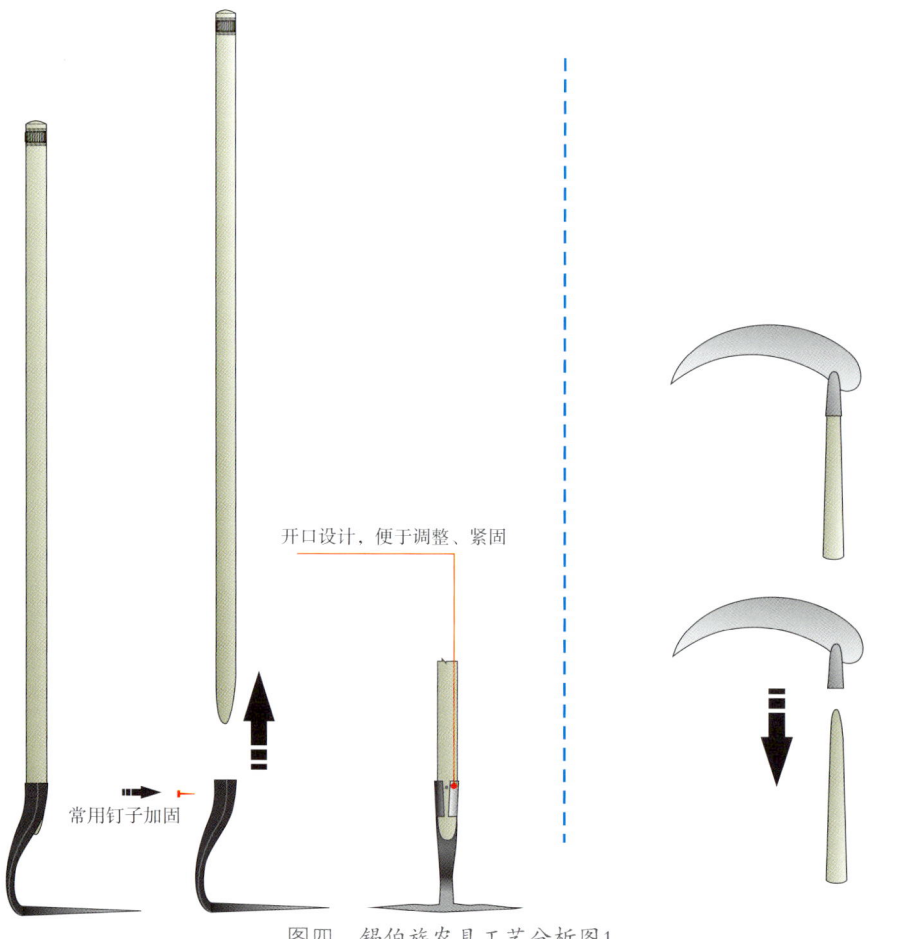

图四　锡伯族农具工艺分析图1

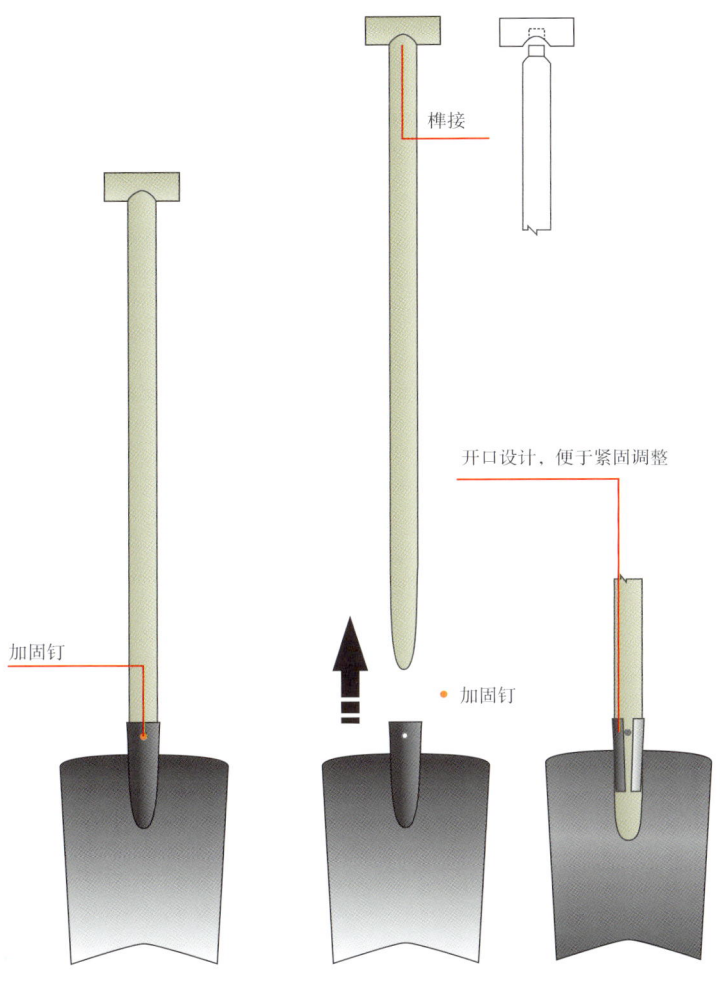

图五　锡伯族农具工艺分析图2

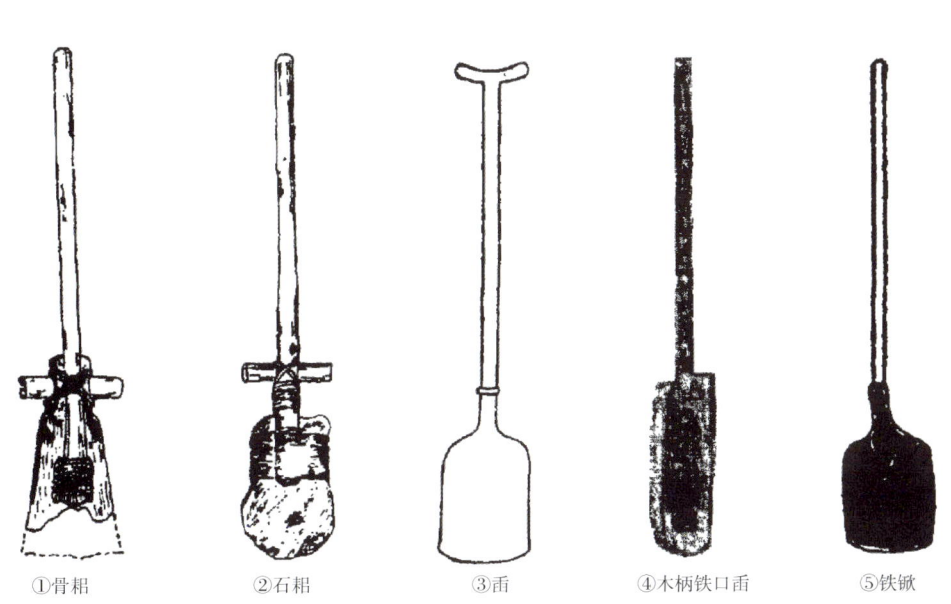

①骨耜　　②石耜　　③耒　　④木柄铁口耒　　⑤铁锹

图六　锡伯族锹演变示意图

锡伯族角弓

图一 锡伯族角弓主图

狩猎、游牧的生活方式以及草原、山林的自然环境，使弓箭对锡伯族先民有着不同寻常的意义。早期锡伯族先民多使用纯木质弓体的单质弓，桦木单质弓较常见。随着制弓技艺提高，逐渐改进设计出复合弓体，即角弓。

角弓为双曲反弹弓，形态具有两个基本特点：其一，弓体绷上弦后，握把后缩，弓臂上下呈对称的弧线弯曲，弓臂的两个末梢反向弯转；其二，解弦弛弓时，弓臂大幅度反向向外弯转，反弹力度大。这种双曲反弹弓克服了早期单质弓弓身长、弹力弱、易折损的缺点，利用角、竹木、筋等不同材质的组合，增强了弓的弹力和耐用性。角弓弓体材质因部位不同而不同，由"角、杆、胶、漆、筋、骨、革"七种材料制成，制作过程有严格的要求。其中，角是决定弓箭弹力的弓片，常以牛角或羊角制成，也有用动物骨骼来制作弓片的。杆，指弓身中使用的木材和竹材，用以连接弓片，增加弹力。制作弓箭的胶多为鱼胶，用来加固弓体各部位。漆的主要作用是保护弓身，同时也起到一定的装饰作用。筋，多采用大型动物的筋来缠绕弓体，提升弹力，也多用来做弓弦。骨材则置于握把处，加固杆与弓片。革指蛇皮、鱼皮等，常用来缠绕握柄，包裹弓身，防止磨损。革也经常被切割成细条，拧成绳状，做弓弦。

箭分为重箭和轻箭，重箭箭身长、重，箭头宽大，适于近距离作战与狩猎。轻箭箭身轻，箭头小而尖利，用来远射杀敌。箭头以铁质居多，有棒形、叶形、三角形等多种形状。箭杆为木质，多选用桃木、杨木、松木或沙柳木。箭翎数量多为三道，材质一般选择鹰毛或雕毛，长度取决于箭杆的长短，一般尾翎的长度是箭长的1/6。

锡伯族采用蒙古式搭箭拉弓方式，双手拇指佩戴扳指，以拇指勾弦开弓，食指和中指弯曲压住拇指。右手勾弦时，箭杆在弓身右侧、左手拇指上方。扳指是传统射箭相应的护具，戴于拇指处，材质有骨、金属、玉等，主要功能是减少箭体和弓弦对拇指的损伤。

弓箭于锡伯族人有特殊的意义，悠久、深厚的弓箭文化和精湛的骑射技艺改变了锡伯族民族的历史，在一张一弛之间，锡伯族人领悟到了力与美的真谛。

图片来源

图一至图五、图七至图十　宋修政　制图

图六　http://www.archerysalon.com/forum.php?mod=viewthread &tid=58253 锡伯族失落的牛角弓绘制

参考文献

[1] 锋晖. 中华弓箭文化[M]. 乌鲁木齐：新疆人民出版社，2006.

[2] 刘英林，武文. 对中国弓箭文化的研究[J]. 西北纺织工学院学报，2001（9）：39-43.

[3] 仪德刚. 中国古代弓箭制作文献解析[J]. 内蒙古师范大学学报（自然科学汉文版），2007（6）：766-770.

[4] 赵洁. 新疆锡伯族弓箭民俗文化考察[D]. 西北民族大学，2008.

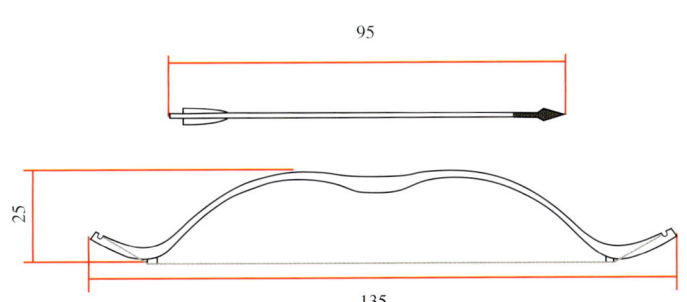

图二　锡伯族角弓尺寸图（单位：cm）

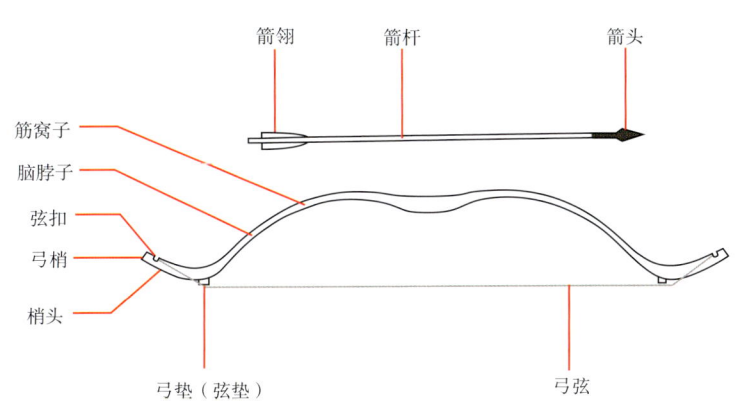

图三　锡伯族角弓结构名称图

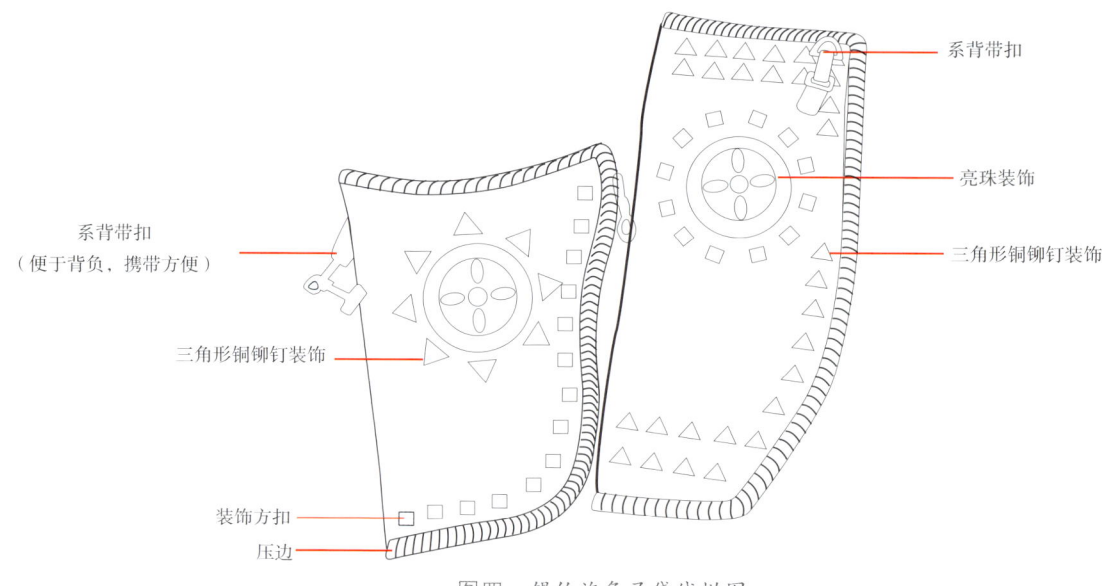

图四　锡伯族角弓袋线描图

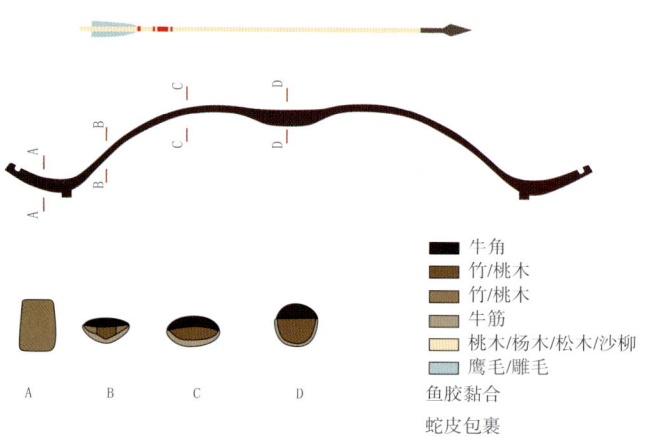

图五　锡伯族角弓材料分析图

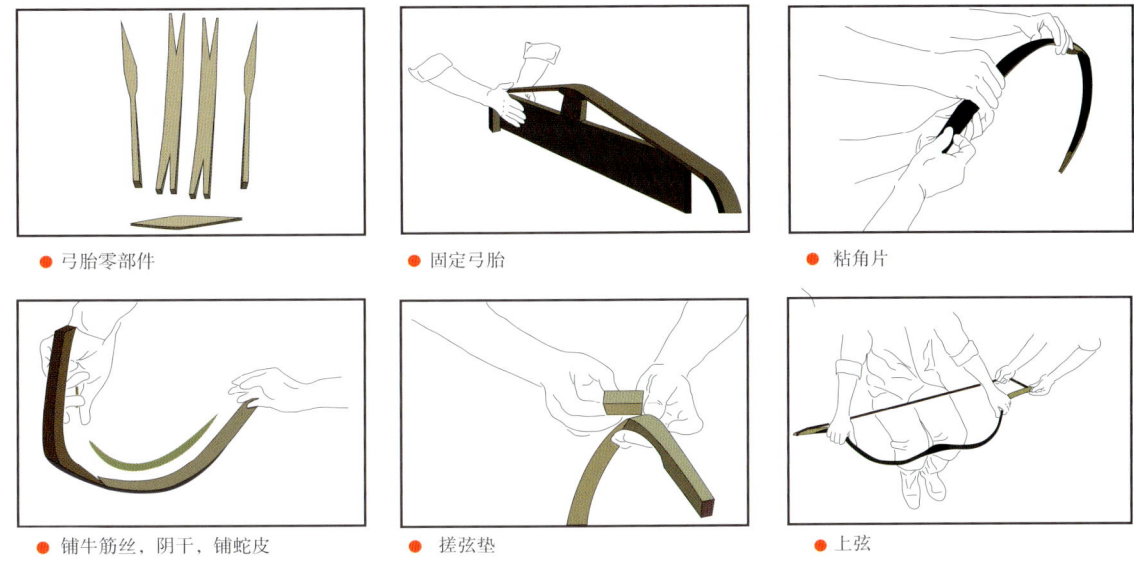

图六　锡伯族角弓制作流程图

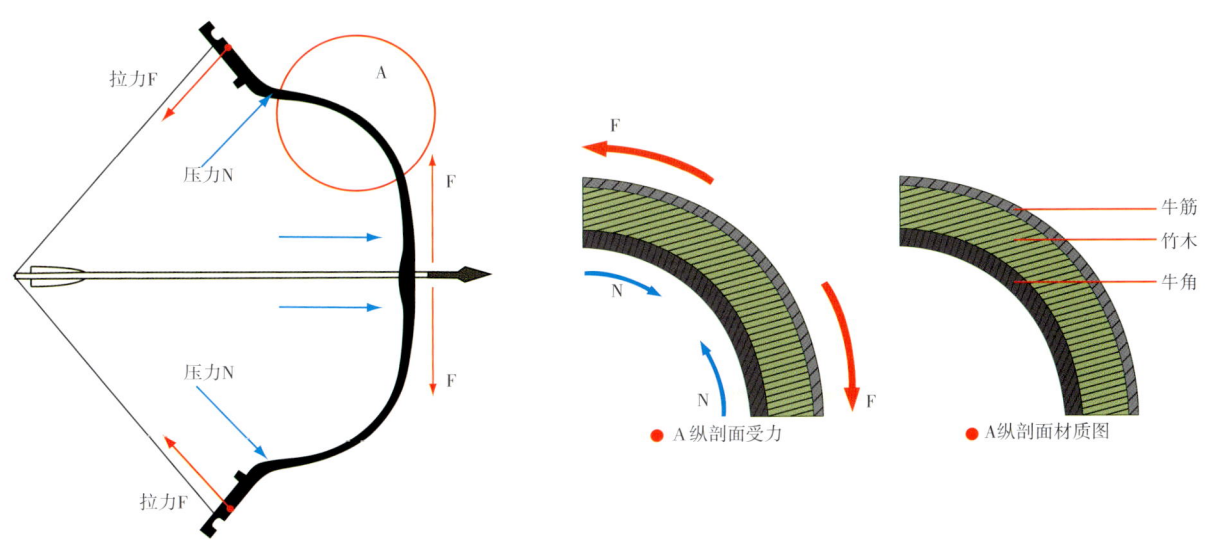

图七　锡伯族角弓受力分析图

第五章　锡伯族传统生产工具

163

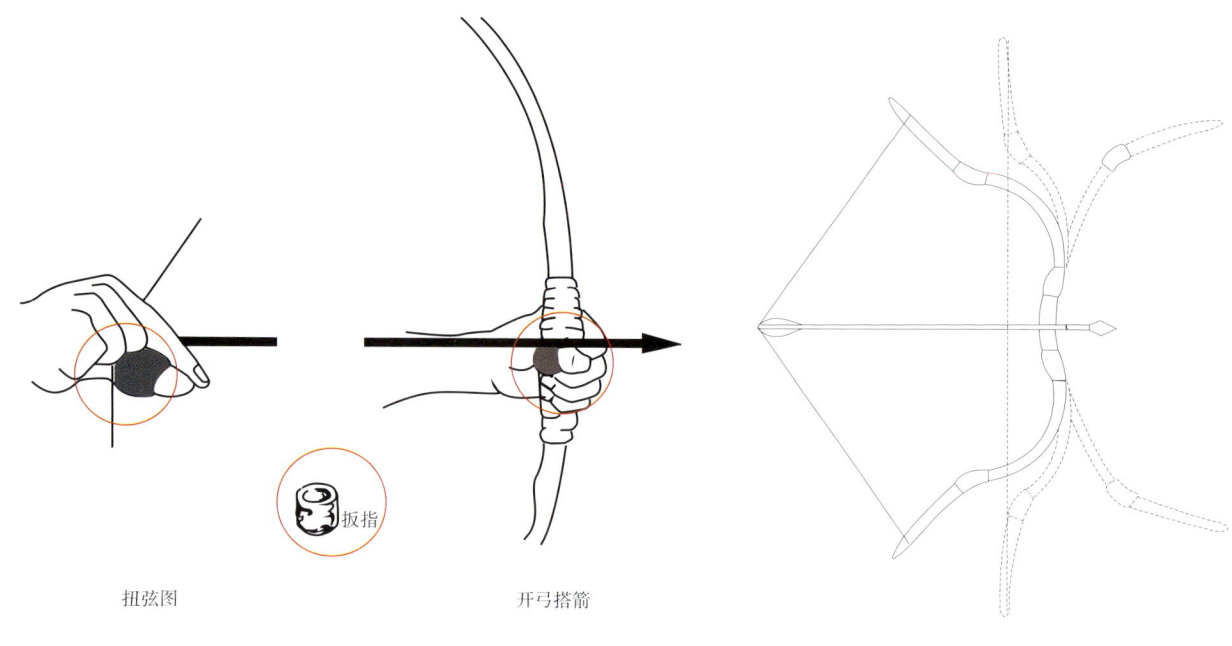

扭弦图　　　　　　　开弓搭箭

图八　锡伯族角弓操作示意图

图九　锡伯族角弓张弛图

图十　锡伯族角弓使用场景图

第六章 锡伯族传统手工艺

锡伯族剪纸

图一　锡伯族剪纸主图

锡伯族民间剪纸艺术形式多样，有窗花、喜花、灯花等多种类型。锡伯族剪纸的历史很悠久，甚至早在纸张使用之前就初见端倪了。锡伯族、满族、鄂温克族等最初常使用动物毛皮、麻布、玉米皮、植物叶子等剪刻成一定的图形，将其贴在衣服、鞋帽及枕头等物品上，来表达某种意义或装饰。这应该就是剪纸的雏形。这种艺术形式甚至流传至今，在辽宁东部山区，现在还有锡伯族人用树叶、干红辣椒等材料剪出的民间美术作品，它们红绿相间，独具特色。

初期的锡伯族剪纸和许多其他艺术形式一样，多和原始信仰有关。萨满教对锡伯族影响深远，教内广泛流传的天穹神话为人们提供了丰富的艺术创作素材。

主案例为辽宁凤凰城锡伯族民间艺人剪制的天神剪纸，表现出强烈的民族信仰和民俗特色。天神为男女对偶形象，两手相连，男神头戴齿状神帽，两耳侧立；女神头盘疙瘩髻，耳垂环饰。两神双肩皆立神鸟，神鸟口噙万物之种。天神下方剪有两对牵手小人，两男两女相互对望。可以看出此作品除了体现锡伯族天穹、天神崇拜观念外，还蕴含生殖繁衍的信仰意义。

喜利妈妈也是锡伯族剪纸中常见的题材，人们借此来表达子孙昌盛、平安吉祥的美好愿望。除此之外，小人儿剪纸也很常见，祭神或请神时利用剪出的纸小人儿来象征崇拜的神灵。也有人利用剪纸来象征他们对灵魂的召唤及对病魔恶灵的驱赶，如锡伯族巫医在给病人治病时，会剪制出各种代替病人"死去"的替身人偶剪纸。其实，剪纸与民族信仰的有机结合是整个中国民间剪纸艺术发展过程中普遍存在的现象。

除了与传统信仰有关的剪纸作品外，锡伯族剪纸中还有许多反映民风民俗的作品，如表现民族传统婚庆习俗的作品"扯脸""坐帐""闹洞房"等，表现节日风俗的"接神""贴春联""祭祖""秧歌会""抹黑节"等。还有一些表现民间百姓日常生活场景的剪纸，朴素自然，十分亲切。

从艺术角度看，锡伯族剪纸具有浓郁的北方少数民族拙朴的审美特点。人物剪纸多为正面，面部处理"大刀阔斧"，除口、鼻、眼外，内部没有过多的镂空与装饰。多采用夸张变形的表现手法对人物的体态作传神的刻画，线条流畅简练。

锡伯族民间剪纸制作技法多样，除了传统的剪、刻单张纸手法外，锡伯族剪纸艺人还擅长拼贴剪纸、立体剪纸及综合材料剪纸等多种剪纸手法。有时还会根据需要做一些特殊的效果处理，如用香火烧出动物的眼睛及各种花纹等；还有将剪纸压在炕席下，利用炕缝中传上来的烟气使剪纸呈现出独一无二的黑白深浅变化等。

图片来源
图一至图五　邹许美芸　制图
图六至图九　关伟，关捷.锡伯族[M].沈阳：辽宁民族出版社，2009：104-105.

参考文献
[1]韩恒威.东北地区锡伯族的剪纸与刺绣[J].满族研究，1995（3）：92-93.
[2]韩恒威.锡伯族民间美术艺术符号浅译[J].满族研究，1997（2）：86-94.

图二　锡伯族剪纸线描图

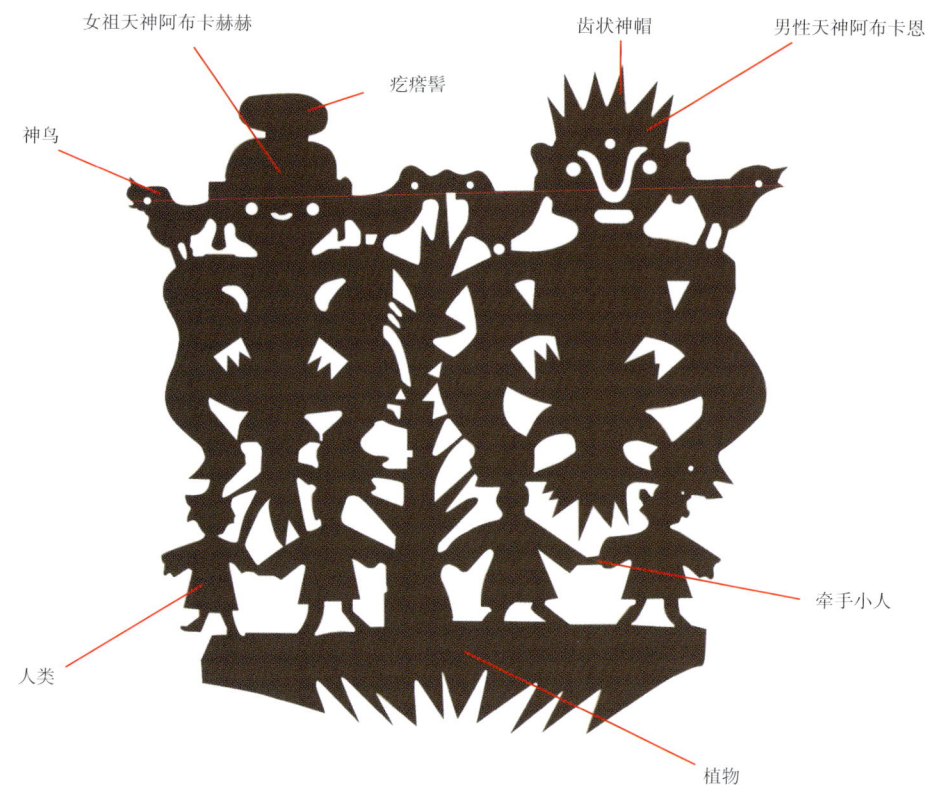

图三　锡伯族剪纸释义图

图四　锡伯族剪纸形式分析图

图五　锡伯族剪纸·生活场景

图六　锡伯族剪纸·妇女扯脸（绞面）

图七　锡伯族剪纸·喜利妈妈

图八　锡伯族剪纸·笊篱姑姑

图九　锡伯族剪纸·过阴河

锡伯族针荷包

图一　锡伯族针荷包主图

荷包是古代劳动妇女创造的一种民间刺绣工艺品，是中国传统服饰文化的重要组成部分。在锡伯族传统观念中，绣花手艺的好坏是衡量锡伯族妇女品性与能力的重要标准。人们往往把绣艺精湛看作女子心灵手巧的象征。

针荷包，又称针插、针孔子、针葫芦，是妇女平时存放针的小袋子。它是在装饰性荷包基础上衍生出来的一种荷包种类，其功能性更强。

主案例是一款蝶鱼形针荷包，其制作精细、绣工精美、小巧玲珑。共分上下两部分（内外两层），下半部分用来存放针，上半部分为针罩，用以罩住下半部分。平时不用的时候，可系在腰间或上衣内襟，故又被称作"压襟"。针荷包既安全又美观，从表面上看和香包、香囊一样，做针漆活计时，其结构设计又能保证针的存取自如，为兼具美观的功能性物品。锡伯族也有少数装针的器物是用竹、木、骨等经巧妙设计和精细雕刻而成，俗称针筒。

针荷包在设计上与荷包有很多相似之处，都是以民族的理念、信仰、习俗为基础进行图案设计，用家织布、绸缎等做面料，使用简单工具进行双面刺绣、叠绣（贴绣、摘绫绣）及加彩。

制作前首先设计绘制出各类吉祥图案，然后依图裁切，缝制填充成立体造型，最后再配以琉璃、流苏装点，便成了极具锡伯族特色的艺术品。其工艺流程可分为五步：设计打样、刺绣、剪裁、成型、配饰。制作步骤看似简单，但实际制作过程并不容易。锡伯族荷包不但绣法多样，而且要求严格。针脚要均匀，纹理要分明，要处处见针，针针整齐。图案设计要求饱满匀称，色彩设计要求搭配合理，强调对比。色彩处理手法大致分为两类：一类是深底浅花，看起来花在后，光色在前，主要纹样采用明色；另一类是浅底深花，花在前，光色在后，纹样采用不同程度的暗色，主纹样色度不致过于明显，使绣品浓淡有致，富有立体感。

锡伯族信奉兼有自然崇拜和图腾崇拜的萨满教，把大自然中的许多花卉鸟兽都看作是有神灵的。制作荷包时，将大自然吉祥的物象引入其中，渐渐地形成了锡伯族荷包的独特风格。总而言之，锡伯族针荷包造型简单质朴，立体居多；图案吉祥美观，追求原始的自然美；绣工简洁直率，粗中有细，针法运用自如；色彩热烈，对比强烈；做工精细，琉璃、流苏等配置得当。

图片来源

图一、图八、图十　马占勇　摄影
图二至图九　李梦凡　制图

参考文献

张诗悦，任晓娟.锡伯族民间刺绣艺术探析[J].黑龙江史志，2010（9）：162-163.

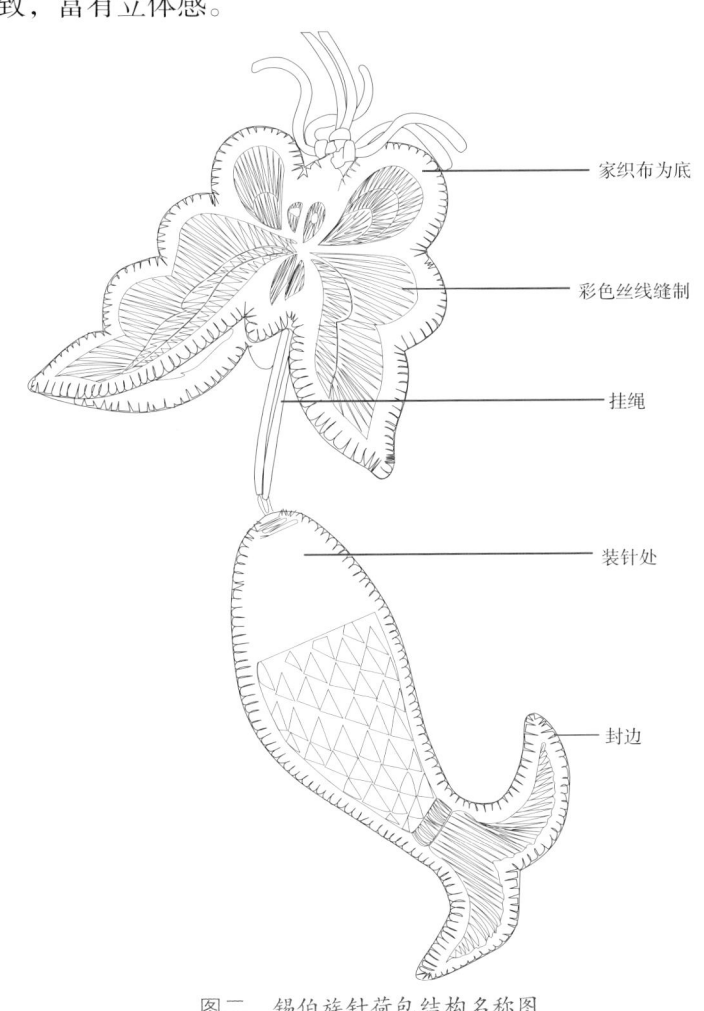

图二　锡伯族针荷包结构名称图

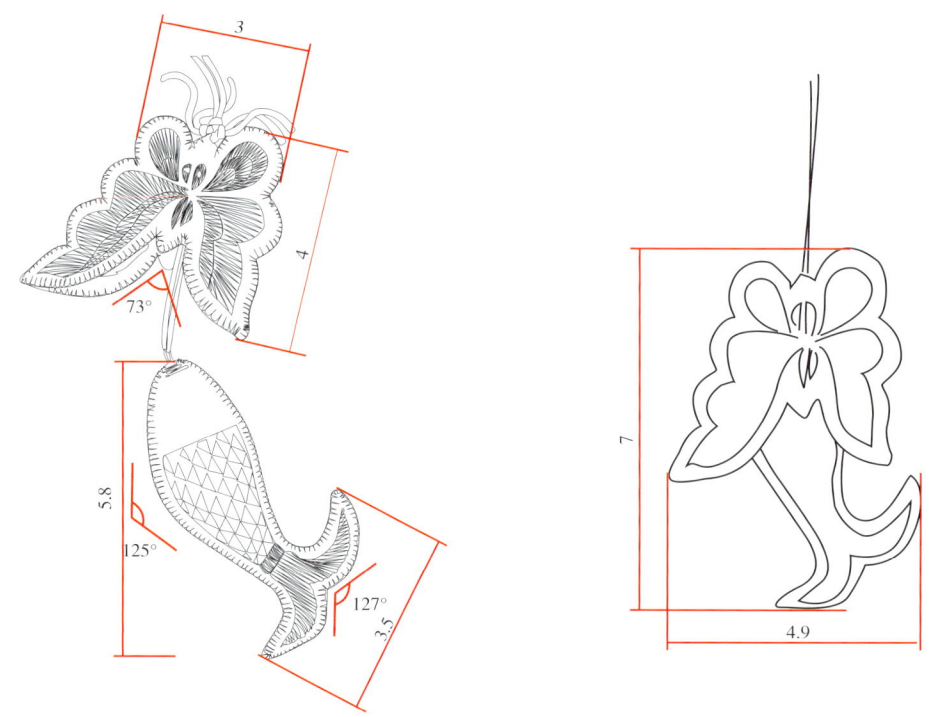

图三　锡伯族针荷包尺寸图（单位：cm）

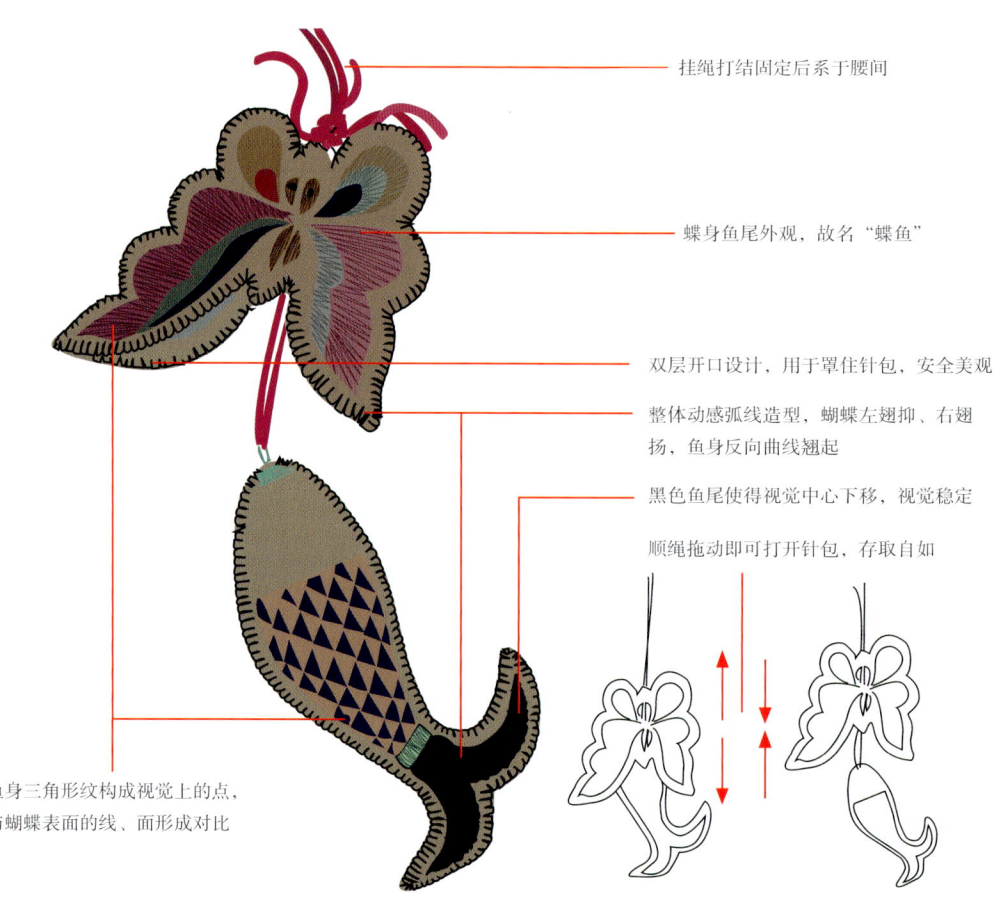

图四　锡伯族针荷包设计分析图

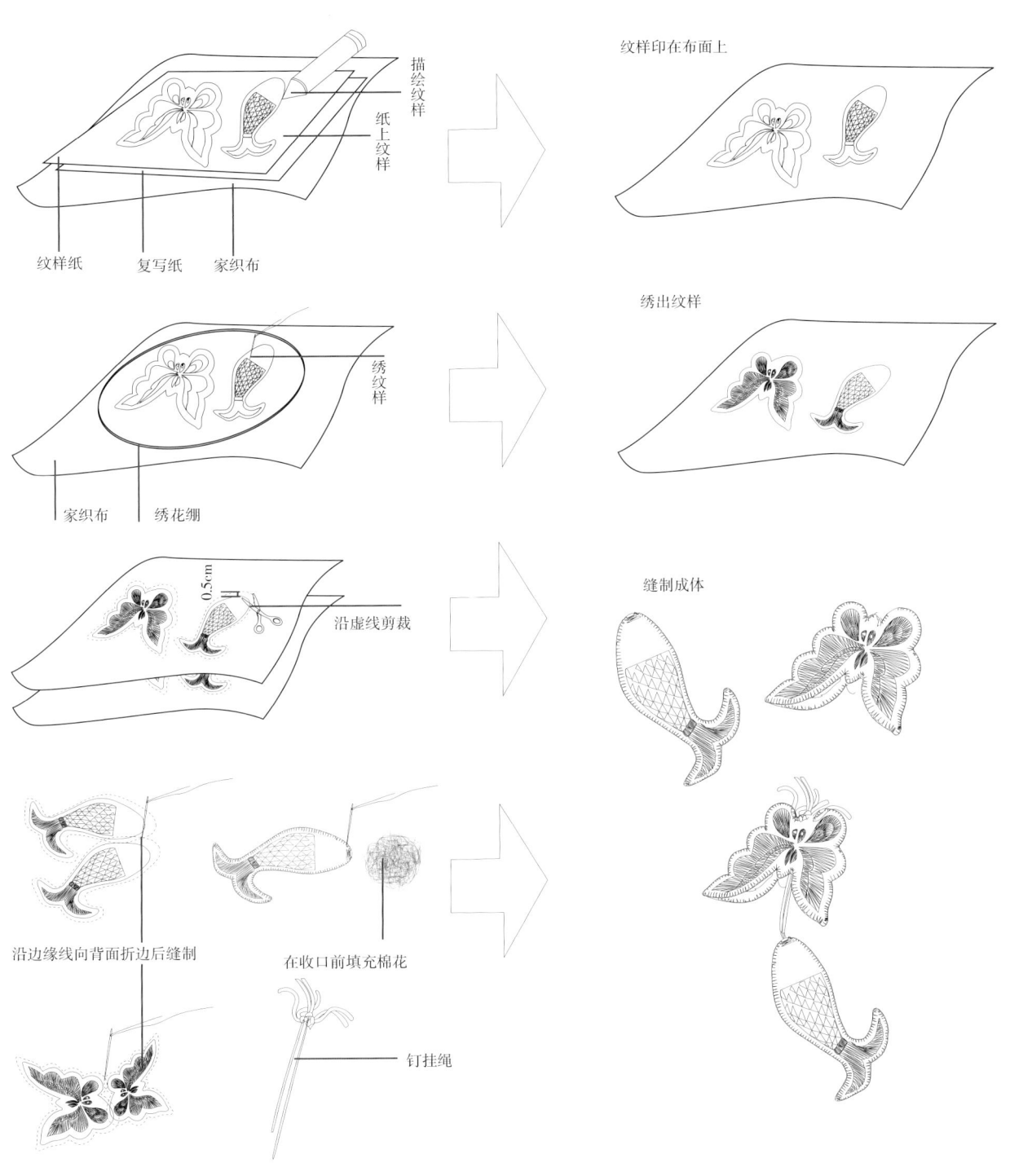

图五 锡伯族针荷包制作流程图

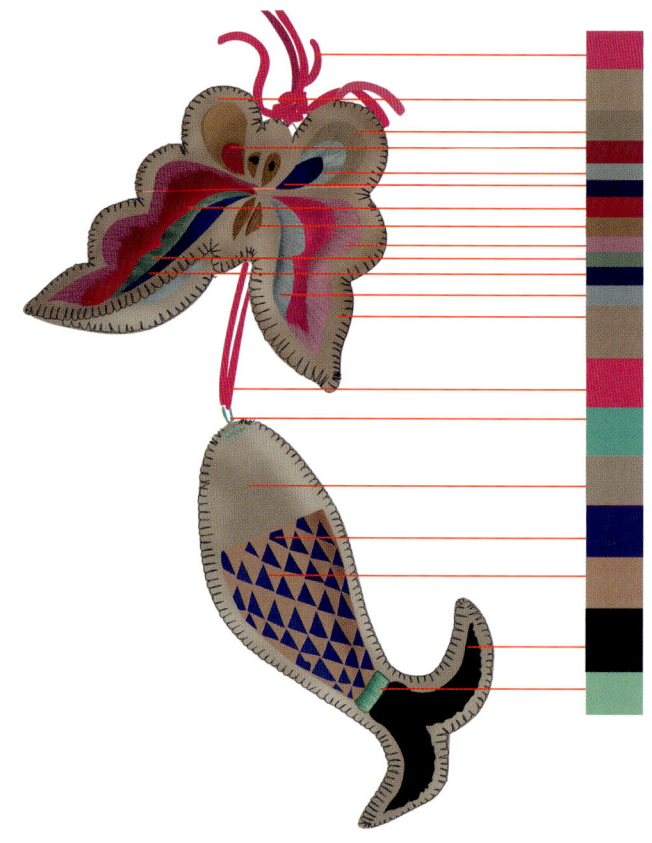

图六　锡伯族针荷包色彩构成图

鱼戏莲　　　　　　　　　　福在眼前

蝶恋花　　　　　　　　　　金蝉吐钱

图七　锡伯族针荷包常见样式示意图

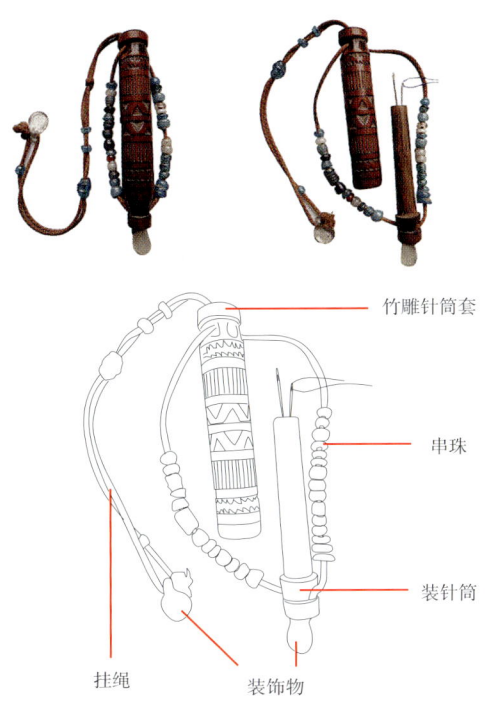
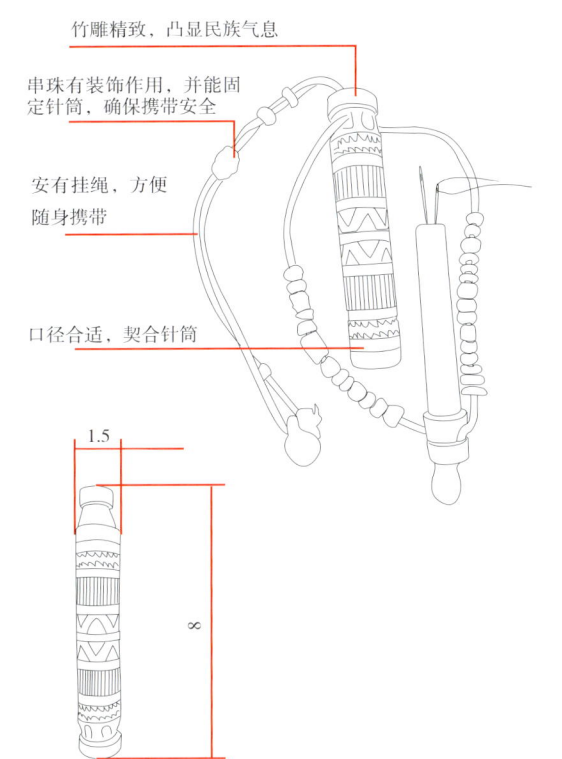

图八　锡伯族竹雕针筒结构名称图　　　　图九　锡伯族竹雕针筒尺寸图、设计分析图（单位：cm）

图十　锡伯族各式针荷包

锡伯族枕顶

图一　锡伯族枕顶主图

香枕为多民族传统枕头类型。传统香枕为手工缝制,造型多样,装饰精美,一般为布质,所以又常称作布枕。新疆锡伯族香枕造型繁多,主要有方枕、圆枕、扁枕、空枕、双人枕、耳枕等。

在锡伯族各式香枕中,以方枕最为流行,因其侧面方正而得名,一般方枕整体尺寸为长40厘米,宽15厘米,高15厘米。枕头一般以蓝、红色为主,两侧枕顶也以同色布料为底,边缘常衬以2厘米—3厘米宽的黑布作为框边,起到烘托主体、增强视觉美感的作用。黑色衬边与绣布衔接之处有时还会压一条装饰边线,多以浅色细布条为之,用来加强绣布及绣花的色彩对比,同时也丰富了整体画面层次。

在香枕装饰艺术设计中,枕顶往往为装饰核心。枕顶,俗称堵头,是香枕两边的部分,心灵手巧的妇女常在其上绣制精美图案,该习俗代代传承,创造出了绚丽多彩的枕顶艺术。在层层衬托的有限空间内,锡伯族妇女穿针引线,绣制各式图案。锡伯族香枕凝聚了锡伯族独特的民族文化,其枕顶刺绣也成为中国少数民族中极具魅力和特点的刺绣风格之一。

枕顶刺绣手法多样,从锡伯族民间枕顶刺绣作品来看,主要有平绣、挑花、平金、戳纱绣、铺绒及补绣等,绣工细腻,图案工整。有单独纹样也有组合纹样,构图饱满,造型优美,色彩绚丽。常见蝴蝶、菊花、牡丹花、海棠花等动植物形象及各式传统纹样,组合形式灵活多变。在各式图案中,蝴蝶图形尤为独特。因为蝴蝶在锡伯族人心目中是美的化身、自由的象征，所以枕顶设计中常将灵动飘逸、色彩绚烂的蝴蝶作为图案的核心，辅以各式花叶纹样。枕顶两边图形多为非对称处理，但主题一致，形式统一中有变化。同时，枕顶刺绣讲究色彩搭配，各类色彩间的关系组织合理，既注重色彩对比，也兼顾整个画面的和谐，具有很强的装饰性。

锡伯族枕顶刺绣作为宝贵的非物质文化遗产，有其独特的艺术语言和技艺表现手法。其精湛的刺绣技艺与独特的图形及色彩设计均融入了深厚的民族文化与情感，彰显出民族文化的艺术魅力，是锡伯族人生活习俗、宗教信仰、审美意向的综合物质载体。

图片来源
图一、图十二　马占勇　摄影
图二至图十一　罗云　制图

参考文献
肖锟.刍议新疆锡伯族香枕刺绣的艺术特征[J].装饰，2011(12):139-140.

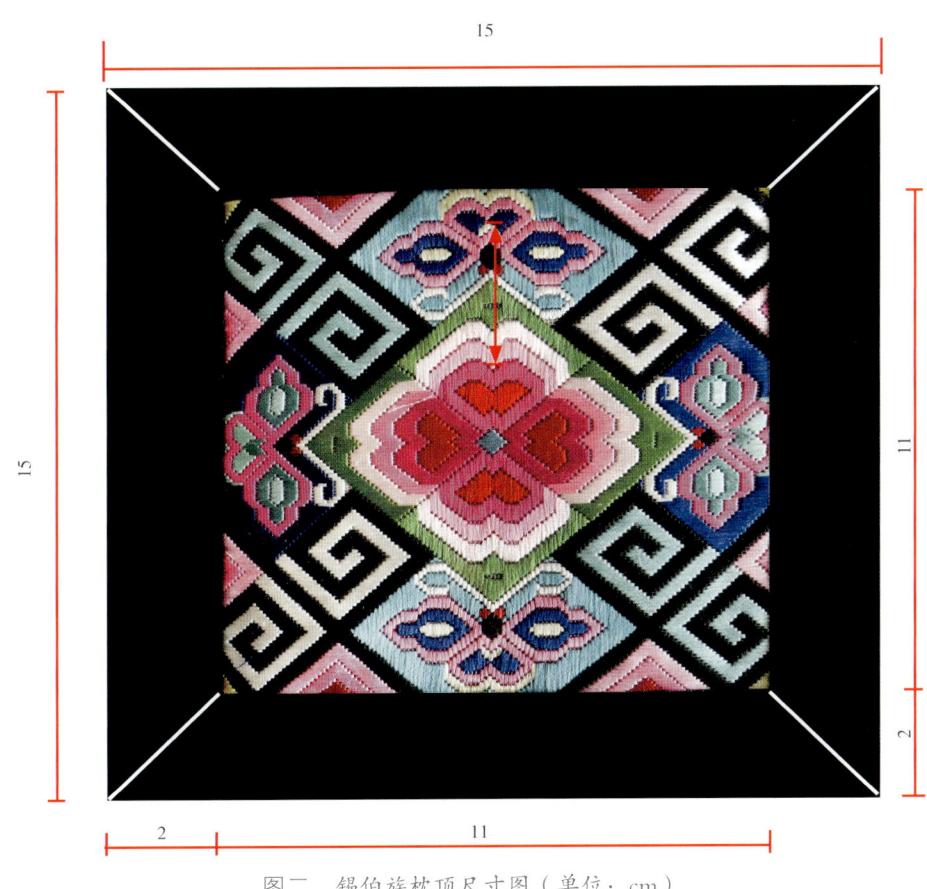

图二　锡伯族枕顶尺寸图（单位：cm）

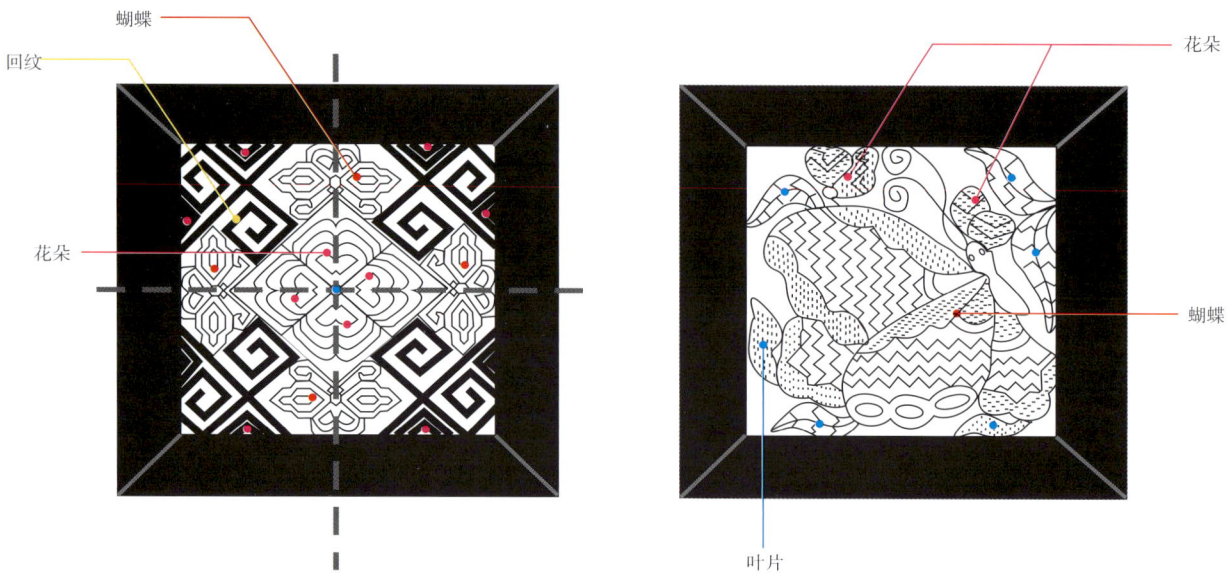

图三　锡伯族枕顶设计分析图1

图四　锡伯族枕顶设计分析图2

● 色彩明快、饱满，两枕顶色彩相互呼应

图五　锡伯族枕顶色彩构成图

图六　锡伯族蝴蝶枕顶

第六章　锡伯族传统手工艺

图七　锡伯族蝴蝶枕顶线描图

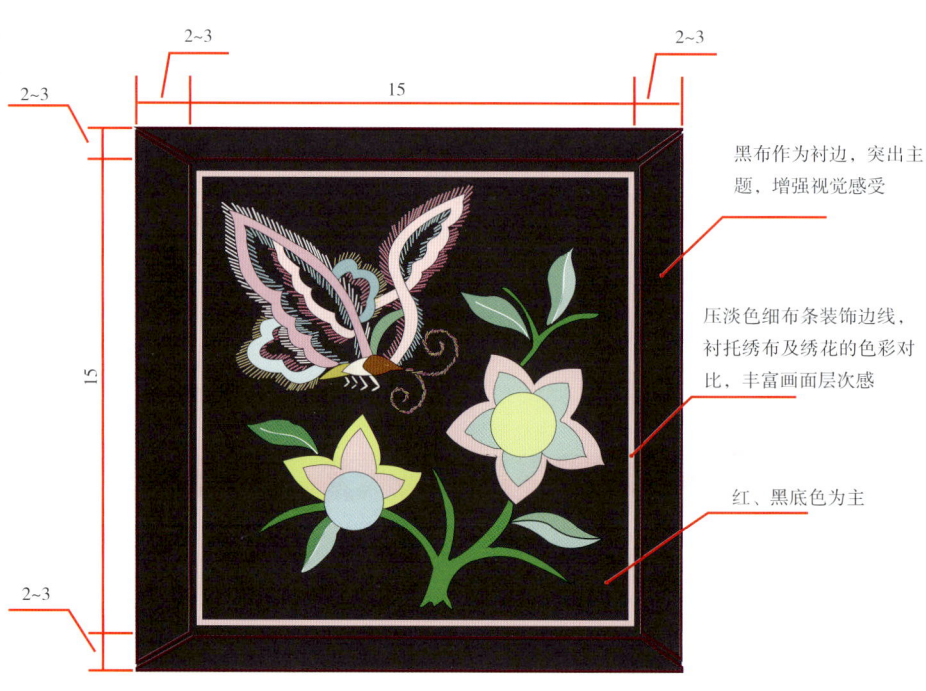

图八　锡伯族枕顶布局图（单位：cm）

黑布作为衬边，突出主题，增强视觉感受

压淡色细布条装饰边线，衬托绣布及绣花的色彩对比，丰富画面层次感

红、黑底色为主

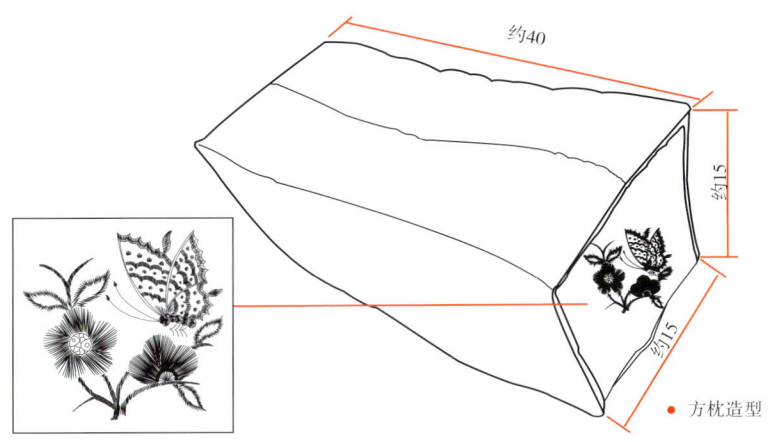

图九　锡伯族方枕尺寸图（单位：cm）

图十　锡伯族枕顶常见图形色彩分析图

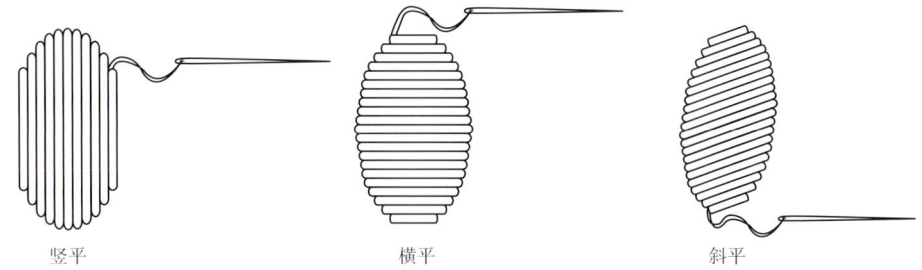

平绣针法是所有刺绣技法中的基础,可分为:横平、竖平、斜平
特点:单针单线,沿纹样,从一端起针,到另一端落针,挨针挨线,针脚均匀,顺序排列,布满轮廓

挑花又名"十字花绣",以"十字"为基本单位,按定式排列组合成整体图案。挑花从布中央起针、起绣,向两边或四周延续,讲究对称、整齐,布局巧妙

"贴花绣"又名布贴绣,依靠彩色布料形成花饰。先将纹样制成剪纸,贴在布上,再将彩色布略放大,也剪成同样纹样,覆在剪纸上,卷边,用线钉固。贴花往往结合彩布刺绣,最终形成绣品

图十一　锡伯族枕顶刺绣针法示意图

图十二　其他锡伯族枕顶

第七章
锡伯族传统民俗和宗教造像

锡伯族抹黑节

图一 锡伯族抹黑节主图

抹黑节是锡伯族人的传统节日。传说许多年前，一对锡伯族夫妇救了一只受伤的燕子，燕子衔麦种作为报答，由此锡伯族人开始种麦为生。人吃面粉，狗喂麸皮，各有所食。但一年新年，一人将不慎烙糊的面饼喂狗。巡天神大怒，施法使麦种长了黑色霉菌，播种后结黑籽，无法食用。于是人们向巡天神请罪，愿往自己脸上抹黑，以免小麦再生黑霉。其实，锡伯族先民在与其他民族的交往过程中，生活方式逐渐由渔猎为主转向农耕为主，但由于他们生活的地域气候极寒，小麦受冻易得黑穗病。受限于当时的认知水平，人们认为小麦变黑是天神的惩罚，故用黑灰抹脸以谢罪。久而久之，每年正月十六，传说中巡天神下凡巡视的日子，就成了锡伯族的抹黑节。

现在的抹黑节是一个充满欢声笑语的有趣的节日。为了迎接这个特殊的节日，人们前一天晚上就开始准备"库肚苦"（抹锅底黑灰的布或者毡片）。抹黑节当天清晨，人们早早起床，梳洗完毕便成群结队地上街。大家拿着准备好的浸了清油、沾着锅底烟的"库肚苦"，一遇上人，便往对方脸上"抹黑"。有时，人们还会用黑灰在脸上画出各种图案，颇具锡伯族文化特色。尊敬老人是锡伯族的传统美德，抹黑节这天如果遇见老人，必须先向其请安问好，在得到老人的允许后才能半跪着在老人的脸上抹一点点黑，或者由老人自己抹，以表示对老人的尊敬。

对于锡伯族人而言，黑色在抹黑节代表

的是喜庆吉祥，抹上黑则象征得到幸福，避免灾难。

除抹黑节外，锡伯族还有许多特色节日，如抢千烛、祭地节、祭星节等。

抢千烛，锡伯族传统节日，农历十月二十三日举行。节前各家各户会提前做烛。烛由面和清油做成，做好后送到指定的庙里。庙里会做一只特大的烛放在中间，象征月亮，周围摆放各家送的小烛，象征群星。节日早晨，人们聚于庙中，喇嘛点烛祭祀。等到祭祀结束，大家便开始抢烛。经过激烈的争抢，人们把抢得的面烛带回家，做成烤面饼，备早晨食用。锡伯族人认为节日抢得面烛是非常吉利的，家中无子的会有子，有子的人丁会更加兴旺。

祭地节，锡伯族传统节日，每年春耕开始前择日进行。节日当天，每家选择一头肥猪，在自家后院设置的祭坛上，先用清水浇猪身，家长烧香在猪身上晃三下，口念祝词，面向西天行跪拜礼，祈求地神和天神保佑人畜两旺，五谷丰收。然后宰猪，将猪血洒在地上，鬃毛埋进土里，再将猪头煮成半熟品供在祭桌上。如果节日当天或隔日下雨，则是丰收吉兆。如果刮大风，则预示这年可能是灾年，需要到祈年树下祭拜地神和天神，祈求消灾。

祭星节在每年农历的十二月二十七日。节日这天，各家选一只肥公羊，用水洗净、宰杀，院中放一张桌子，把宰好的羊放在桌前；在院靠西的墙角放一个小炕桌，上面放七根蜡烛，摆成北斗七星的样子点燃；然后在院西北墙上按北斗七星的位置钉好七根木桩，每根木桩上点燃一支蜡烛；再将当晚宰好的羊腿供奉一夜，以求得七星保佑。

锡伯族人通过欢庆民族传统节日的方式传递着对美好生活的追求，彰显出独特、深厚的民族历史和文化。

图片来源
图一　师晔兰　制图
图二、图七　陈丹　制图
图三至图六　陈丹、李齐忠　制图

参考文献
李云霞.锡伯族节日习俗的演进[J].满族研究,1996(1):89—91.

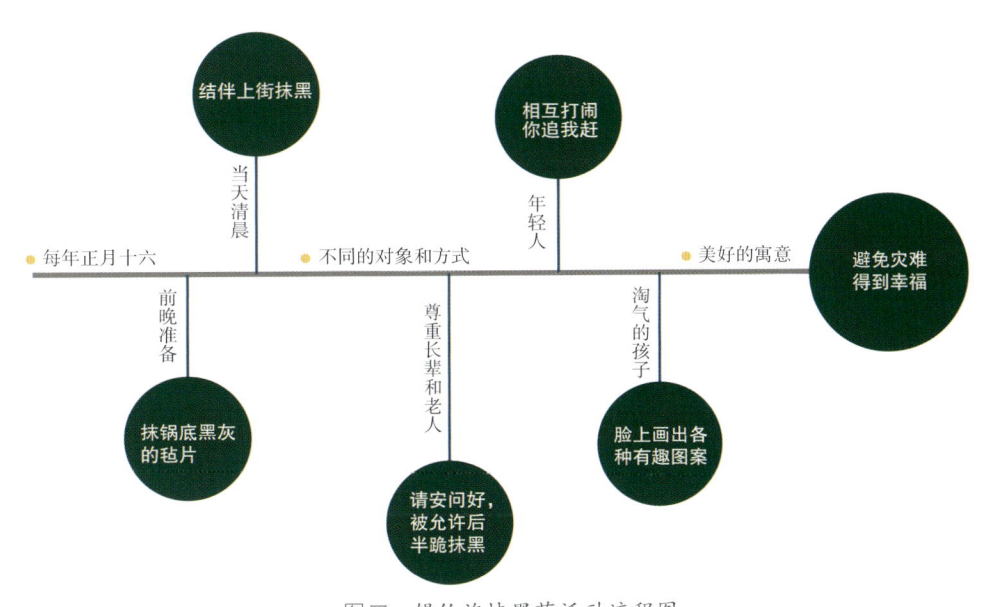

图二　锡伯族抹黑节活动流程图

抹锅底的黑灰

图三　锡伯族抹黑节前晚准备

图四　锡伯族年轻人相互抹黑

图五　锡伯族抹黑节时对长辈和老人的尊重

礼貌地抹点黑
以示友好尊重

图六　锡伯族抹黑节对客人的礼待

第七章　锡伯族传统民俗和宗教造像

187

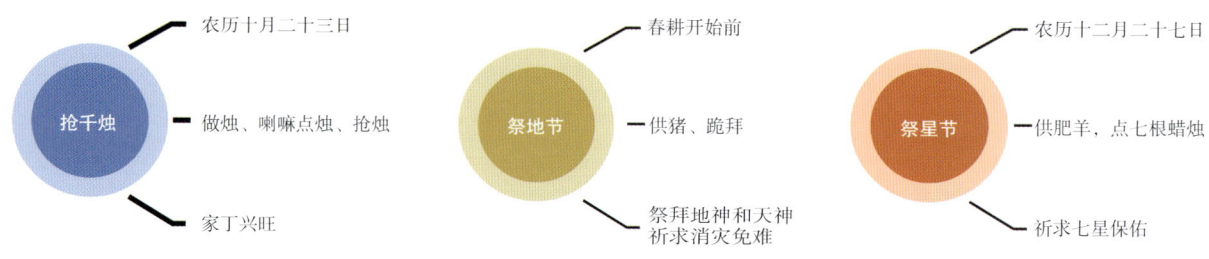

图七 锡伯族其他特色节俗

锡伯族西迁节

图一　锡伯族西迁节主图

西迁节是锡伯族的西迁戍边纪念日，是200多年来锡伯族的民族传统节日。因有怀念亲人之意，西迁节又叫怀亲节，锡伯语称"杜音拜专扎坤"。

西迁节源于乾隆二十九年（1764）的农历四月十八日。当时，4000余名锡伯族官兵及眷属奉朝廷之命由盛京（今沈阳）出发，途经彰武台边门、通辽、开鲁、阿鲁克尔沁、西乌珠穆沁、东乌珠穆沁、右翼后旗、中前旗、车臣汗旗、乌兰巴托、乌里雅苏台、科布多、阿尔泰、布尔津、和布克赛尔、察汗鄂博、额敏、博尔塔拉、巴尔鲁克、伊犁惠远城，经过一年零五个月的艰苦跋涉，最终到达伊犁地区的察布查尔锡伯自治县。之后，锡伯族人不怕牺牲，英勇抵御外侵，维护地方安定，他们团结一心，开拓进取，大力发展城市建设和文化事业，极大地推动了新疆地区的发展和繁荣。在这个过程中，锡伯族人也真正融入了当地的多民族生活，成为新疆13个世居民族之一。自那时起，每年农历四月十八日，人们都要在寺庙内拱灶、杀猪、吃高粱米饭，以此来纪念锡伯族祖先西迁的历史壮举。

西迁节的庆祝活动丰富多彩，包括祭拜、野炊、射箭、比武、唱歌、跳舞等。祭拜卡伦大典作为庆祝活动之一，有着重要的意义。卡伦在锡伯文和满文中是边境哨所的意思，在人口稀少、防务薄弱的边疆地区，卡伦成为国家有效行使行政管理职能和防止外敌入侵的一项重要制度和组织形式，曾经发挥了不可替代的重要作用。祭拜卡伦，就是为了传承卡伦所蕴含的保卫祖国、建设祖国的情怀和精神。庆典活动中，锡伯族男女老少都要穿上盛装，欢聚在一起，弹响东布尔，吹起墨克那，尽情地跳舞。跳贝伦舞是节日上必不可少的庆祝活动，贝伦舞形式多样，可独舞，也可男女对舞，其动作主要体现在上肢，叉腰、扭肩、甩臂、弹手腕等。男子舞姿粗犷、硬朗、洒脱，女子舞态柔美、舒展，颇显妩媚。锡伯族人通过动听的琴声和丰富的舞姿表达对故乡的思念和对未来美好生活的憧憬。

西迁节是锡伯族人最重要的民族传统节日，节日庆典活动集中展示了锡伯族灿烂悠久的文化传统、民族情感、民间信仰、民风民俗及各类手工艺和歌舞艺术等，有着丰富的文化内涵和宝贵价值。现在，锡伯族西迁节庆典活动本身已经成为充分展示锡伯族民族文化及其发展的空间和平台。

图片来源
图一　吴坤桐　摄影
图二　新疆锡伯语言学会
图三至图六　祝兵越　制图
图七　察布查尔县公众信息网
图八　马剑威.中华文脉——国家级非物质文化遗产名录锡伯族西迁节.新疆画报，2013.5.
图九　马雄福.新疆少数民族服饰与节庆.北京：中国旅游出版社，2008：p107.

参考文献
[1] 马雄福.新疆少数民族服饰与节庆[M].北京：中国旅游出版社，2008.
[2] 宋梅.新疆少数民族节庆文化研究——以西迁节、那达慕大会和葡萄节为例[D].石河子大学，2008.

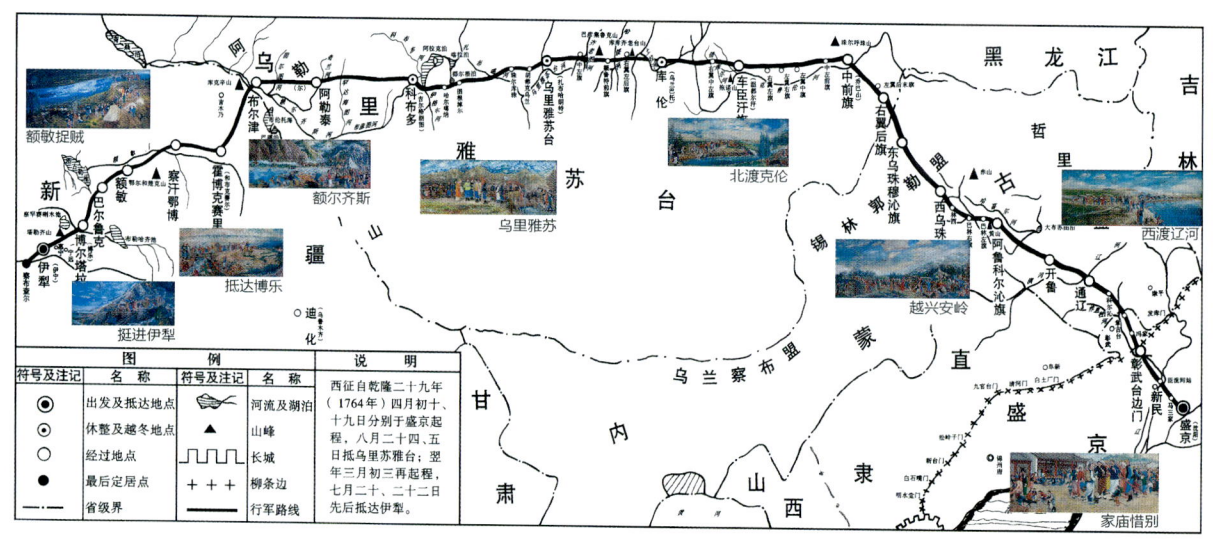

图二　锡伯族西迁线路图

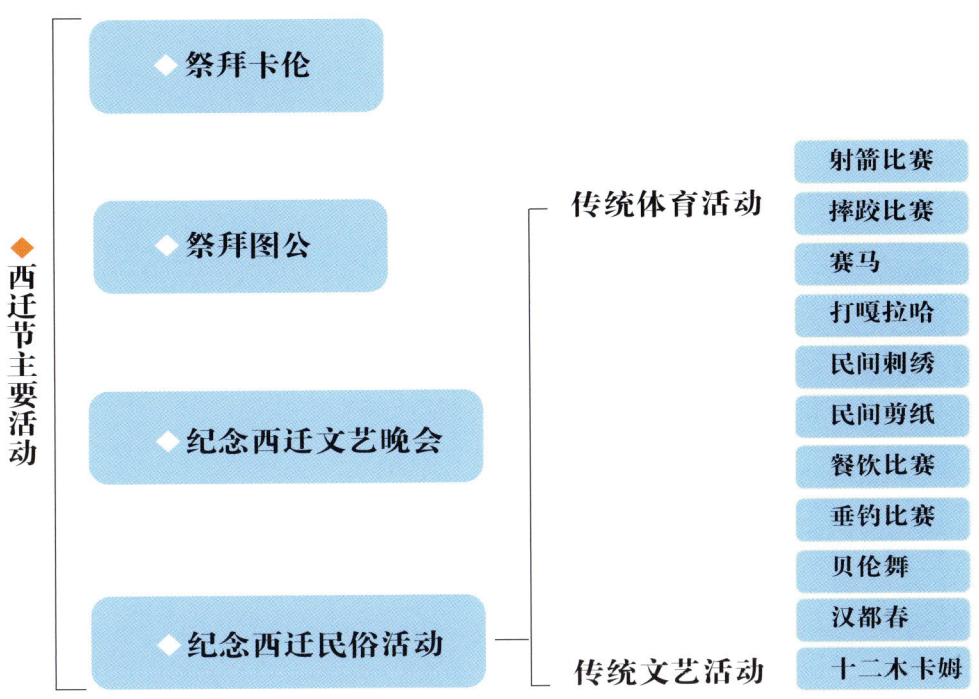

图三　锡伯族西迁节庆祝活动

图四　锡伯族西迁节庆祝活动·欢跳贝伦舞

图五 锡伯族西迁节庆祝活动·射箭比赛

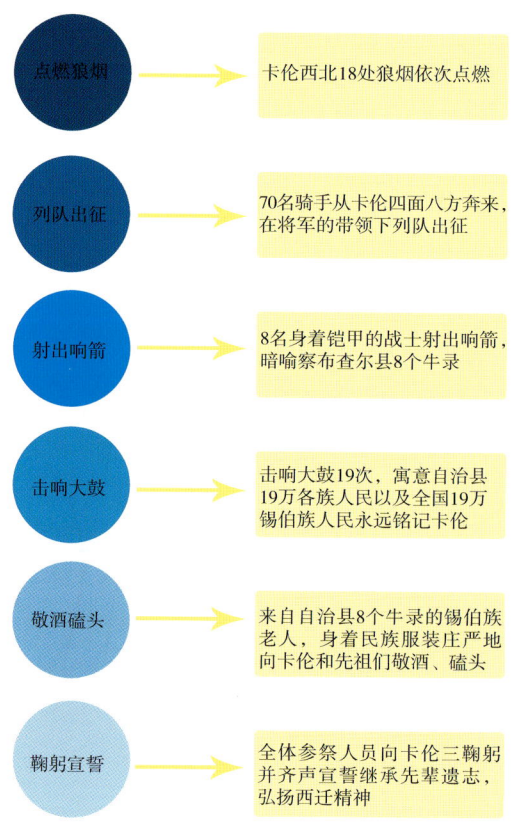

图六 锡伯族西迁节祭拜卡伦流程图

图七　锡伯族西迁节庆祝活动·祭拜卡伦

图八　锡伯族西迁节庆祝活动场景1

图九　锡伯族西迁节庆祝活动场景2

锡伯族礼仪及禁忌

图一　锡伯族礼仪及禁忌主图

锡伯族是一个崇尚礼仪的民族。尊老爱幼、尊客好客、崇尚整洁等都是锡伯族传统礼仪的重要内容。同时，由于其独特的历史渊源及民族文化，长期以来形成了一些特别的禁忌。总体来看，这些礼仪和禁忌从不同的角度体现出了锡伯族人对个体的要求、对群体秩序的尊重以及对天地自然的认知及敬畏。当然，其中也存在产生于特定文化环境下的、具有时代局限性的礼仪与禁忌。

"打千"是传统锡伯族日常生活中普遍应用于见面时的礼节。晚辈与长辈、儿女与父母、久别重逢的同辈、老人与老人见面时都行此礼。所不同的是，老人与老人之间、同辈中间行千礼时，对方也同时"打千"，即"答千"，而年轻人向长辈"打千"时，长辈只需应一声就算应礼了。锡伯人的"打千"礼只限于本民族内使用，妇女间亦不行此礼，但男性长辈向同辈妇女行此礼时，对方也须做出"打千"的样式应礼。"打千"的形式是立定后，左脚先迈出半步，双膝弯曲，把左手先放在左腿膝盖上，然后右手压住左手，身子往下坐一下，即刻复直。锡伯人"打千"的形式和满族"打千"形式相似而稍有别。

跪礼和磕头为大礼，主要用在婚丧嫁娶、节庆祭祀等重大场合，过春节或家中老人过寿时，晚辈也常施跪礼拜贺。

此外，许多日常生活的细节中也反映出锡伯族的礼仪秩序：就餐时，锡伯族人强调按长幼就坐，长辈坐西侧；有客人来访，主人需提前整理清洁房间，以示尊重；客人到达，主人要出来迎接款待，由家中晚辈敬茶或敬烟，若主人与客人辈分相等，客人须起立或欠身，双手接过；客人告别时，主人要送至门外；穿着无论新旧贵贱，须整洁；保持家庭环境的同时，注意保持公共环境的整洁，表示对自己和别人的尊重等。这些点点滴滴的日常礼仪规范融汇成锡伯族人有礼有节、积极向上的精神风尚。

传统锡伯族在日常生活中有许多禁忌，体现在起居饮食、待人接物、行为习惯等方面，如吃饭时不能坐在门槛上，不能到街上或院外吃饭，不能用筷子敲饭碗、饭桌，不能将筷子横放碗上，翁媳不能同桌进餐等；禁止随意拨弄长辈衣物，尤其是帽子；禁止坐、踩或跨过衣、帽、枕头等；禁止把穿过的裤子、鞋、袜放在高处；禁止顺着炕烟道睡觉；禁止在正房西山墙外大小便或堆放垃圾杂物；家中有病人或妇人生孩子，会在门框或树上系挂红布条或一小束草，以示外人禁止入内；"忌针"，禁止正月初一至初五做针线活；禁止女子缠足；女儿出嫁后，三年内禁止回娘家过春节和元宵节等等。此外，对锡伯族人而言，狗和虎是祥瑞的化身，有着特殊的意义，所以锡伯族自古便有关于狗和虎的禁忌：禁食狗肉，禁止使用一切狗制品，禁止外族人携带狗制品进入家中；禁止猎虎，禁止在名字中使用虎字，以表示对虎的尊重。

随着社会的发展、生活方式的变化，锡伯族的礼仪和禁忌也在不断地发展变化：传统之中融入一些新时代的礼仪规范，同时一些陈旧的、落后的、不合时宜的习惯与禁忌也在逐渐消失。在继承、发展和变化中，逐渐形成了锡伯族礼仪与禁忌新的文化形式与内涵。

图片来源
图一　侯婷　制图
图二至图七　周晶莹　制图

参考文献
佟克力.锡伯族[M].乌鲁木齐：新疆美术摄影出版社，1996.

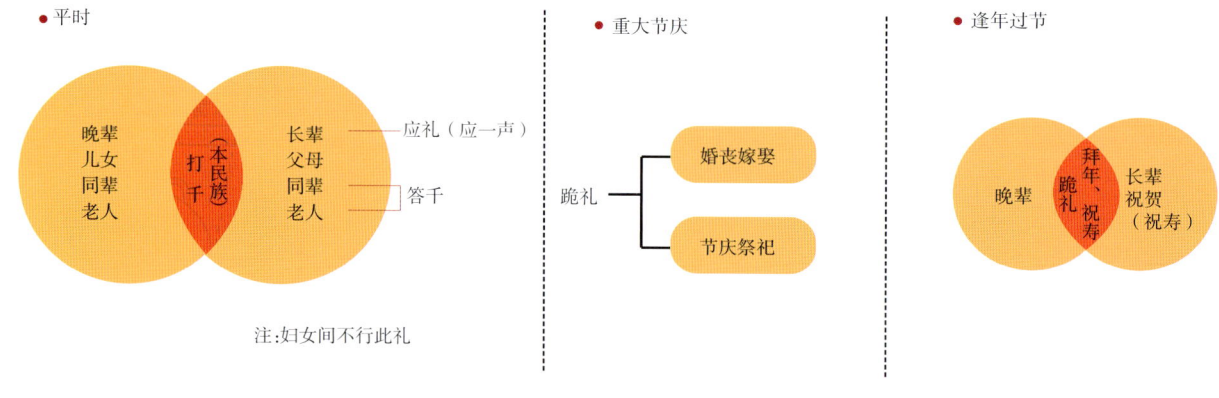

图二　锡伯族礼节分析图

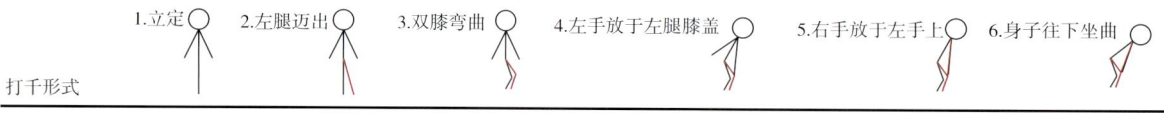

图三　锡伯族打千礼分析图

图四　锡伯族打千礼场景图

● 妇女生孩子或家有病人，如小孩出水痘等，要在门框或门外树上挂红布条或一小束草，以示禁止外人入内。

图五　锡伯族禁止入内标识

第七章　锡伯族传统民俗和宗教造像

197

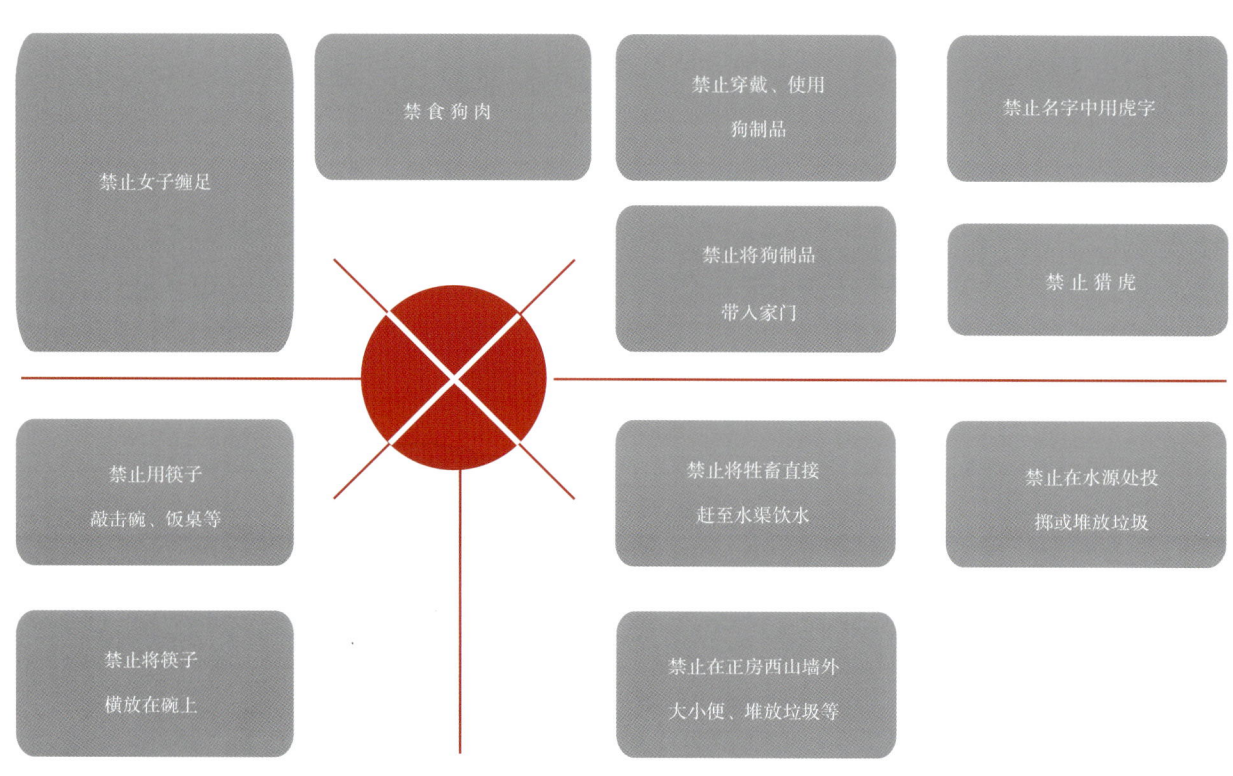

图六 锡伯族禁忌（保留）

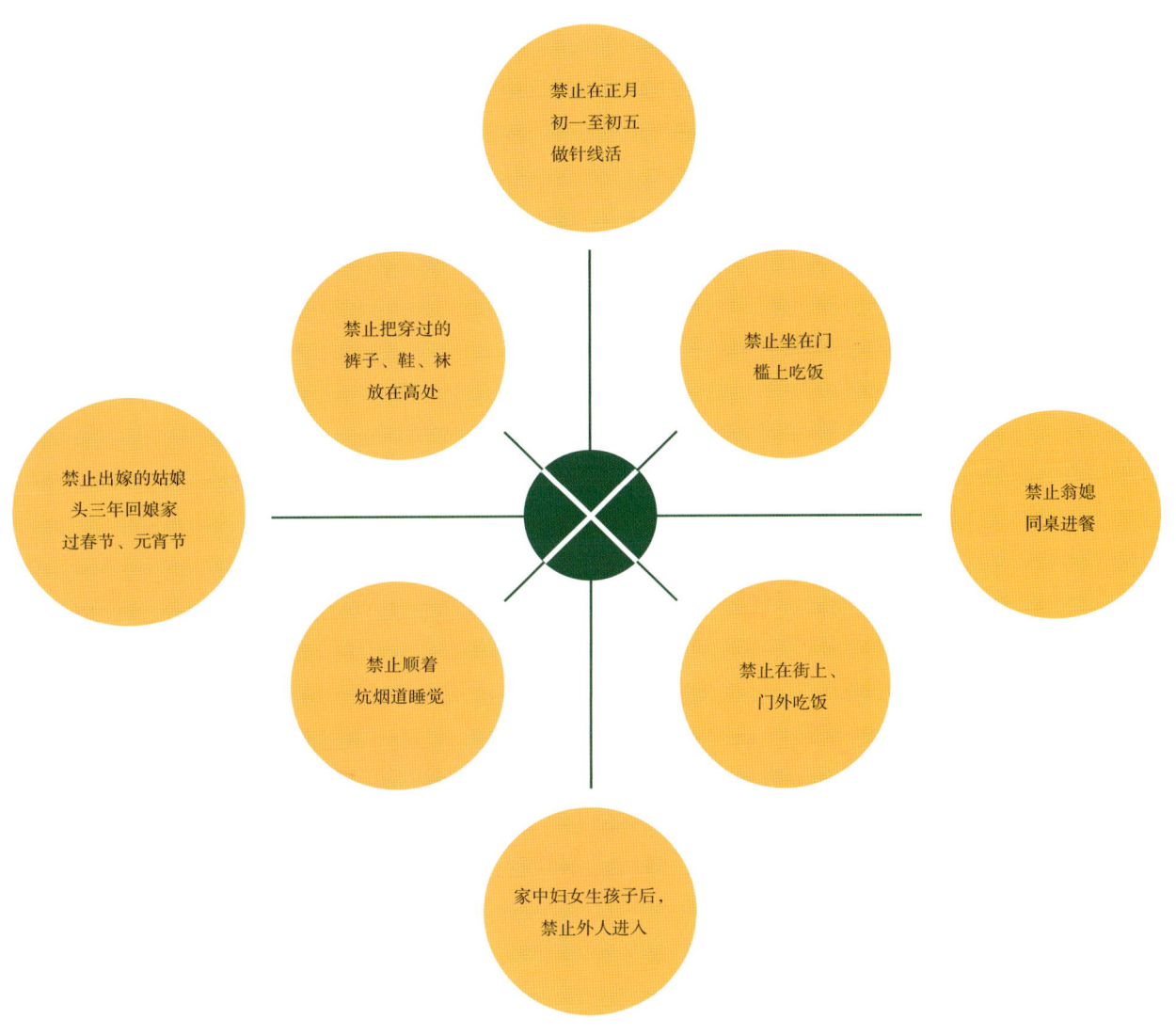

图七 锡伯族禁忌（开禁）

锡伯族婚俗

图一　锡伯族婚俗主图

婚嫁习俗是各民族传统风俗文化中的重要组成部分，反映了各民族的文化特色。锡伯族的婚姻制度为一夫一妻制。过去，子女的婚姻大事多由父母包办，讲究"门当户对"。在古代，锡伯族女子不能外嫁他族，锡伯族男子可以娶他族女子。在锡伯族内部，本姓禁止通婚。

锡伯族传统婚嫁有着较复杂的程序，一般分四个阶段：提亲（说亲），许婚（定亲），认亲（跪拜宴、认门礼、选婚期），大喜。

过去，锡伯族男子到了十六七岁的年纪，父母便着手准备其婚事。如果男方有了心仪的对象，就需要请媒人到女方家提亲，也称说亲。沟通后，若女方对这门亲事比较认可，则进入第二个阶段许婚。

此时，女方会设小酒席，邀请直系亲属、男方父母及媒人参加，告知定亲事宜。传统的定亲仪式相当讲究，是锡伯族婚嫁程序中的重要一环，一般有两个步骤：第一次为"磕空头礼"，媒人同男方及其父母，带两瓶贴有红喜字的酒去女方家。未来的女婿给岳父岳母及其他长辈磕头，敬双杯酒，答谢许亲之恩。第二次叫"磕湿头礼"，地点仍为女方家。这一天，男方及其父母与媒人坐马车，带上羊、喜酒等到女方家，杀羊煮肉，热情款待女方家人。席间，在男方父母及媒人的主持下，未来的女婿向岳父岳母及其他新娘直系亲属磕头敬酒，跪献礼物，同时，要给未来的妻子赠送衣料，以表心意。至此，定亲仪式基本结束。

定亲一段时间后，是认亲。男方会要求在女方家举办跪拜宴，即未来女婿给女方家所有的亲戚长辈行磕头礼，锡伯语称"行肯谢林"。跪拜宴时需商谈彩礼事宜。认门礼在男方家举行，其主要目的是女方父母和近亲要亲自考察男方家的生活条件。选婚期这一天，男方会带一两个亲戚还有媒人去女方家商量大喜吉日。确定后，则准备迎接大喜的到来。

传统的大喜流程较复杂，前后共需五天时间。第一天，男方将彩礼和迎亲的喜篷车送到女方家。喜篷车要经过特殊装饰：车前挂铜镜，车后悬八卦，马首系大红布条。喜篷车到达后停放在女方家前院，在新娘登车前不能移动。迎亲时由男方早已聘好的奥父奥母代表男方去送彩礼并主持迎亲诸事。第二天女家大宴，同时也是男家小宴。新郎要在岳父指引下，身临各席待客，跪拜敬酒。

女方则需在这一天将嫁妆送至男方。晚上宴席即将结束时，奥父奥母会率十几名小伙前来"打丁巴"。"打丁巴"有点类似于歌舞晚会的形式，"打丁巴"的小伙子们和新娘的亲朋对歌对舞，尽情狂欢。"打丁巴"的活动有时会持续到深夜。次日，即大喜第三天，新娘要早早梳妆：盘发、穿礼服、戴头饰、修面等，然后，由其兄弟用褥子抬上喜篷车。喜篷车到男家大门口，迎亲人在车旁铺红毡，新郎新娘并肩踏红毡至正门前，拜天地，向北叩首。进屋时，新郎先进门，新娘在门外，夫妻相对而跪，新郎用杆秤将新娘盖头取下，然后新娘进门。新郎新娘进门后先在堂屋灶前对跪，用哈达将切成片的羊尾巴油投入火中，以作白头之誓。之后进正屋向父母跪拜。完毕后，新娘入洞房上炕坐帐。晚上，新人喝"换盅酒"，亲朋闹洞房，以示喜庆。第四天，新娘早起给公婆敬茶，新郎送酒给岳父。这天，新人在公婆或长辈带领下上坟祭祖。第五天，娘家人要送两块油饼，并将油饼用纸包好后卷在帐幔的绾结处，新郎和新娘在睡前各吃一块，以示吉利。

现代锡伯族的婚礼从简，在保持民族文化特征的同时，也增加了许多符合时代进步的新内容。

图片来源
图一 吴坤桐 摄影
图二至图十一 周晶莹 制图
参考文献
[1] 楼望皓.中国新疆民俗[M].乌鲁木齐：新疆美术摄影出版社，2003.
[2] 佟克力.锡伯族[M].乌鲁木齐：新疆美术摄影出版社，1996.

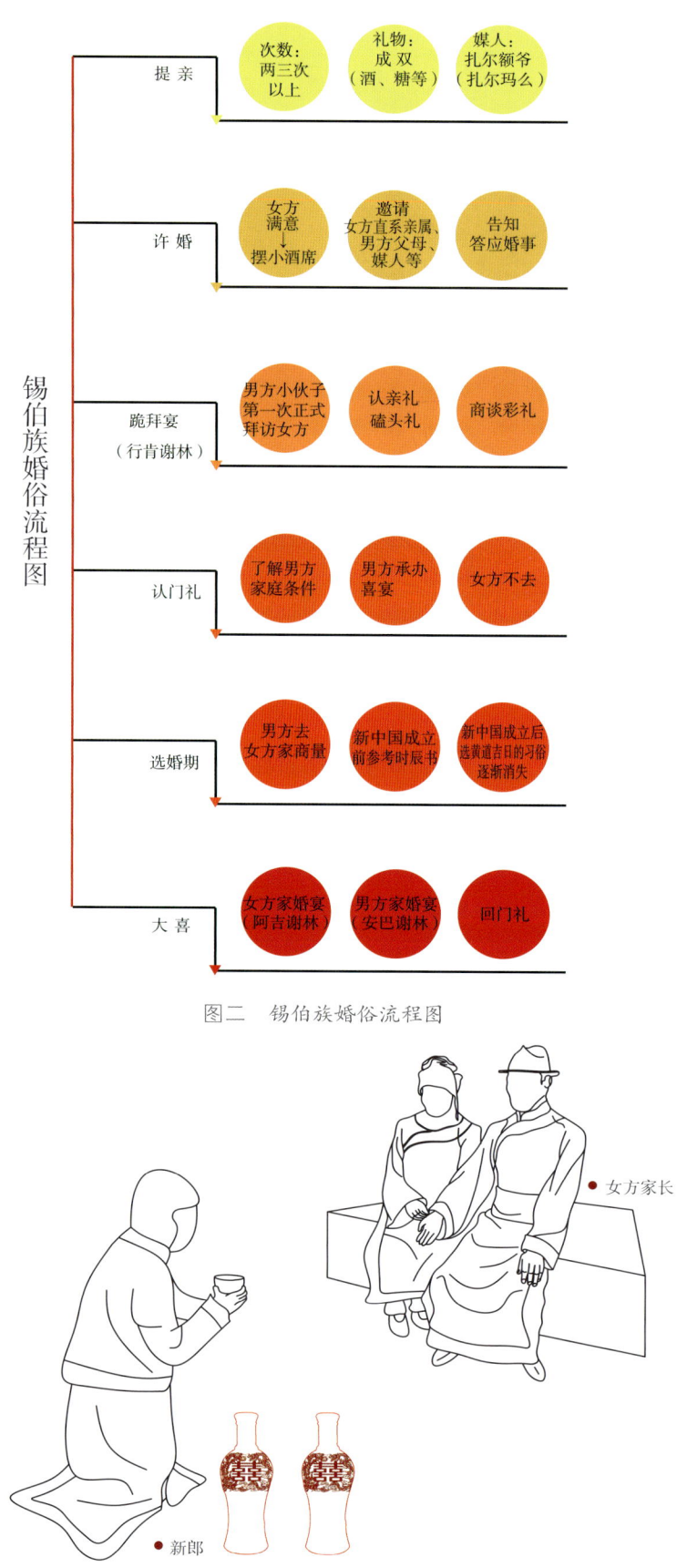

图二　锡伯族婚俗流程图

图三　锡伯族婚俗·磕空头礼

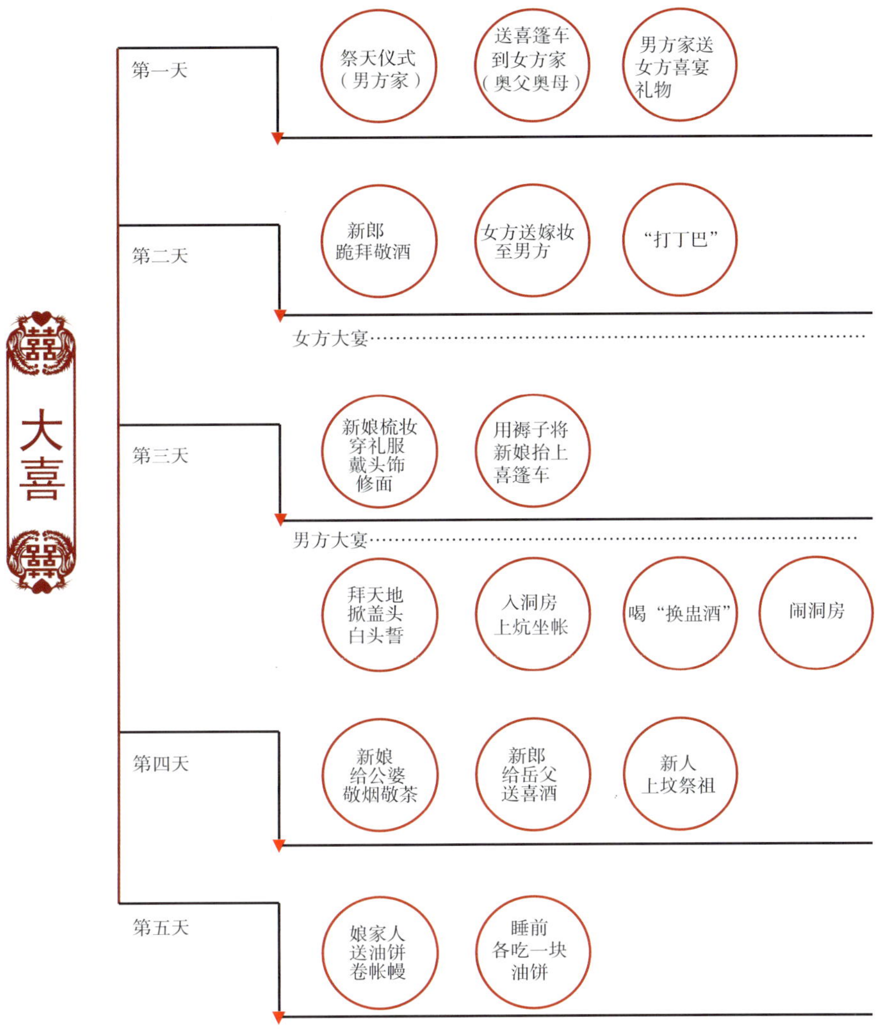

大喜

- 第一天：祭天仪式（男方家）→ 送喜篷车到女方家（奥父奥母）→ 男方家送女方喜宴礼物
- 第二天：新郎跪拜敬酒 → 女方送嫁妆至男方 → "打丁巴"

……女方大宴……

- 第三天：新娘梳妆穿礼服戴头饰修面 → 用褥子将新娘抬上喜篷车

……男方大宴……

- 拜天地 掀盖头 白头誓 → 入洞房 上炕坐帐 → 喝"换盅酒" → 闹洞房
- 第四天：新娘给公婆敬烟敬茶 → 新郎给岳父送喜酒 → 新人上坟祭祖
- 第五天：娘家人送油饼卷帐幔 → 睡前各吃一块油饼

图四　锡伯族大喜流程图

图五　锡伯族婚俗·喜篷车

第七章　锡伯族传统民俗和宗教造像

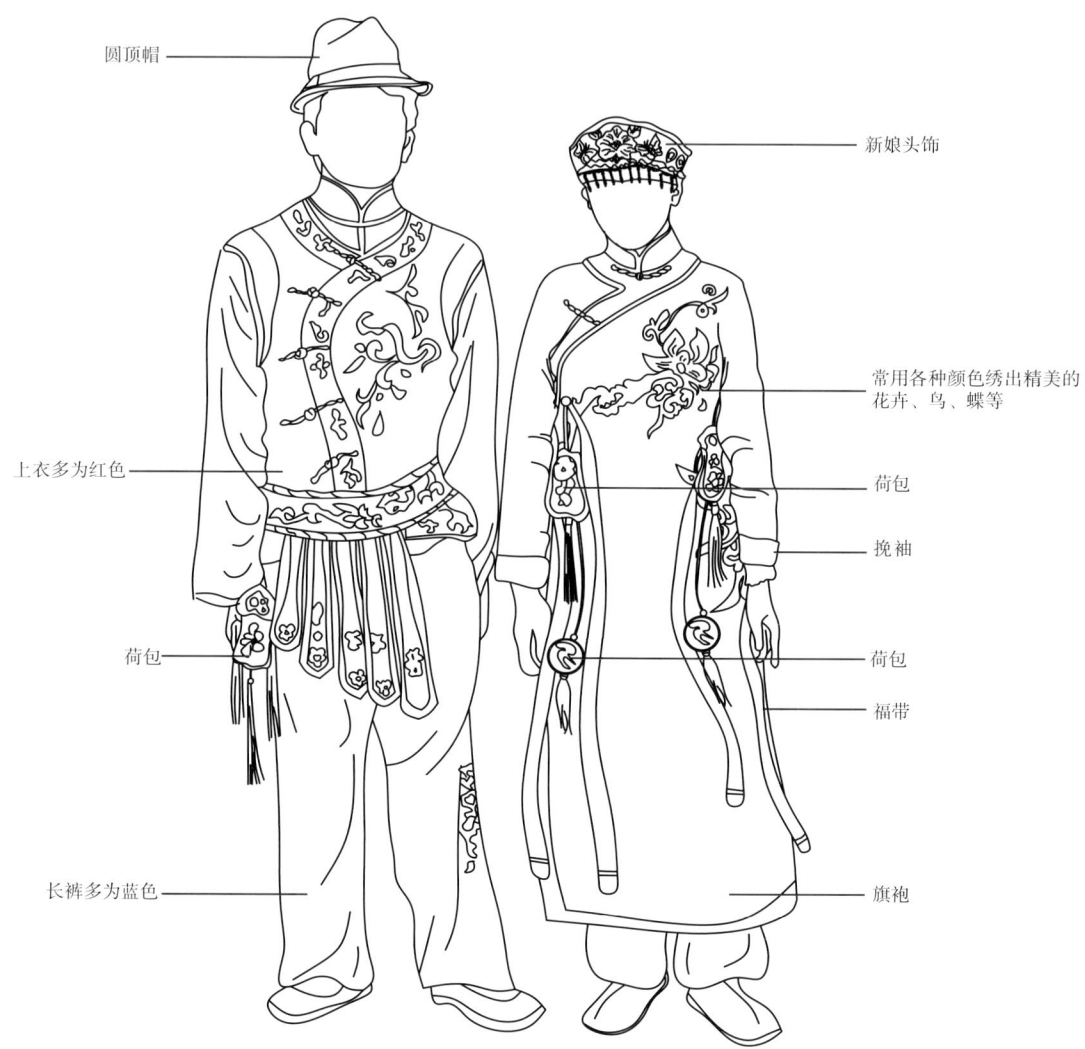

图六 锡伯族婚俗·结婚礼服

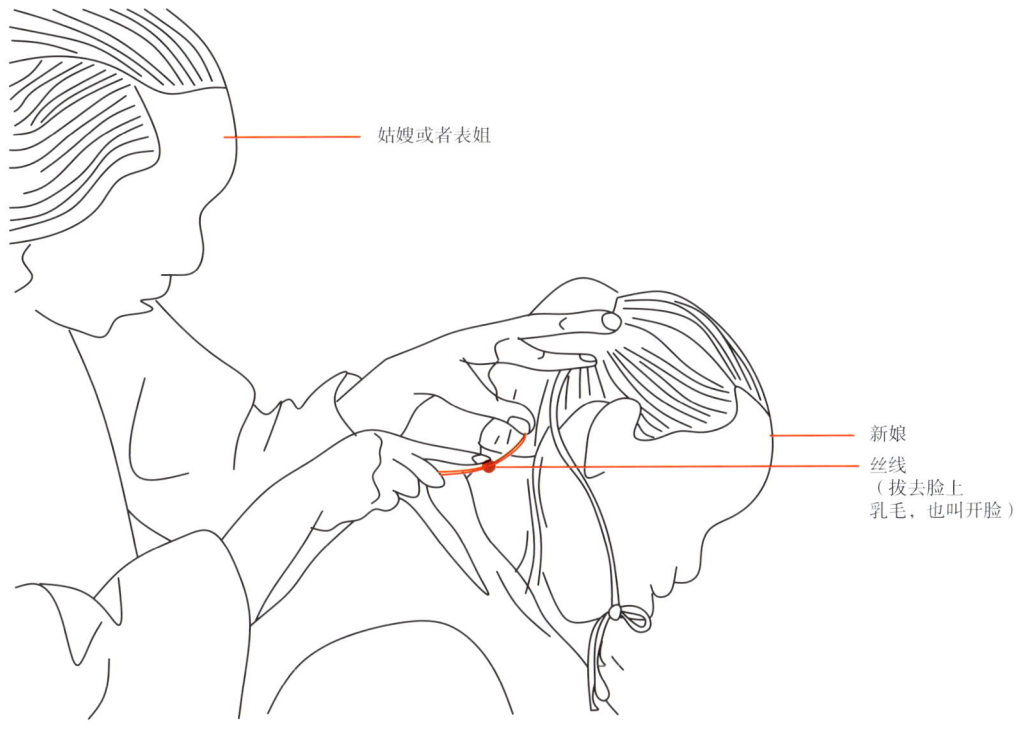

图七　锡伯族婚俗·修面

图八　锡伯族婚俗·新娘头饰

图九　锡伯族婚俗·掀盖头

图十　锡伯族婚俗·喝"换盅酒"

图十一　锡伯族婚俗·喜帐

锡伯族葬俗

图一　锡伯族葬俗主图

丧葬是人生最后必经的程序，是一个人在尘世中的最后礼仪，也体现着生者对死亡、对死者的哀悼。丧葬习俗是一个社会政治、宗教、经济、文化的折射，是民俗文化的重要组成部分。每一葬俗都有其存在的特定时间、范围和意义。

锡伯族葬俗蕴含着北方少数民族先民的文化观念，在漫长的岁月长河中积淀、演变，与其他不同文化融合、交汇，逐渐形成了自己的形态和特色。锡伯族葬俗形式多样、内容丰富，主要有土葬、火葬和天葬等。

土葬是锡伯族传统丧葬形式，这主要沿袭了北方乌桓、鲜卑等少数民族先民的基本丧葬习惯。锡伯族每一个家族都有一个固定的坟院。锡伯族在丧葬方面的宗法观念非常强，人死后必须和自己的亲属埋在一起，否则，会被认为是抛骨异乡，在阴间不能和家人团聚。夫妇合葬是锡伯族丧葬的一种重要形式。安葬时，男棺的位置稍前于女棺，男棺与女棺相近侧各凿一小孔，作为夫妇灵魂出入的通道，以使他们能够在阴间见面。现在这种习俗正在逐渐消失。

火葬在古代许多北方民族丧葬形式中都曾经出现或盛行过。北方少数民族的原始火葬习俗及后来的藏传佛教丧葬观念对锡伯族的影响是锡伯族火葬习俗形成的基础。此外，锡伯族与其他民族的杂居生活以及特殊的迁徙、战争等因素都使得火葬这种形式在锡伯族葬俗中流传下来。元明至清中期，火葬在锡伯族中非常普遍。其后，火葬的形式主要限于较特殊的情况，如孕妇死亡，或因横祸而死等。此外，萨满等巫职人员死后也实行火葬。

天葬具有较明显的北方山林文化丧葬特征，满、鄂伦春及鄂温克等民族丧俗中都留有它的痕迹。据现有资料看，锡伯族原始的天葬形式有可能是以树葬为主，反映出锡伯族作为狩猎民族的生死观念和原始信仰。后随着锡伯族走出山林，生活环境及生活方式的改变使天葬的形式也发生了变化，适用的范围仅限于死去的婴儿（三个月以内）。

锡伯族传统的丧葬程序较为烦琐。一般情况下，亲人逝世，则焚香烧纸，举家哀悼，亲友吊唁。小殓后，请喇嘛念经，择吉日（忌申日）大殓，尸体放入棺木，头向西北，脚朝东南，葬入坟院墓穴中。棺木有两种：未婚男女病故，锡伯族人认为未婚的人"只有房子，没有房顶"，所以一律入殓有盖无底或是底打了洞的棺木内，俗称"无底棺"；已婚男女则使用正常棺木。老年人的棺木一般绘制得十分精致。

亲人去世后，7日小祭，21日中祭，49日大祭，百日和周年也都各祭一次。子女守孝百日，兄弟姐妹守孝49日，妻室守孝三年。子女在守孝期间不能去娱乐、喜庆场合，男子不理发刮脸。妻室在守孝期间，不得改嫁。

送葬前夕，生者要向死者告别，称"辞灵"。辞灵过程中，有吹鼓手以笙、管、笛、箫、锣、镲等乐器演奏哀婉的乐曲。锡伯族认为辞灵的人数多少标志着死者后代人丁的多少、亲属及邻里之间的关系好坏等。

安葬一般安排在凌晨，而且要保证在太阳升起之前安葬完毕。之后，送葬人在坟前烧纸致哀。锡伯族讲究在死者死后49日举行祭奠仪式。从这天起，死者的妻（夫）、兄弟、姊妹、侄子女、外甥女等可以脱去孝衣。亲友们还会为失偶者送腰带、衣料等，以表达对死者家属的慰问。大家还会带着食物到墓地进行祭奠，由服孝者为死者烧纸钱，并将脱下的孝服晃三下。此外，在死者死后百日，家属也会为其举行一次祭奠仪式，多邀请近亲参加。这天是儿子、儿媳、孙子及未婚子女们脱孝衣的日子。至此，整个葬礼结束。

图片来源
图一　吴凤翔　摄影
图二至图四　周晶莹　制图
图五　楼望皓.中国新疆民俗.乌鲁木齐：新疆美术摄影出版社，2003.

参考文献
[1]韩恒威.锡伯族丧俗中的古文化遗存.满语研究[J]，1997（2）：89-98.
[2]楼望皓.中国新疆民俗[M].乌鲁木齐：新疆美术摄影出版社，2003.
[3]佟克力.锡伯族[M].乌鲁木齐：新疆美术摄影出版社，1996.

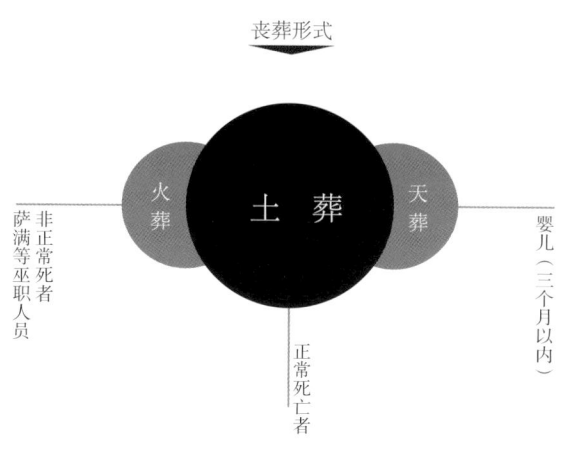

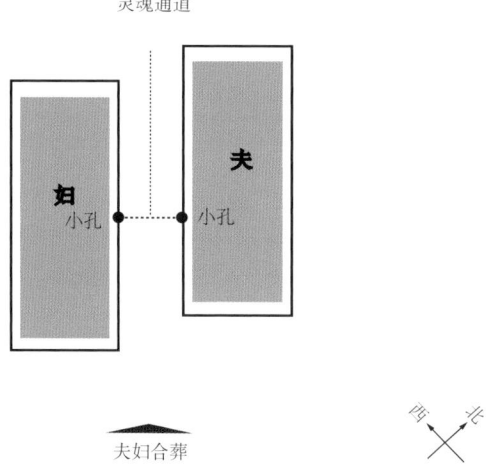

图二　锡伯族丧葬形式示意图

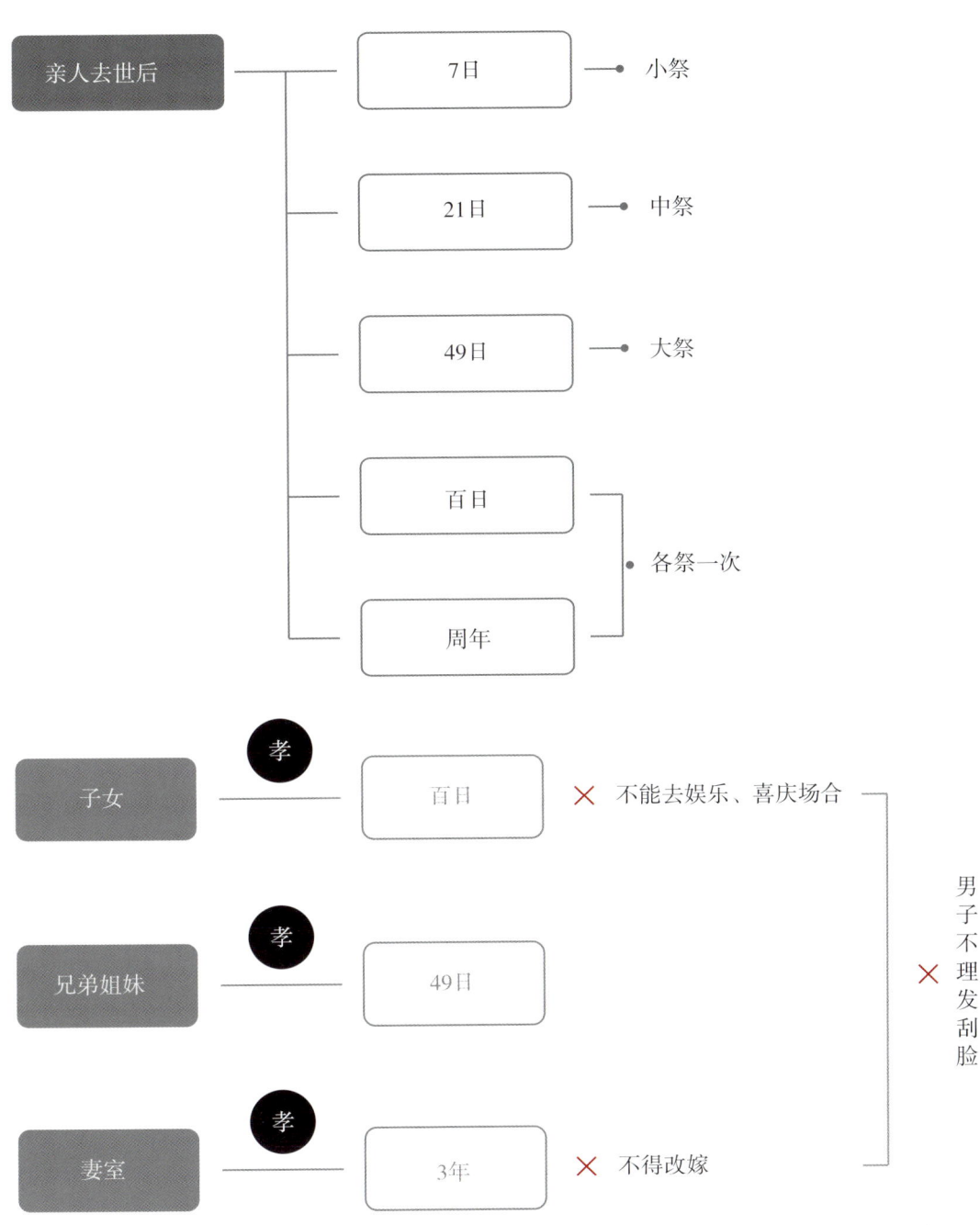

图三 锡伯族丧葬习俗

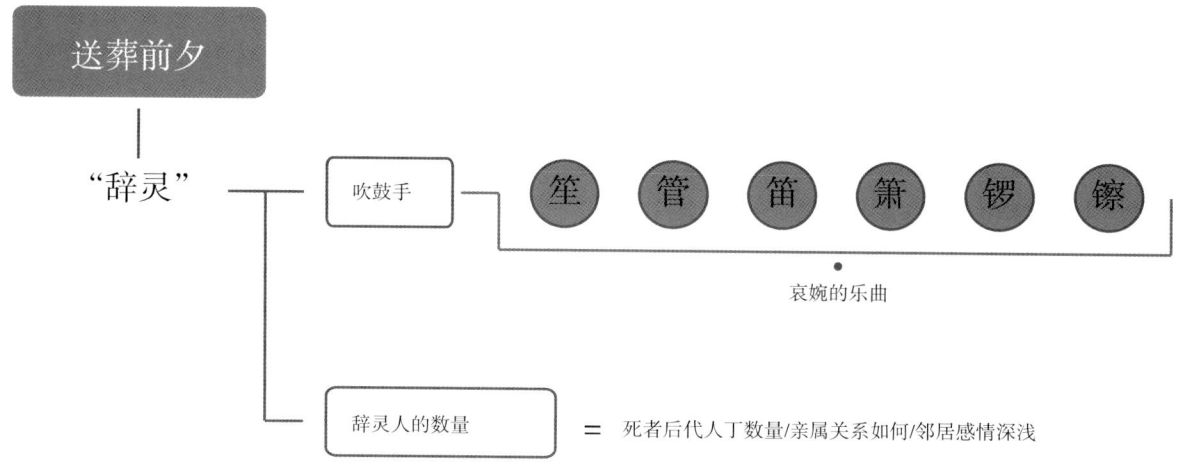

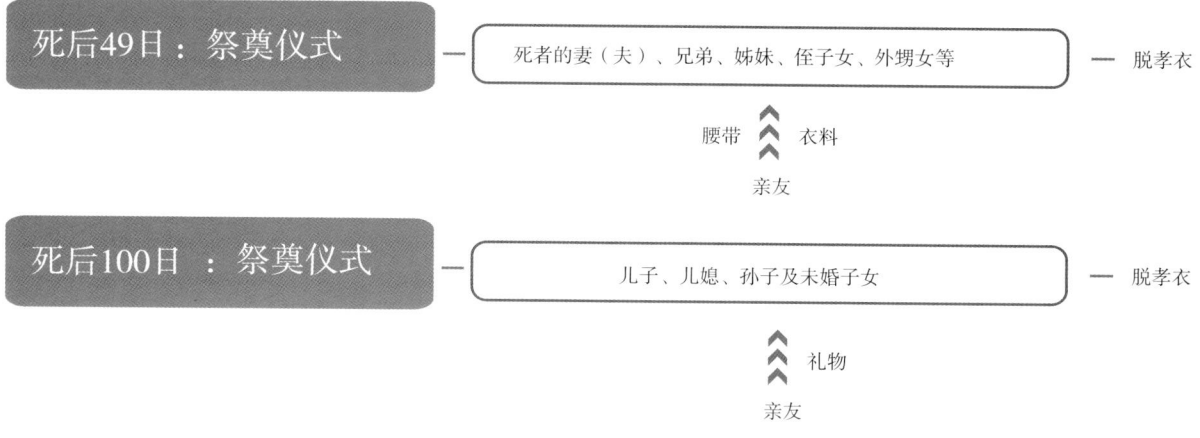

图四　锡伯族丧葬流程图

图五　锡伯族丧葬场景图

锡伯族欻嘎拉哈

图一　锡伯族欻嘎拉哈主图

欻嘎拉哈也叫抓子儿，是北方少数民族如满族、锡伯族等特有的、具有游猎生活遗风的一项古老民间游戏。这种游戏源流已久，最早是用鹿、獐、狍、麋等蹄腕骨做嘎拉哈，随手抛掷为戏，以倒、仰、横、侧分胜负，以猪、羊赌输赢。最初多为男人嬉戏，也曾被用作古代军事战术模拟演习的棋子，后成为男女老幼皆宜的一项活动。

"嘎拉哈"是满语，一般指啃吃掉筋肉之后的狍子、猪、羊的后腿髌骨。民间传统游戏中的"嘎拉哈"，通常由一个小沙包（内多盛装粮食）和四只髌骨组成。髌骨有四个面，据其外观分为"背、坑、驴、真"。凸起的一面称为"背"，背的反面有凹陷，称为"坑"，侧面较光平的一面称为"驴"，有较多纹路的一面称为"真"。有时人们还会将髌骨染上红、蓝、黄、绿等颜色，摆在一起更加美观，也增强了游戏的观赏性。

欻嘎拉哈玩法多样，有"坐锅""大把""抓对"等。在农闲时节或传统节日，锡伯族人经常围坐在一起，在一张毡子上撒满50颗—200颗嘎拉哈，两人对阵或两人一组四人对阵，轮流利用沙包（石头或球）起落的时间差来抓取毡子上的嘎拉哈，哪组选手抓取得多即为胜者。该游戏因其玩法灵活、取材容易，深受锡伯族人们的喜爱。

欻嘎拉哈玩法简单，不受时间和空间的限制，有利于家庭和睦、邻里友好、族群团结，还可以训练大脑、肢体的反应和协调能力，增强对事物的判断能力。正是这些特点，使欻嘎拉哈在锡伯族民间广为流传。

图片来源
图一至图七　周晶莹　制图
参考文献
高新建.我国古代少数民族健身休闲活动探源[J].兰台世界，2011（8）：75.

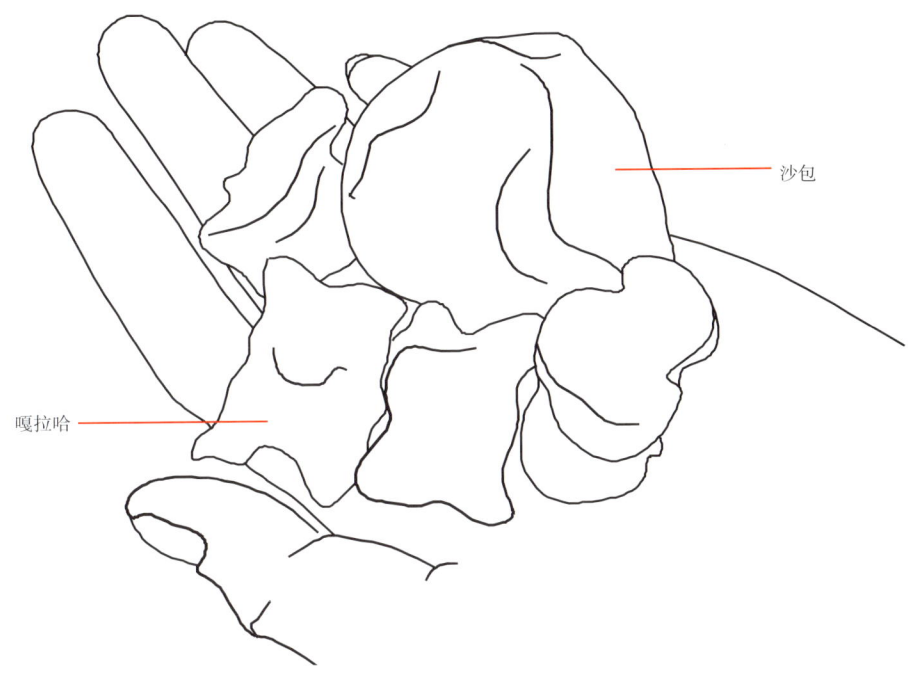

图二　锡伯族欻嘎拉哈线描图

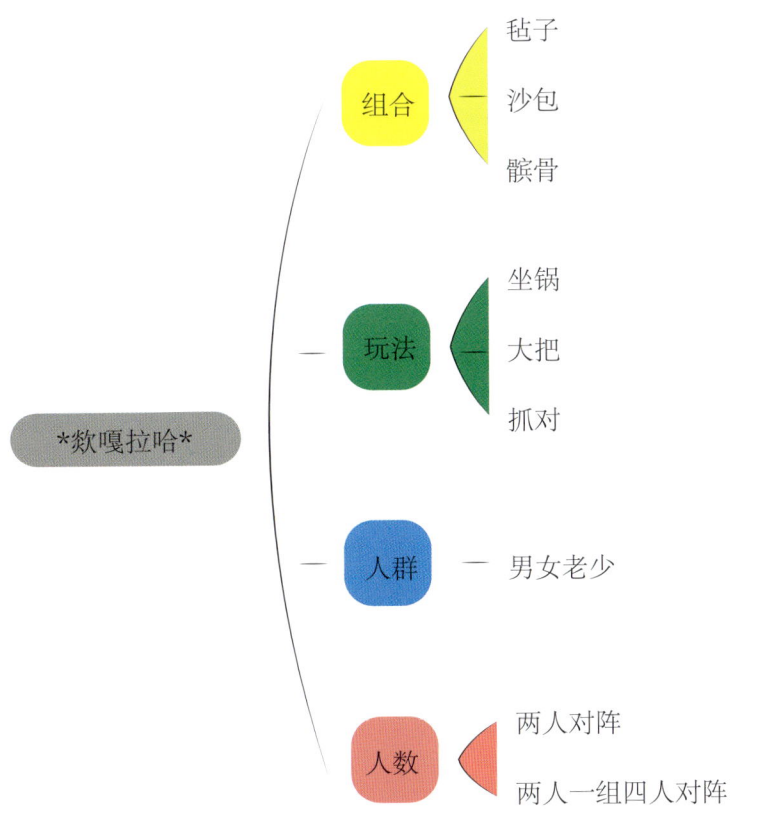

图三　锡伯族欻嘎拉哈玩法分析图

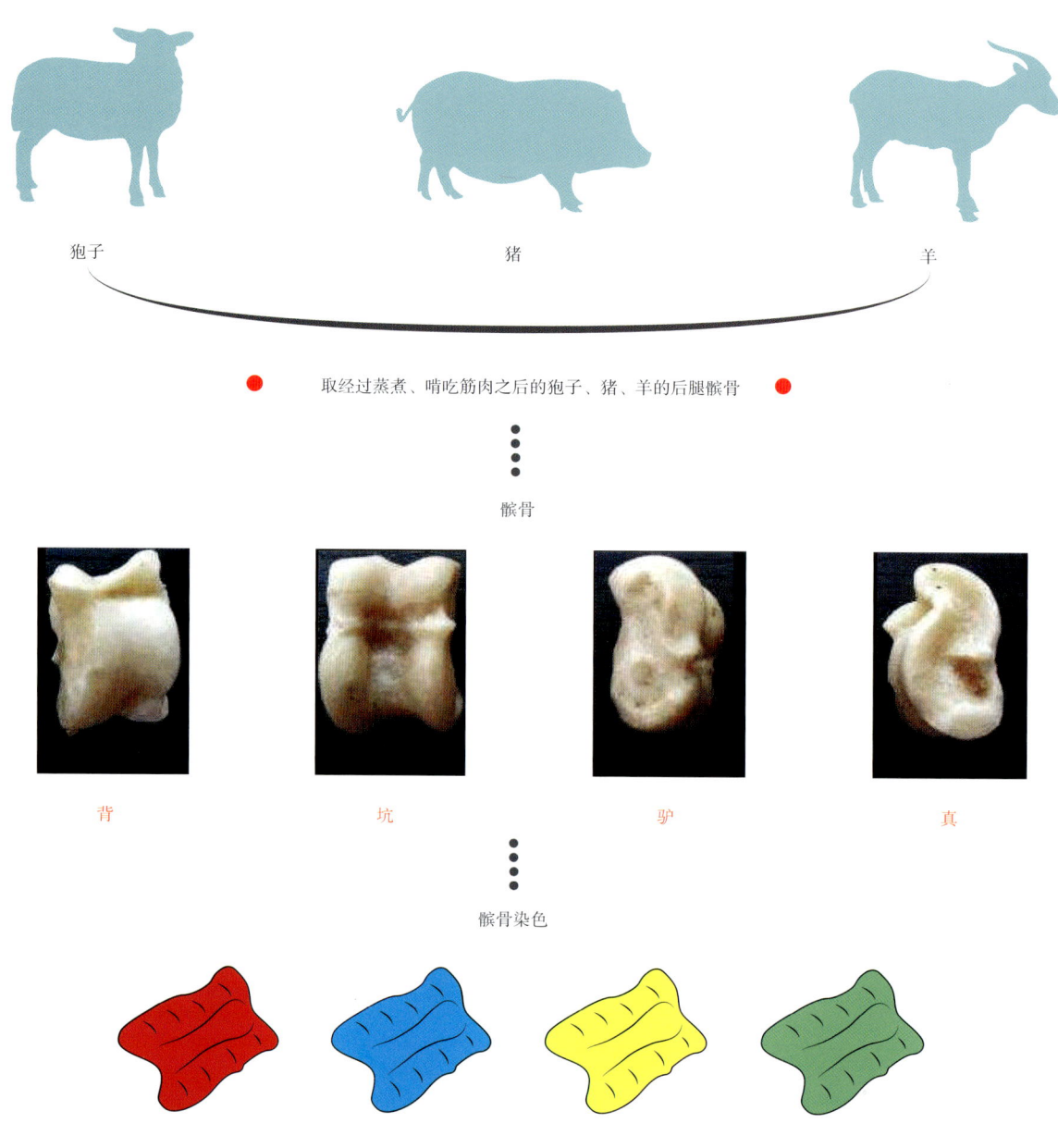

图四　锡伯族嘎拉哈制作分析图

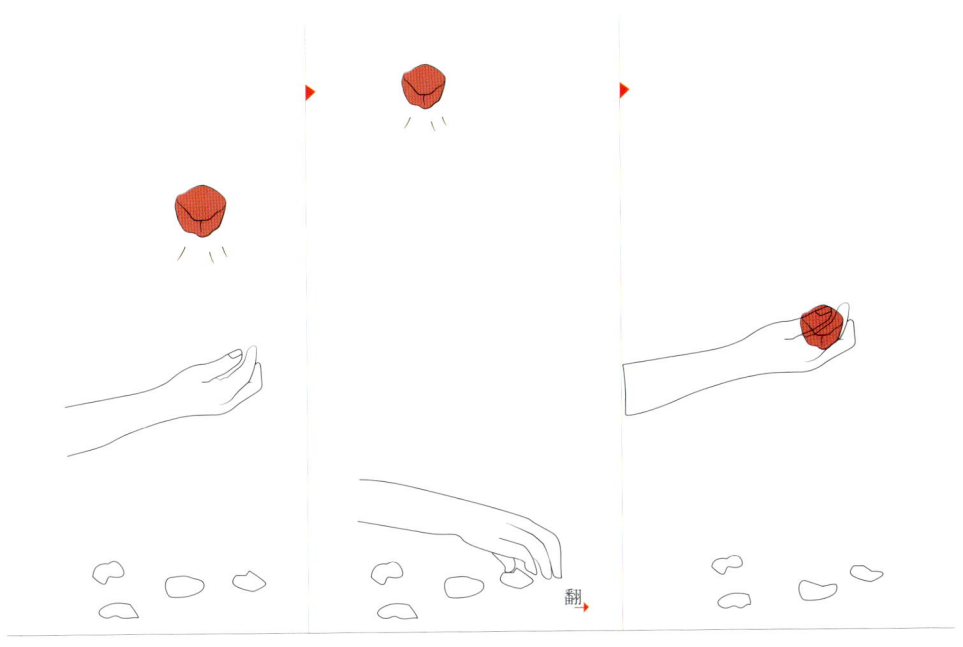

图五　锡伯族欻嘎拉哈玩法示意图

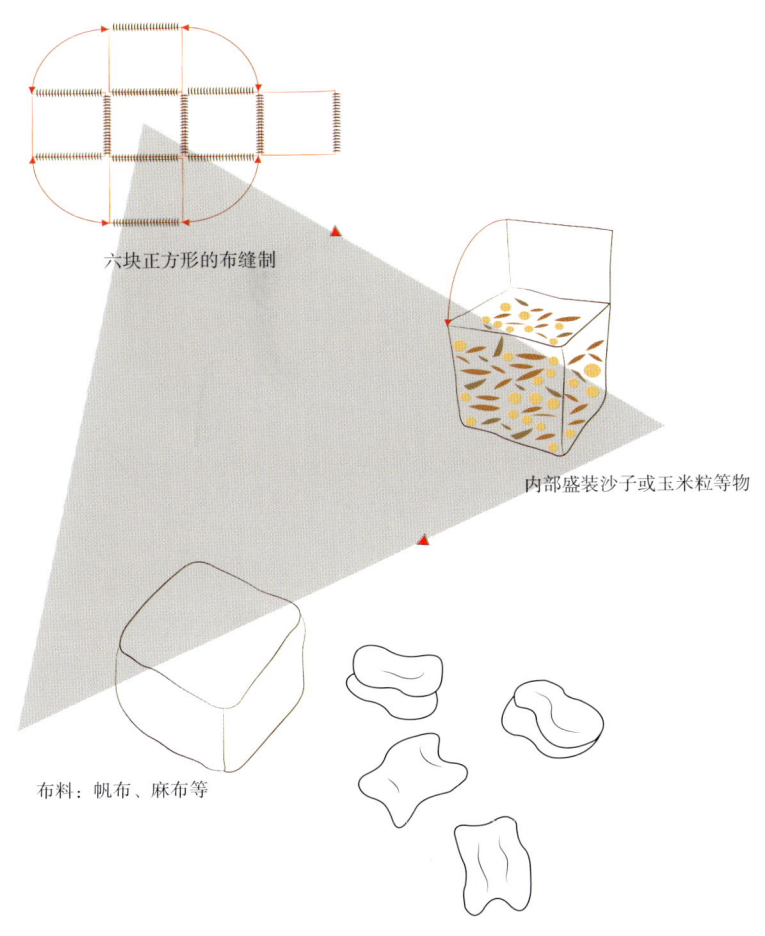

六块正方形的布缝制

内部盛装沙子或玉米粒等物

布料：帆布、麻布等

图六　锡伯族欻嘎拉哈沙包做法示意图

图七　锡伯族炊嘎拉哈情境图

锡伯族萨满裙

图一　锡伯族萨满裙主图

　　萨满教是锡伯族信仰的原始宗教。萨满在锡伯语中意思为"知晓"，指通晓一切事物的特殊人物。锡伯族人认为萨满可沟通人间与神灵世界，可代替人向鬼神祈祷、问卜和治病。萨满做法（俗称"跳神"）时配有一套专用服饰，萨满裙便是其一，也称作萨满法裙。现在，随着社会经济的发展，萨满教逐渐失去其存在的基础，萨满服饰也多用于以表演为目的的萨满活动中。

　　传统的萨满法裙由三部分组成：内层是多层白色或淡黄色粗布缝制的衬裙，有的内絮棉花，表面无图案装饰，有时以深色布包边，顶部两端各缝同色宽布带以便系于腰部；中层是由近百根彩色布条缠绕包裹的麻绳制成，色彩艳丽，称为绦裙；外层为飘带裙，主要由腰带与缝制其上的飘带构成，飘带上多绣制有各式图案，绣工精细。衬裙主要作用是保护腰部，绦裙和飘带裙则主要起装饰和象征作用。当萨满做法时，绦裙与飘带裙随之旋转，散发出独特的神秘色彩。

　　主案例为清代东北地区锡伯族萨满飘带裙。整体呈藏青色，用布制成。长约70厘米，宽约85厘米，有宽腰带，腰带两端系有黄色带子，以便系扎。腰带底部缝缀有12根飘带，飘带长约54厘米，上部宽1.5厘米，末端宽4厘米。每条飘带上都刺绣有花朵或蝴

第七章　锡伯族传统民俗和宗教造像

蝶等纹样，各条不同。网纹瓶造型是每条飘带的核心图案，主要传达萨满的收魂唤魄功能。飘带末端有用各种颜色的细绳结成的穗子。

与清代萨满裙古朴典雅的风格相比，民国时期的萨满裙多了几分明快艳丽，飘带刺绣图案内容更加丰富，色彩对比强烈。

今天，民间萨满"跳神"活动逐渐消失，取而代之的是各类仪式活动中的萨满舞表演，萨满裙造型也逐渐发生变化，图形设计更丰富，色彩也更鲜艳，裙体的装饰性进一步增强。

图片来源
图一、图六　马占勇　摄影
图二至图五、图七　陈卓　制图
图八　《锡伯族民间图案集》编纂委员会.锡伯族民间图案集[M].乌鲁木齐：新疆美术摄影出版社，1994：91.

参考文献
[1]《锡伯族民间图案集》编纂委员会.锡伯族民间图案集[M].乌鲁木齐：新疆美术摄影出版社，1994.
[2] 佟克力.锡伯族历史与文化[M].乌鲁木齐：新疆人民出版社，1993.
[3] 贺灵，佟克力.锡伯族史[M].乌鲁木齐：新疆人民出版社，1994.
[4] 郭淑云.原始活态文化——萨满教透视[M].上海：上海人民出版社，2001.

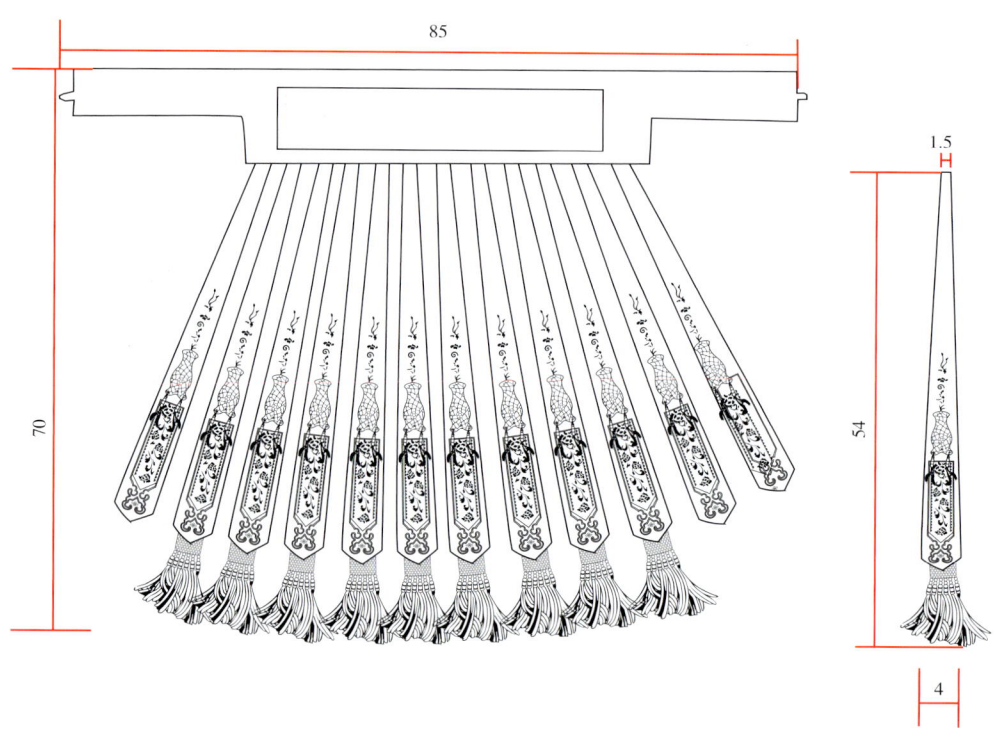

图二　锡伯族萨满裙尺寸图（单位：cm）

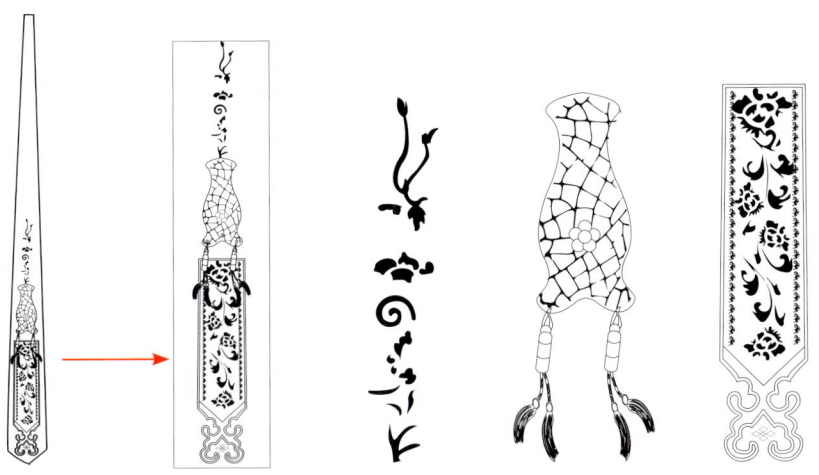

图三　锡伯族萨满裙细节图

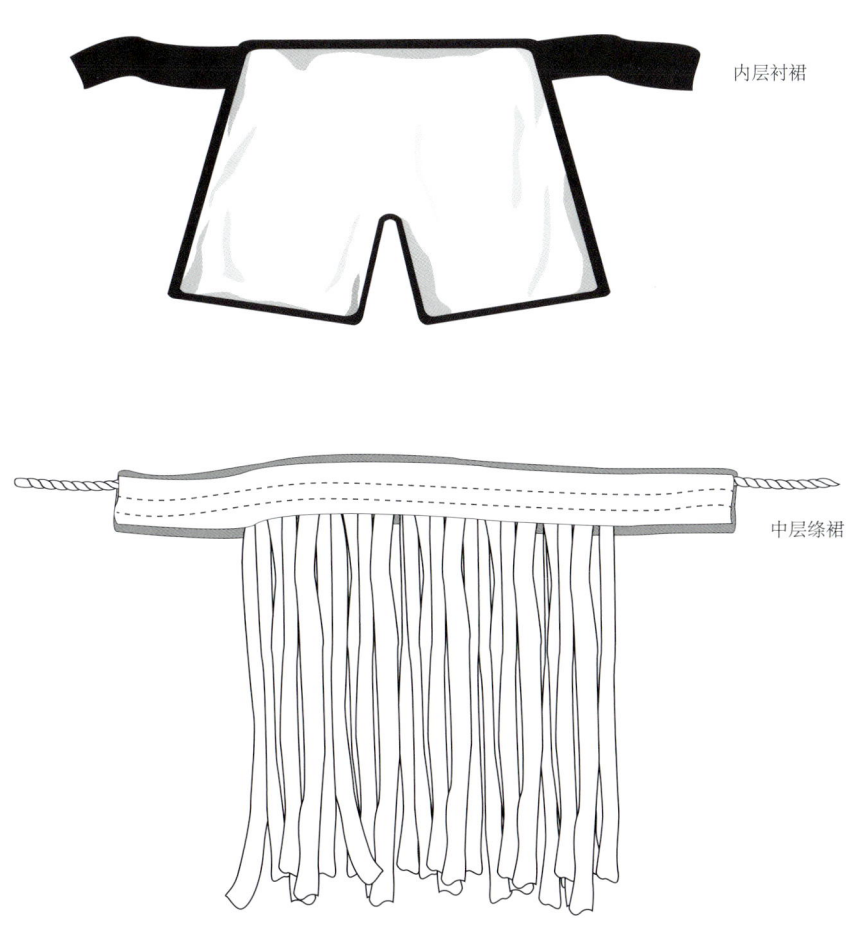

内层衬裙

中层绦裙

图四　锡伯族萨满裙中层

第七章　锡伯族传统民俗和宗教造像

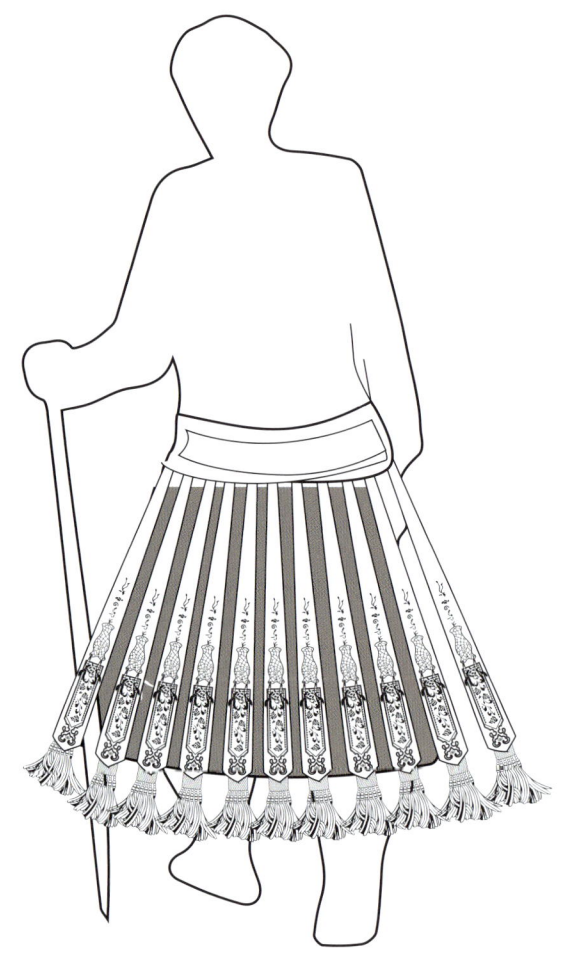

图五 锡伯族萨满裙穿着示意图

图六 民国锡伯族萨满裙

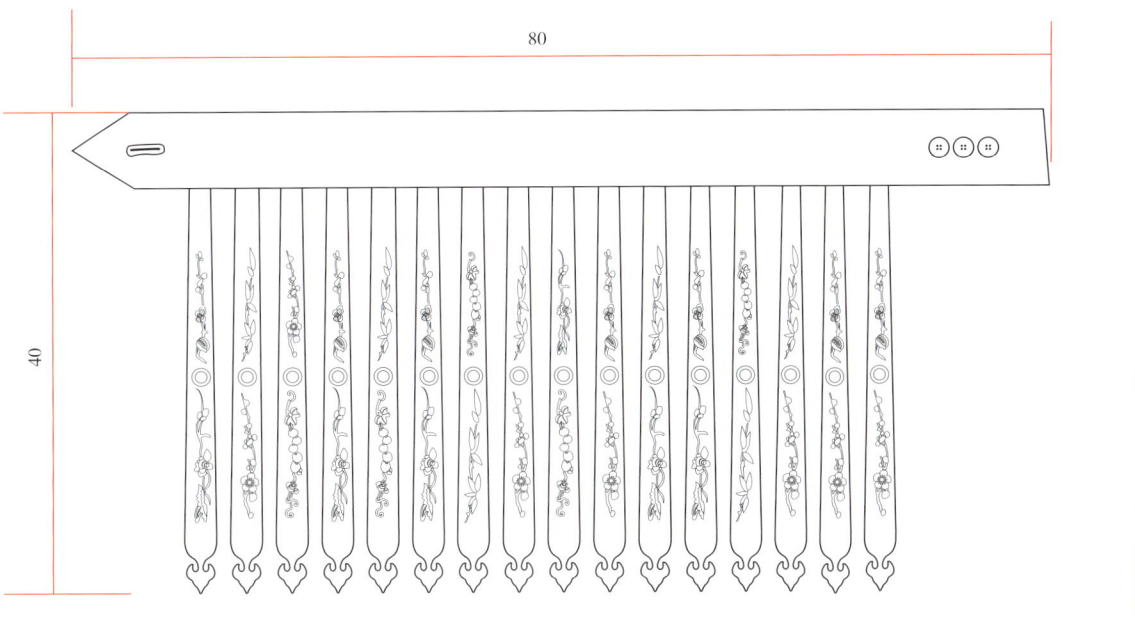

图七　民国锡伯族萨满裙尺寸图（单位：cm）

图八　现代锡伯族萨满裙

第七章　锡伯族传统民俗和宗教造像

锡伯族萨满持握用具

图一　锡伯族萨满持握用具主图

萨满用具指萨满"跳神"活动时使用的一系列用具，又称为法具。锡伯族萨满用具主要包括神帽、激达（神矛）、神鼓（伊木琴）、神镜及腰铃等。在进行宗教活动时，萨满全副武装：头戴神帽，胸前佩戴神镜，腰上悬挂腰铃，手拿神鼓与激达。萨满持握用具包括神鼓和激达，属主动唤醒和攻击型萨满用具。

神鼓在萨满教里被认为是通神的祭器，具有神奇的魔力。按鼓的形制分，萨满所使用的神鼓有单面鼓和双面鼓。锡伯族萨满"跳神"时常使用抓执型单面鼓。

这种鼓一般为正圆形，直径35厘米—45厘米不等，由鼓圈、鼓面、鼓环、鼓槌、鼓绳及抓环等几个部分组成。鼓圈多为木质圆框，一般以柳、杉等常见木材居多。鼓面多以皮革制成，近代常用牛羊皮。鼓环是装在鼓圈上的"响器"，摇动鼓身时"唰唰"作响，配上鼓槌敲击鼓面的"咚咚"声，提升了神鼓的表现力。鼓环有时会是一串铜钱或其他可叮当作响的小物件。抓环为金属（铜或铁）制成，供萨满执用。同时，它还是拴系鼓绳的中心。抓环的尺寸以手握舒适为宜。鼓绳是连接抓环与鼓圈的纽带，一般用皮条制成，有时也会用麻绳。鼓的背面通常绘有各种图案，绘制精美，题材广泛，具有强烈象征意义。

在锡伯族人眼中，鼓具有一种神秘的

力量，可以通过它和神灵沟通。萨满神鼓的作用是主动呼唤神灵。所以，神鼓在萨满用具中被赋予了无可比拟的力量，可以冲破一切，是萨满进行宗教活动时不可或缺的用具。

激达（神矛）又称"霸王鞭"，汉译为"花棍"。萨满激达与普通的长矛相像，只柄部略短。激达材质一般为竹或木，长约80—120厘米，直径约3厘米。柄上方有方形槽，内置金属片、铜钱或悬挂铃铛。两端常以布条或彩绳拴结为穗。激达是萨满的武器，和"病魔"搏斗到最关键的时刻，萨满会拿起激达追赶"病魔"。激达上下翻飞，布条彩绳随之飘舞，加上铃铛等叮当作响，营造出激烈的斗争气氛。

图片来源

图一　《锡伯族民间图案集》编纂委员会.锡伯族民间图案集.乌鲁木齐：新疆美术摄影出版社，1994：97.

图二、图三　李齐忠　制图

图四至图六　陈卓　制图

参考文献

[1]《锡伯族民间图案集》编纂委员会.锡伯族民间图案集[M].乌鲁木齐：新疆美术摄影出版社，1994.

[2]佟克力.锡伯族历史与文化[M].乌鲁木齐：新疆人民出版社，1993.

[3]贺灵，佟克力.锡伯族史[M].乌鲁木齐：新疆人民出版社，1994.

[4]刘桂腾.满族萨满乐器研究[M].沈阳：辽宁民族出版社，1999.

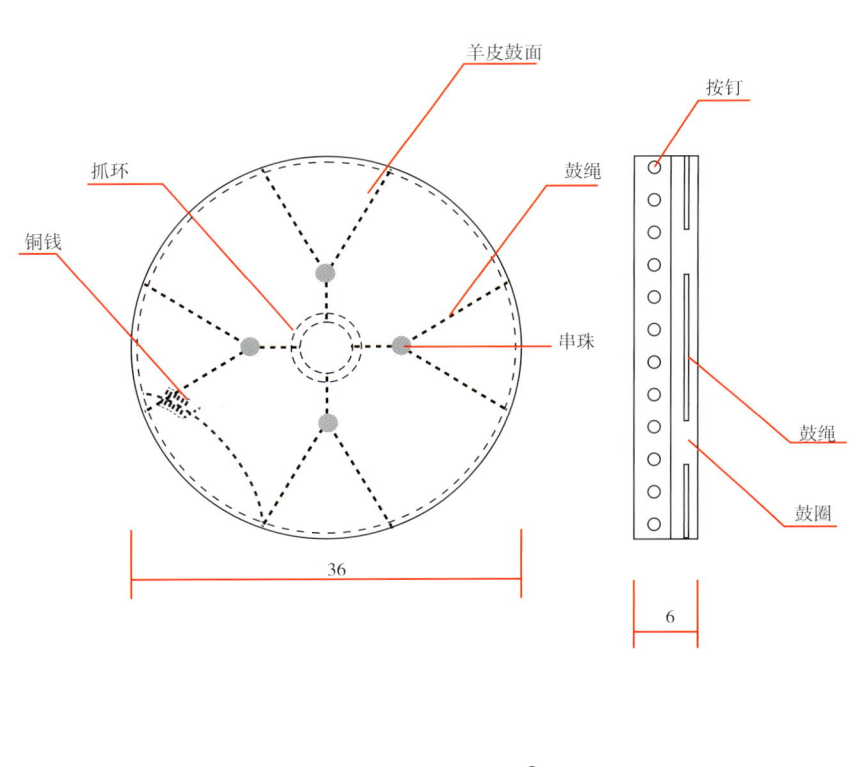

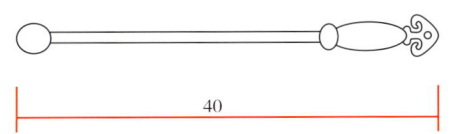

图二　锡伯族萨满神鼓结构名称图、尺寸图（单位：cm）

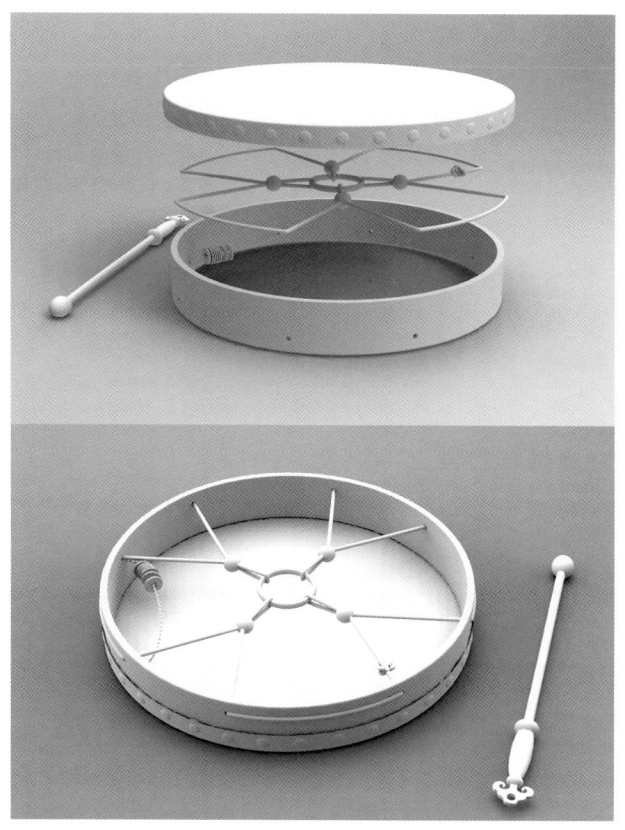

图三 锡伯族萨满神鼓分解图

 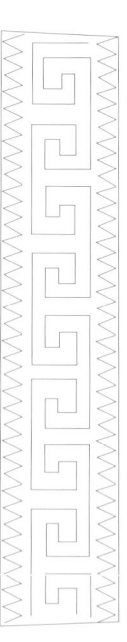

图四 锡伯族萨满神鼓鼓面及鼓圈图案

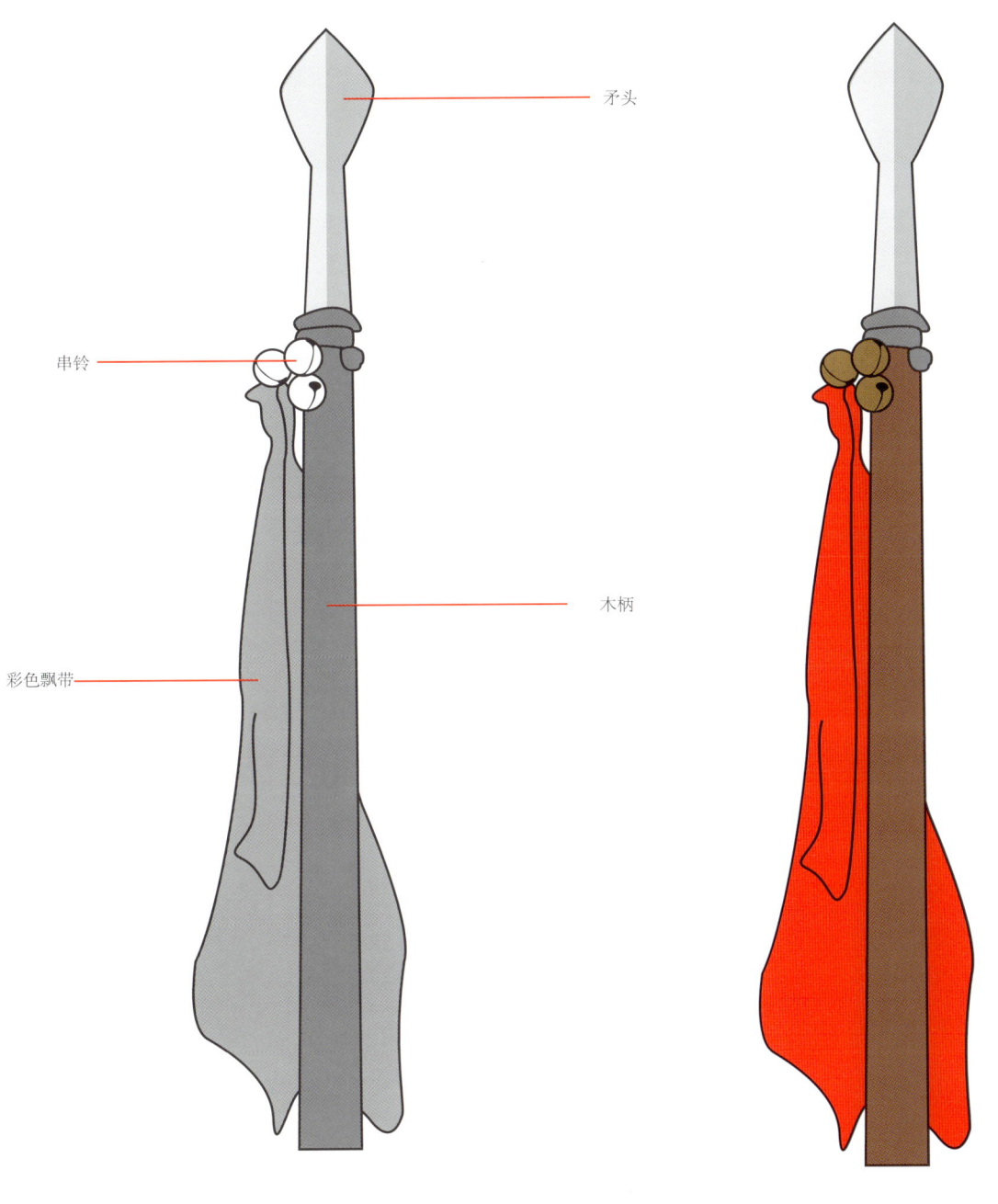

图五　锡伯族萨满激达结构名称图　　　　图六　锡伯族萨满激达效果示意图

227

锡伯族萨满佩戴用具

图一　锡伯族萨满佩戴用具主图

　　神帽、神镜和腰铃是锡伯族萨满"跳神"时重要的佩戴用具。"跳神"过程中，萨满将神帽、神镜和腰铃佩戴在身上，主要通过镜光及声响来照射和威慑妖魔，让其知难而退。

　　萨满神帽，锡伯语为"萨叉玛哈拉"。传统神帽是用铜片制作，后来慢慢演变为铁片。因地域不同，萨满神帽形式各异，但基本组成部分相同，包括帽圈、帽顶、小铜镜（照妖镜）、帽缨。帽圈用宽约2.5厘米的铁片制成，再用两条相同宽度、约33厘米长的铁片做立体十字型，端头固定在帽圈上。帽圈上常装饰有龙形图案。神帽顶部多装有铜铃，"跳神"时，发出清脆响声。帽圈前端安放照妖镜，以照射病魔。神帽背面常系有多条飘带及缨子，上绣各式花卉和几何图案。此外，神帽是铜铁制成，故使用时需内衬厚布帽，以免头部摩擦受伤。

　　神镜一般用铜铸造，有的在背面饰花纹或吉祥文字，如"喜得贵子""金玉满堂""五子登科"等。铜镜背面中间有带小孔的纽用来穿绳，以便系挂在胸前，主要作用为保护自身，因而又被称作护心镜。

　　腰铃，锡伯语为"哈准"，实为一串大小不一的铜镜分开悬挂于腰带上。铜镜数量不定，传统萨满腰铃多为13块或19块大小不一的铜镜构成。萨满使用时，铜镜碰撞出声，用以吓跑鬼怪。

　　带照妖镜和彩色飘带的神帽、明亮的神镜、响亮的腰铃，萨满佩戴的各式用具在"跳神"活动中相互配合，相得益彰，充分刺激观者感官，形成强烈冲击力，营造出极其神秘诡异的宗教氛围。

图片来源

图一 《锡伯族民间图案集》编纂委员会.锡伯族民间图案集.乌鲁木齐：新疆美术摄影出版社，1994：88-89.

图二至图五 陈卓 制图

图六 关伟，关捷.锡伯族[M].沈阳：辽宁民族出版社，2009：81.

参考文献

[1]《锡伯族民间图案集》编纂委员会.锡伯族民间图案集[M].乌鲁木齐：新疆美术摄影出版社，1994.

[2]佟克力.锡伯族历史与文化[M].乌鲁木齐：新疆人民出版社，1993.

[3]贺灵，佟克力.锡伯族史[M].乌鲁木齐：新疆人民出版社，1994.

[4]刘桂腾.满族萨满乐器研究[M].沈阳：辽宁民族出版社，1999.

[5]奇车山.衰落的通天树——新疆锡伯族萨满文化遗存调查[M].北京：民族出版社，2011.

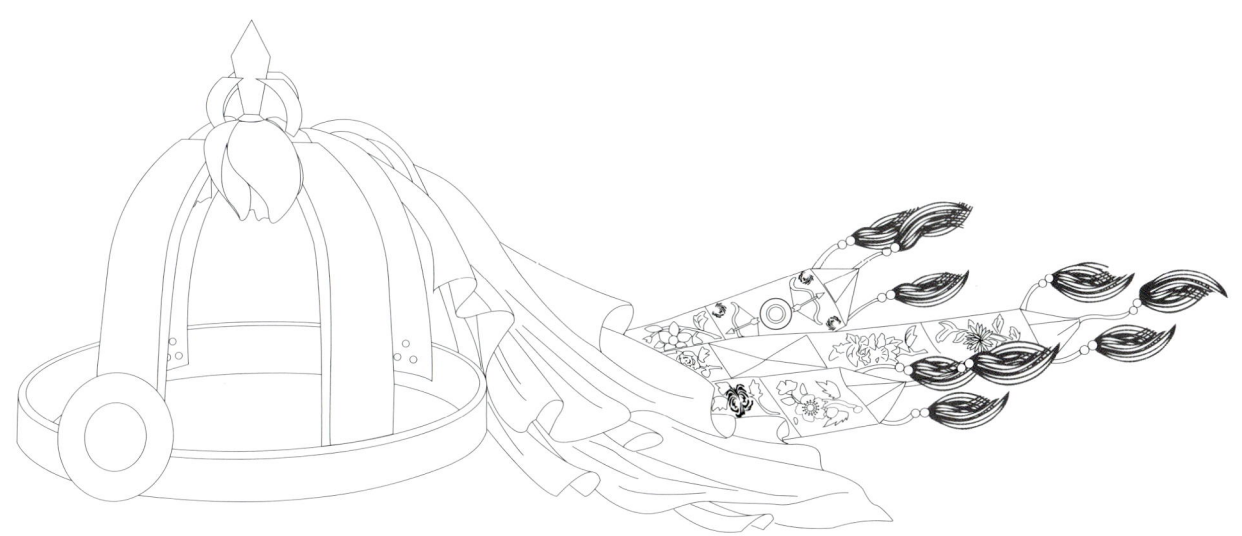

图二 锡伯族萨满神帽线描图

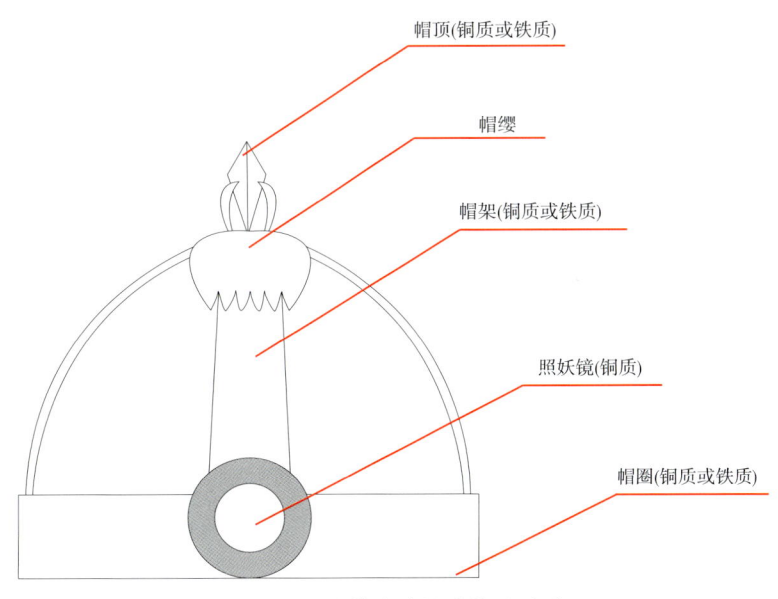

图三 锡伯族萨满神帽结构名称图

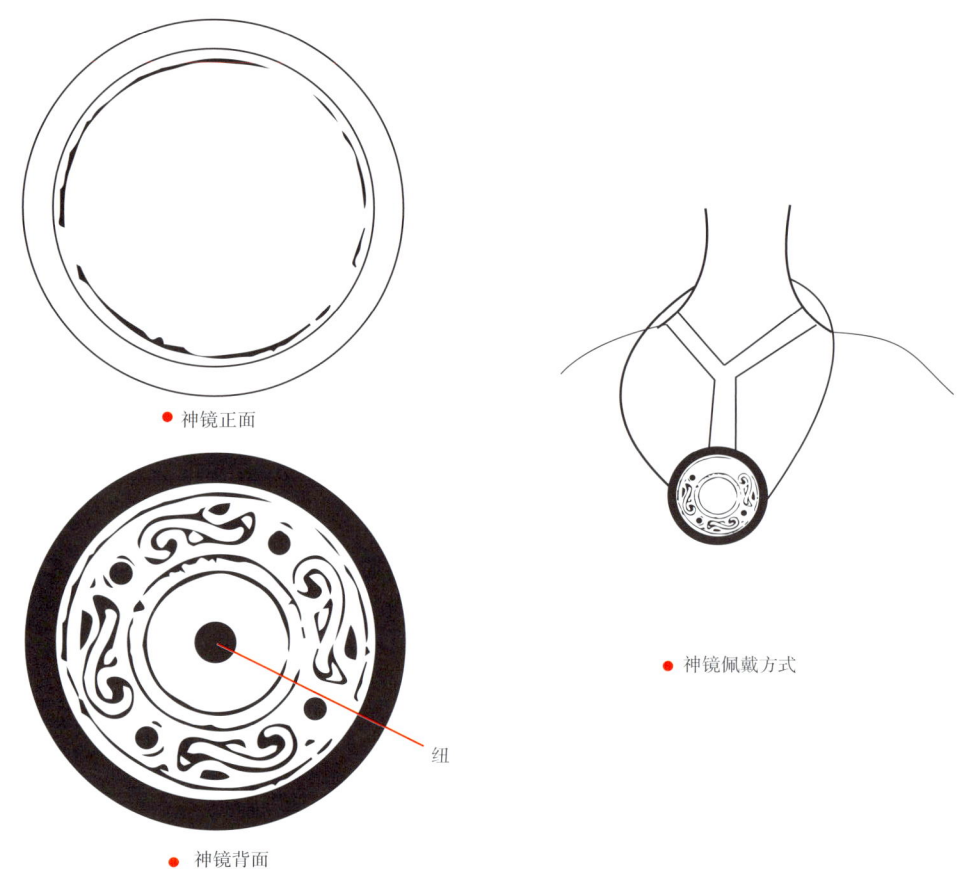

● 神镜正面

● 神镜背面

纽

● 神镜佩戴方式

图四 锡伯族萨满神镜佩戴示意图

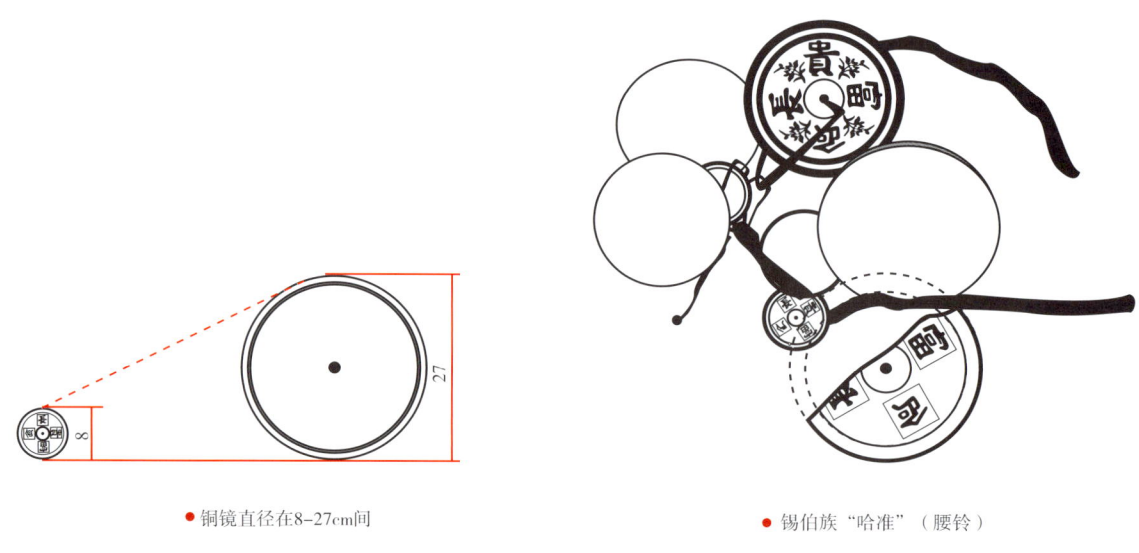

● 铜镜直径在8-27cm间

● 锡伯族"哈准"（腰铃）

图五 锡伯族萨满腰铃线描图（单位：cm）

图六　锡伯族其他造型萨满神帽

第七章　锡伯族传统民俗和宗教造像

231

锡伯族喜利妈妈

图一　锡伯族喜利妈妈主图

　　喜利妈妈是锡伯族原始宗教信仰的留存，是保佑锡伯族子孙繁衍和家宅平安的女神。"喜利"的锡伯语意为"藤蔓系""延续"。喜利妈妈在汉语中译为"子孙妈妈"，即女祖宗，主要保佑子子孙孙不断繁衍生息，也包含保佑家宅平安和人丁兴旺之意。因而，锡伯族人会在过年时给喜利妈妈贴"福"字，或是贴上"供圣喜生聪明子，奉神永保寿男儿"等对联。

　　喜利妈妈为一根长约10米的绳子，其上悬挂着小弓箭、箭袋、摇篮、铜钱、布条、嘎拉哈、木铲、木叉等小物件，每件都有其特殊的象征意义。两个嘎拉哈之间代表一辈人：小弓箭表示男儿，添一男孩，两个嘎拉哈之间就添一张小弓箭，象征孩子长大会成为游猎的勇士、作战的骁将；箭袋表示男儿长大之后，会成为骑射能手；布条表示女孩，象征她长大会成为缝制衣物及操持家务的能手，这一辈有几个女孩，就有几根布条；摇篮、小鞋靴等表示子孙满堂；铜钱表示生活富裕；木铲、木叉等表示农业丰收。

　　喜利妈妈制作比较简单，但要遵循严格的规矩，所用的布条、麻绳、弓箭、小吊床等必须到村子里人口多、辈分高的人家中索取，并且邀请人丁兴旺、子孙满堂的家庭中年纪最大的人来制作。制作时根据本家族的辈数传袭情况，往喜利妈妈上添加物品。平常，锡伯族人将喜利妈妈折叠收纳于纸袋或布袋中，悬挂供奉在西屋内西北墙角。除夕时将喜利妈妈请下，展开，沿屋内西北角至东南角悬挂，直到农历二月初二。

在没有文字的时代，喜利妈妈通过结绳记事的方式记录家族传承情况，它就是锡伯族的家谱，是家族繁衍的标记。

随着现代文明的发展，文字家谱取代了喜利妈妈的实际功用，但喜利妈妈因为在锡伯族中独特的地位而保存下来，成为象征锡伯族民族兴旺的图腾标志。

图片来源
图一　天山之箭网
图二、图三　许凯恩、陈卓　制图
图四　任新宇　制图
图五、图六　陈卓　制图
图七　李齐忠、陈卓　制图
图八　马占勇　摄影

参考文献
[1] 李娜. 锡伯族的"喜利妈妈"和"海尔堪"[J]. 新疆地方志，2002（2）：62.
[2] 佟克力. 锡伯族[M]. 乌鲁木齐：新疆美术摄影出版社，1996.
[3] 佟克力. 锡伯族历史与文化[M]. 乌鲁木齐：新疆人民出版社，1989.

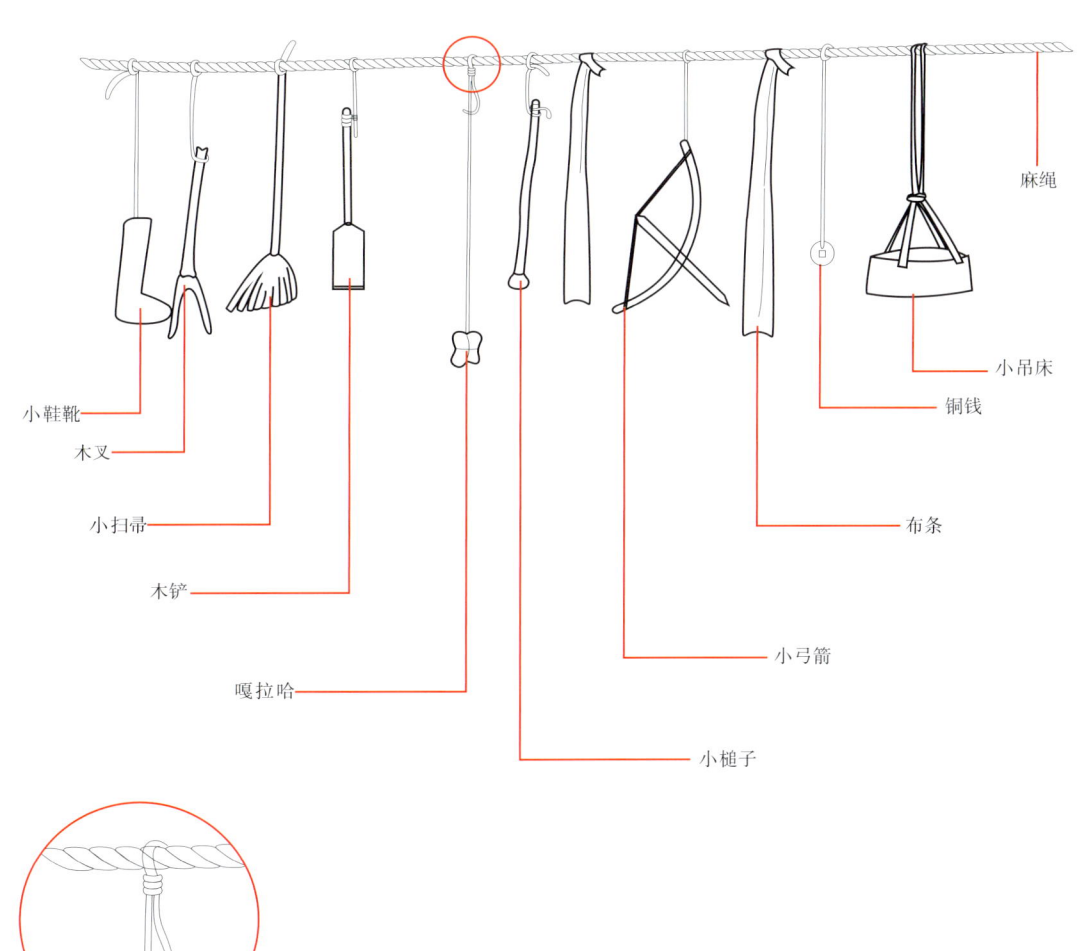
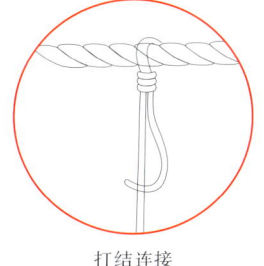

图二　锡伯族喜利妈妈结构名称图

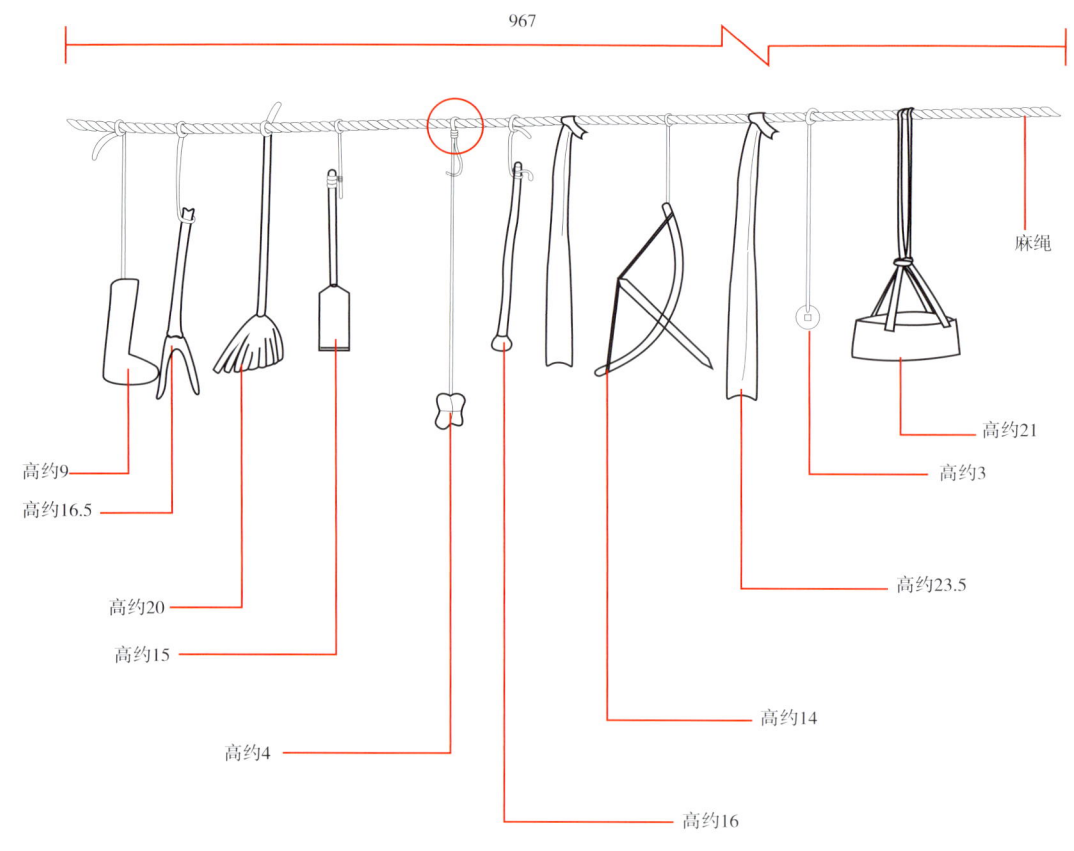

图三 锡伯族喜利妈妈尺寸图（单位：cm）

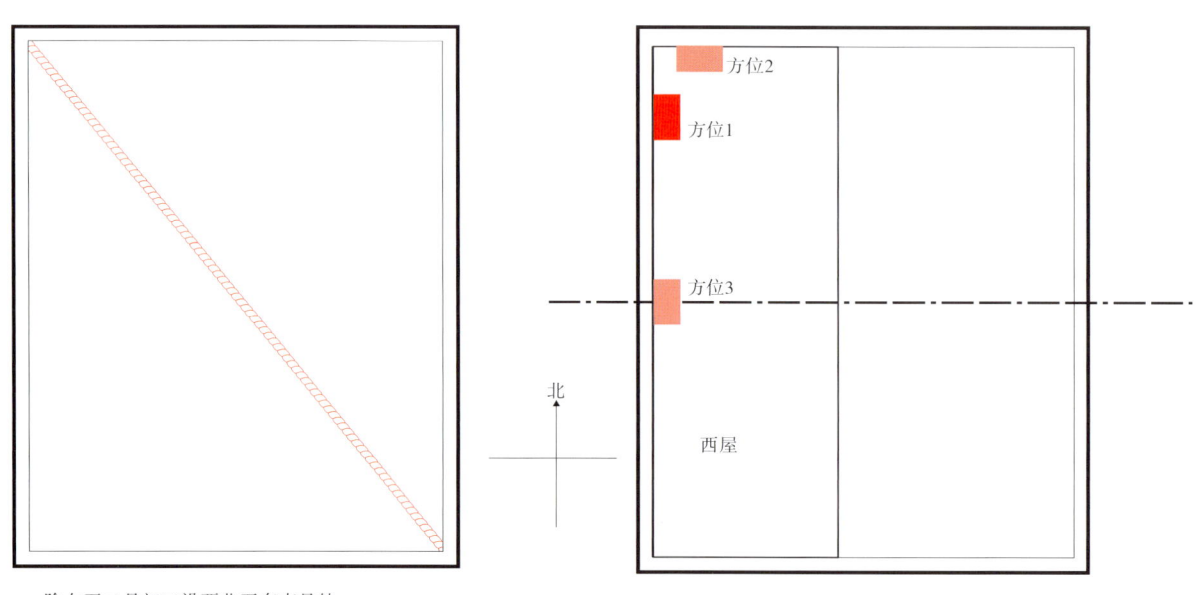

图四 锡伯族喜利妈妈悬挂及供奉方位示意图

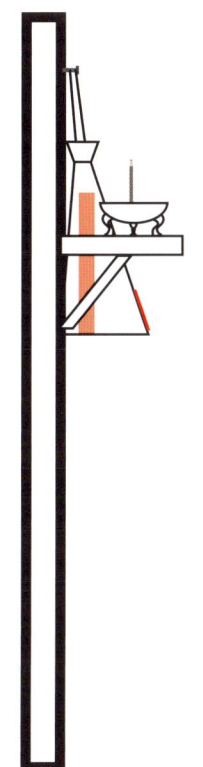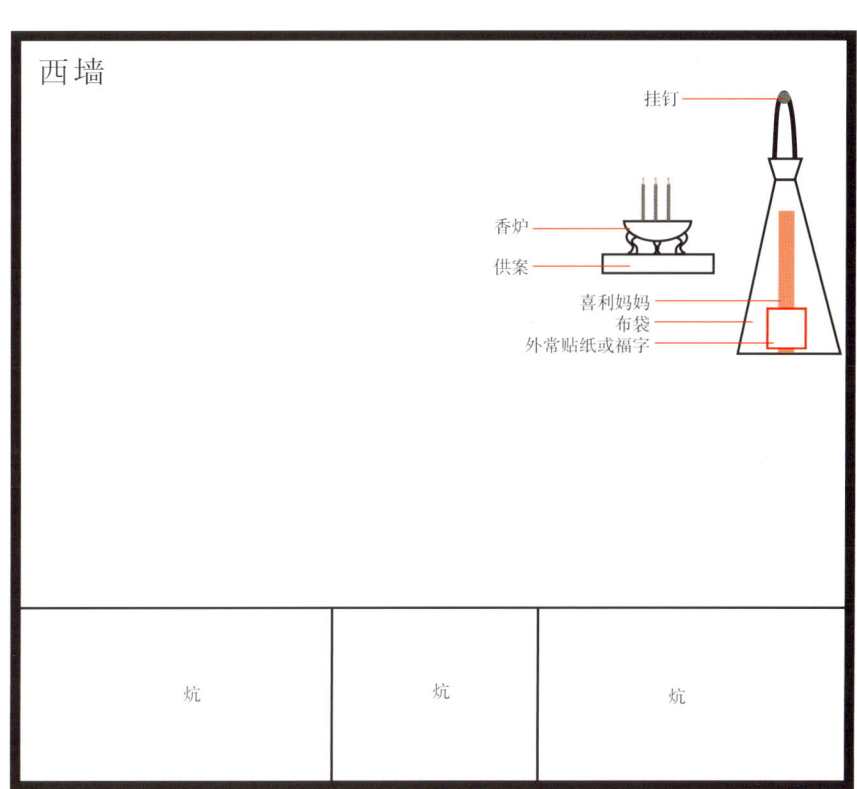

图五　锡伯族喜利妈妈供奉方式示意图

A 布条代表着家族又多了一个女孩儿，代表她将来能洗涮缝补，勤劳致富

B 锡伯族人喜爱射箭，小弓箭代表家族又多了一个男丁，寓意他将来成为一名神箭手

C 系上一把小扫帚，代表锡伯族里又添了一位男丁

D 小鞋靴由布制成，小巧玲珑，十分可爱，代表女孩儿的降生

E 铁锹也是由木头制成，长约15厘米，代表男孩儿，寓意他将来能够发家致富

F 嘎拉哈是喜利妈妈上很重要的东西，它是来区分辈数的，有几代人就系几个嘎拉哈

G 小木槌代表男孩儿的降生，寓意着将来勤劳致富

H 锡伯族人到喜利妈妈灵位前许愿时，会在麻绳上系上铜钱

图六 锡伯族喜利妈妈物件释义图

图七　锡伯族喜利妈妈悬挂场景图

图八　锡伯族喜利妈妈香包

第七章　锡伯族传统民俗和宗教造像

237

声　明

　　本书编写时收入的个别图片，因条件所限，未能同相关著作权人取得联系，获得授权，敬请谅解。请相关著作权人及时与编者联系，以便奉上稿酬。谢谢！